BIRGIT POPPE

Die Frau am Fenster

Ein Leben an der Seite
von
Caspar David Friedrich

BIRGIT POPPE

Die Frau am Fenster

Ein Leben an der Seite von
Caspar David Friedrich

Roman

Personen und Handlung sind frei erfunden.
Ähnlichkeiten mit lebenden oder toten Personen
sind rein zufällig und nicht beabsichtigt.

Die automatisierte Analyse des Werkes, um daraus Informationen
insbesondere über Muster, Trends und Korrelationen gemäß § 44b UrhG
(»Text und Data Mining«) zu gewinnen, ist untersagt.

Immer informiert

Spannung pur – mit unserem Newsletter informieren wir Sie
regelmäßig über Wissenswertes aus unserer Bücherwelt.

Gefällt mir!

Facebook: @Gmeiner.Verlag
Instagram: @gmeinerverlag

Besuchen Sie uns im Internet:
www.gmeiner-verlag.de

© 2024 – Gmeiner-Verlag GmbH
Im Ehnried 5, 88605 Meßkirch
Telefon 0 75 75 / 20 95 - 0
info@gmeiner-verlag.de
Alle Rechte vorbehalten
7. Auflage 2026

Lektorat: Christine Braun
Herstellung: Julia Franze
Umschlaggestaltung: U.O.R.G. Lutz Eberle, Stuttgart
unter Verwendung eines Fotos von: © https://commons.wikimedia.org/wiki/
File:Caspar_David_Friedrich_-_Frau_am_Fenster_-_Google_Art_Project.jpg
Druck: CPI books GmbH, Leck
Printed in Germany
ISBN 978-3-8392-0579-2

»Schließe dein leibliches Auge, damit du mit dem geistigen Auge siehest dein Bild. Dann fördere zutage, was du im Dunkeln gesehen, daß es zurückwirke auf andere von außen nach innen.« (C. D. Friedrich)

Inhalt

Prolog: »Frau am Fenster« — 9

Kapitel 1: Verliebt, verlobt, verheiratet — 21
Dresden 1816. Caroline im Glück — 22
Mütterliche Bedenken — 35
Dresden 1818. Hochzeit in der Kreuzkirche — 38
Die Wohnung an der Elbe — 45
Vom Ich zum Wir — 51
Die Greifswalder Verwandtschaft — 62

Kapitel 2: Auf Hochzeitsreise — 74
Sommer 1818. Glückliche Fahrt! — 75
Besuch in Neubrandenburg — 81
In Caspars Heimatstadt — 93
Auf dem Schiff nach Rügen — 98
»Frau am Meer« — 105
Ferientage in Greifswald — 111
Caspar im Schaffensrausch — 117

Kapitel 3: Glück und Leid im Alltagsleben — 124
Ein Künstler als Ehemann — 125
Dresden 1819. Die Geburt von Emma — 132
Trauer um einen guten Freund — 138
Die Begegnung mit Caroline Bardua — 144
Ein neues Heim — 150
Allein mit dem Schmerz — 160

Kapitel 4: Freundschaften, Kümmernisse und Konflikte — 168

Einladung nach Meißen — 169
Glückliche Rückkehr und Familienzuwachs — 182
Die künstlerische Hausgemeinschaft — 185
Ein fremder Gast — 190
Bruch mit dem Freund — 195
Sorge um Caspar — 204

Kapitel 5: Träume und Entscheidungen — 213

Auf dem Dresdner Striezelmarkt — 214
Mai 1826. Abschied und Ankunft — 223
Der Maler aus Norwegen — 228
Eine schwierige Entscheidung — 236
Das Porträt — 241
Spiel mit dem Feuer — 248
Das Paket — 253
Wiedersehen mit Caspar — 257

Epilog: »Sonnenuntergang« — 260

Nachwort — 266

Personen — 272
Bildnachweise — 279
Literatur — 282

Prolog: »Frau am Fenster«

Still und aufrecht stand Caroline in ihrem langen dunkelgrünen Kleid am geöffneten Fenster und schaute hinaus. Sie befand sich in ihrer Wohnung in Dresden im Atelier ihres Ehemannes, des Malers Caspar David Friedrich. Caroline hielt ihr Gesicht in die Sonne und genoss die milde Luft ebenso wie Caspars besondere Aufmerksamkeit, denn heute war sie sein Modell. Wie von ihm gewünscht, hatte sie ihm den Rücken zugewandt, weil er sie in dieser Pose malen wollte.

»Bleib so, Line, und nicht mehr bewegen!«, hatte er vorhin zu ihr gesagt und voller Elan mit seinem neuen Bild begonnen.

Jetzt verharrte sie geduldig in dieser starren Haltung, den Blick leicht nach unten auf die Elbe gerichtet. Caroline gefiel die Sicht auf das träge dahinfließende Wasser des Flusses mit den Booten, die gemächlich an ihrem Haus vorbeizogen. Am gegenüberliegenden Ufer ragten die grünen Bäume hoch in den blauen Himmel mit den weißen Wölkchen. Hinter ihr vernahm sie die leisen, emsigen Arbeitsgeräusche ihres Caspars. Ob es noch lange dauern würde, bis er fertig war mit dem Werk, das sie am Fenster zeigte?

Seit er sie hier positioniert hatte, durfte sie sich auf keinen Fall rühren. Das war auf die Dauer leichter gesagt als getan, dachte sie innerlich seufzend. Zwar war das Wetter angenehm warm, und ihr strich der Wind sanft um die Nase, aber mittlerweile empfand sie das lange Stehen als äußerst anstrengend. Das Posieren in der unbeweglichen Haltung war recht unbequem, auch langweilte Caroline sich längst.

»Caspar, wie lange ...«

»Nicht reden, Line!«, unterbrach ihr Mann sie sofort.

Gern hätte sie ihn einiges zu diesem Bild gefragt oder einfach nur mit ihm geplaudert. Aber wenn Caspar sich auf seine Kunst konzentrierte, musste sie still sein. Sämtliche weiteren Versuche, ihn anzusprechen, unterband er mit einem scharf gezischten »Pssst!«. Und wenn sie sich ab und zu vorsichtig bewegte, um sich etwas zu lockern, reagierte der penible Maler mit einem unwilligen Brummen.

Nach einer weiteren, schier endlosen Zeit, wie ihr schien, räusperte sie sich und fragte mit klarer Stimme in die Stille hinein: »Wann sind wir denn hier fertig?«

»Ich möchte, dass du gleich zu mir ins Atelier kommst!«, hatte Caspar nach dem Frühstück gesagt. Er war schon fast im Flur gewesen und hatte sich im Türrahmen noch einmal zu ihr umgedreht.

Caroline hatte gerade das Geschirr abgeräumt und erstaunt zu ihm geschaut. Bis vor ein paar Minuten hatten sie in der Küche am Tisch gesessen, wo es meist still zuging, weil Caspar bei seinen Gedanken, die sich ständig um seine nächsten Bilder drehten, nicht gestört werden wollte. In der Küche hatte er jedoch noch nichts davon durchblicken lassen, dass sie ihn heute in seinem Arbeitsraum aufsuchen sollte. Wie an jedem Tag hatte er mit gutem Appetit seinen Frühstücksbrei gelöffelt, die leere Schale sorgfältig mit dem Löffel ausgekratzt und diesen dann klirrend auf den Tisch gelegt. Danach hatte er seinen Stuhl laut knarzend auf dem

Dielenboden zurückgeschoben und war zur Tür gegangen. Normalerweise verschwand er nach dem Frühstück bis zum Mittagessen in seinem Atelier, einem Zimmer in der kleinen Wohnung. Nur selten ging Caroline zu ihm, denn in diesem Raum hatte seiner Ansicht nach niemand außer ihm etwas zu suchen. Die Bitte nach dem Frühstück war deshalb ungewöhnlich gewesen und hatte Caroline erfreut. Sie hatte bereits geahnt, dass Caspar sie malen wollte.

»Aber nimm vorher diese Haube ab und zieh dein grünes Kleid an«, hatte er sie angewiesen, sich abrupt abgewandt und war ohne weitere Erklärung hinüber in seinen Arbeitsraum gegangen. Dort hatte er nicht wie sonst die Tür hinter sich zugezogen, sondern sie einladend angelehnt gelassen.

Caroline hatte sich mit dem Aufräumen beeilt, denn sie war gespannt auf seine Absichten gewesen. Die leeren Kaffeetassen mit dem Blümchenmuster, die sie von ihrer Familie zur Hochzeit bekommen hatten, hatten dabei auf dem Tablett geklappert. Verblüfft über Caspars Worte hatte sie den Kopf geschüttelt. Wollte er sie wirklich malen? Das war schon vorgekommen, wenn auch nicht oft, denn Caspar war hauptsächlich ein Landschaftsmaler, und Porträts fertigte er schon gar nicht an. Sie hatte ihm zwar ein paar wenige Male als Modell gedient, aber nur für eine nebensächliche Figur in einem Landschaftsbild. Würde sich das heute ändern, hatte sie sich gefragt und ein wenig über Caspar geschmunzelt, denn solch ein unerwartetes Verhalten war bezeichnend für ihren manchmal etwas sonderbaren Mann aus dem Norden. Ob sie sich je an seinen Charakter gewöhnen würde? Er erwartete, dass sie ihm ohne Murren folgte – das Los aller verheirateten Frauen, sich stillschweigend den Wünschen ihrer Männer zu fügen. Caroline kannte es nicht anders. Caspar war es außerdem seit vielen Jahren, in denen er allein gelebt hatte, gewohnt, seine Entscheidungen ohne jemand anderen zu treffen. Mischte Caroline sich ein, wurde ihr lieber Mann recht grantig. Doch hin und wieder konnte sie sich nicht zurückhalten. Sie wünschte sich, dass er sie zumindest mehr an seiner Gedankenwelt teilhaben ließ. Wahrscheinlich war sein Verhalten typisch für einen Künstler. Ein Maler hatte eben immer nur sein nächstes Bild im Kopf. Und diesmal, hatte Caroline frohlockt, während sie ins Schlafzimmer geeilt war, um sich umzukleiden, würde sie eine wichtige Rolle dabei spielen. Vielleicht würde Caspar endlich ein schönes Porträt von ihr malen! Warum sonst sollte sie sich etwas anderes anziehen?

Sie hatte ihre Schürze abgelegt, war aus dem einfachen braunen Kleid, ihrem Alltagsgewand, geschlüpft, hatte das grüne Kleid mit dem hochgeschlossenen weißen Rüschenkragen aus dem Schrank geholt und es angezogen. Nach einem prüfenden Blick in den Spiegel hatte sie zufrieden genickt, denn das Kleid saß noch tadellos und roch frisch. Caroline mochte das in akkurate Falten gelegte Gewand sehr, das knöchellang und viel zu festlich für den Alltag war. Auch wusste sie, dass es ihre noch schlanke, grazile Figur betonte. Sie hatte ihre besten weißen Strümpfe und die neuen hellen Pantöffelchen dazu gewählt und schließlich ihre schlichte Haube abgenommen. Sofort hatten sich ihre braunen Locken, die sie stets nur schwer zu bändigen vermochte, wild und ungeordnet um ihren Kopf gekräuselt. Rasch hatte sich Caroline mit dem Kamm ihre Haare noch einmal frisch aufgesteckt.

Erwartungsvoll und dennoch schüchtern hatte sie an die angelehnte Tür zum Atelier geklopft. Ohne Anklopfen einzutreten, hätte sie nie gewagt. Immer wieder war sie entsetzt, wie karg es hier aussah. In Caspars Arbeitsraum fehlten die üblichen Requisiten einer Künstlerwerkstatt wie Gipsmodelle, Dekorationen oder andere Gemälde, weil nichts, so hatte er es ihr einmal erklärt, einen Maler von seinen Bildern ablenken sollte. Das galt vielleicht für ihn, denn Caroline kannte auch andere Künstlerateliers, das seines Freundes Gerhard von Kügelgen zum Beispiel, wo sich Malutensilien und sonstiges Gerümpel stapelten.

Caspar hatte bereits abwartend vor seiner Staffelei gestanden, auf die er eine neue Leinwand aufgespannt hatte. Caroline war mit seiner Arbeitsweise vertraut und wusste, dass er für ein Gemälde zuvor nicht unbedingt eine kleine Skizze oder Farbentwürfe anfertigte, denn seiner Ansicht nach »erkaltete die Phantasie« durch solche Hilfsmittel. Er zeichnete erst flüchtig mit Kreide und Bleistift, dann sauber und vollständig mit Rohrfeder und Tusche, um zum Schluss zur Untermalung zu schreiten.

Caspar hatte sie angestrahlt, energiegeladen und voller Tatendrang. »Da bist du ja endlich!«

Carolines Herz hatte geklopft vor Aufregung.

»Das wird ein ganz besonderes Bild«, hatte Caspar versprochen und Caroline aufmunternd zugezwinkert.

Zu ihrer Verwunderung jedoch sollte sie sich mit dem Rücken zu ihm ans Fenster stellen.

»Geh bitte dorthin, mach den unteren Fensterladen auf und sieh hinaus«, hatte er kurz angeordnet.

Caroline hatte einen Kommentar verschluckt und war seiner Aufforderung gefolgt. Dann hatte sie tief die frische Luft eingezogen und sich daran erfreut, aus dem dunklen Raum nach draußen in die helle Natur zu schauen.

»Ja, genau so«, hatte Caspar hinter ihr zufrieden gesagt. »Bleib dort stehen und beug dich leicht nach vorne.«

Nun gut, wenn er es so wollte, lehnte sie eben ihren Oberkörper aus dem Fenster, hatte sie gedacht.

Sofort war er ungehalten geworden: »Nein, doch nicht soo weit!«

Dass er bei der Arbeit immer so ungeduldig und streng sein musste! Aber eigentlich nicht nur bei der Arbeit, wenn Caroline ehrlich war. Sie hatte aufgeseufzt, absichtlich nicht zu leise, damit er ihren Unmut hörte.

Falls er ihren stillen Protest vernommen hatte, hatte er sich das nicht anmerken lassen. Barsch hatte er kommandiert: »Stell dich wieder gerade hin!«

Entrüstet über seinen rüden Befehlston hatte sie sich schwungvoll zu ihm umgedreht. Doch ehe sie etwas hatte sagen können, hatte schon wieder Caspar gesprochen.

Erregt hatte er mit den Armen gewedelt. »Nein, nein, Caroline, nicht zu mir schauen! Dreh dich um und guck aus dem Fenster!«

Sie hatte getan, was er sagte. Wenn ihr Mann in dieser Stimmung war, nutzte es nichts, mit ihm zu reden. Sie wusste, dass Caspar bezüglich seiner Arbeit sehr penibel war. Und sie wusste, dass es dauern konnte, bis er mit seinem Werk zufrieden war.

Mittlerweile stand Caroline schon ziemlich lange am Fenster. Auf ihre Frage, wann sie denn hier fertig seien, hatte Caspar erneut mit einem scharfen »Psst!« geantwortet. In ihrem Zustand fiel es ihr gar nicht mehr so leicht, lange zu stehen, auch wenn man noch nicht viel davon sehen konnte, dass sie guter Hoffnung war. Ein glückliches Lächeln breitete sich auf ihrem Gesicht aus. Sie beide würden bald Eltern werden!

Die Sonne befand sich inzwischen recht hoch am Himmel, es ging bereits auf die Mittagszeit zu. Caroline wurde unruhig, denn vor ein paar Minuten hatte sie die Tür gehört. Sicherlich war Anni, das junge Nachbarsmädchen, das hin und wieder ein paar Stunden bei ihnen im Haushalt aushalf, mit den Einkäufen vom Markt zurückgekommen. Ob sie alle Waren erhalten hatte, die sie ihr auf den Zettel geschrieben hatte? Caroline spitzte die Ohren, denn nebenan rumpelte es laut. Wahrscheinlich war Anni mal wieder etwas auf den Boden gefallen. Manchmal war das Mädchen ein Dussel, so ungeschickt! Immerhin war Anni flink, fügsam und mit einem bescheidenen Lohn zufrieden.

Caspar hatte wohl nichts gehört. Er schaffte es ohne Probleme, während seiner Arbeit alles um sich herum auszublenden.

Caroline hätte längst mit den Vorbereitungen für das Mittagessen beginnen sollen. Ohne die Hausherrin würde Anni nicht damit anfangen. Sie würde sich untätig an den Tisch setzen und Däumchen drehen. Caroline seufzte erneut, denn das würde ihrem Mann im Nachhinein auch wieder nicht gefallen. Er meinte ohnehin, dass Caroline den Haushalt gut allein schaffen könnte, und wollte die Kosten für Annis wenige Stunden Hilfe am liebsten einsparen. Missbilligend schnalzte sie kurz mit der Zunge. Was wusste so ein Mannsbild schon, wie viel Arbeit ein Haushalt machte! Selbst wenn sie demnächst zu dritt wären, müsste sie mit ihrem Mann bestimmt weiterhin um die Haushaltshilfe feilschen. Er war eben sehr sparsam, ihr Caspar.

Caroline schloss die Augen und begann davon zu träumen, wie ihr Leben demnächst mit einem Kind werden würde. In der Ferne vernahm sie die Rufe der Elbfischer. Wie schön es doch war, dass sie so nah am Fluss wohnten. Caroline fühlte angenehm die Sonnenstrahlen auf ihrem Körper und straffte unmerklich ein wenig ihre Glieder, die sich vom langen Stehen zunehmend steif anfühlten. Aber sie hielt sich tapfer an Caspars Anweisungen, denn diese einmal gefundene Pose war wichtig für sein Werk, und es sollte ein prächtiges Bild werden. Caroline war stolz darauf, dass er sie malte, auch wenn es wieder kein Porträt werden würde.

»Du bist schön, Line«, hatte er ihr erst gestern Nacht in ihrem Ehebett leise zugeraunt. Dabei war er kein Mann von großen Worten. Deshalb freute sie sich umso mehr über solche kleinen Liebesbeweise, denn die waren selten und damit wahrlich kostbar. Wie die Tatsache, dass Caspar sie gerade künstlerisch in Öl auf Leinwand verewigte.

Angefangen hatte er jedoch nicht mit Gemälden, sondern mit Zeichnungen, Grafiken und Sepien. Erst viel später, da war er bereits über 30 Jahre alt gewesen, also bedeutend älter als sie jetzt, hatte er sich der Malerei gewidmet. Seither fertigte er viele Ölbilder an, die außergewöhnlich stimmungsvoll, gleichzeitig dunkel und mysteriös wirkten. Seine Landschaftsbilder erschienen vielen ungewöhnlich, weshalb viel über sie und Caspar gesprochen wurde. Ihr Mann hatte eben seinen eigenen künstlerischen Stil, er schuf keine gängige Kunst. Es hatte erbitterte Debatten und sogar böse Verrisse gegeben, worüber er sich sehr gegrämt hatte. Caspar konnte aber auch auf berühmte Befürworter seiner Malerei verweisen, darunter der angesehene Geheimrat Johann Wolfgang von Goethe aus Weimar. Darauf war

Caroline besonders stolz, denn das konnte wahrlich nicht jeder Maler von sich behaupten. Neben Goethe gab es weitere bedeutende Stimmen, die Caspar eine große Zukunft voraussagten. Und Caroline war sowieso überzeugt davon, dass ihr Mann berühmt werden würde.

Ob dieses Bild, das gerade entstand, einmal zu seinen bekannten Gemälden zählen würde? Wie schade, dass man ihr Gesicht nicht sah. Früher hatte er auch Bildnisse von seinen Angehörigen gezeichnet, aber das interessierte ihn jetzt nicht mehr.

»Weshalb malst du nicht mein Gesicht?«, fragte Caroline endlich in die Stille hinein.

Caspar antwortete nicht, sondern arbeitete konzentriert weiter.

Etwas lauter hakte sie daher nach: »Ist es dir nicht hübsch genug?«

Caspar schien seine Arbeit zu unterbrechen, denn Caroline hörte das leise Schaben der Feder über die Leinwand nicht mehr. Doch wagte sie es nicht, sich ihm zuzuwenden. Jetzt runzelt er bestimmt unwillig die Stirn über meine Worte, dachte sie, und ärgert sich darüber, dass ich immer wieder meinen Wunsch nach einem Porträt äußere.

»Line, du weißt genau, dass ich kein Porträtmaler bin«, grummelte er. »Ich will keine Bildnisse mehr anfertigen, sondern mit meiner Kunst etwas ganz anderes, viel Bedeutsameres schaffen.«

Nun drehte sie sich doch um. Auch wenn seine Feder gerade ruhte, sah Caspar sie nicht an, sondern starrte konzentriert auf die Leinwand. Einen Moment sann er vor sich hin und setzte schließlich seine Arbeit fort. Für ihn war wohl alles gesagt.

Caroline aber wollte eine konkrete Antwort, wollte wissen, worum es ihm ging. Sie überlegte einen Augenblick und provozierte ihn dann betont spitz mit der Redensart: »Ein schöner Rücken kann auch entzücken!« Mit angehaltenem Atem wartete sie auf seine Reaktion.

Caspar hielt erneut inne, wandte sich ihr zu und musterte sie irritiert. Feinfühlig war er schon, ihr lieber Mann, bei aller Schroffheit, dachte Caroline. Aber eben auch eine eigensinnige Künstlernatur.

»Versteh doch, in meinen Bildern will ich viel mehr als nur ein schönes Gesicht zeigen.«

»Was meinst du mit ›mehr‹?« Caroline konnte nicht anders, auch wenn sie wusste, wie sehr Caspar solche Gespräche hasste.

Wie erwartet verzog er mürrisch sein Gesicht. »Ach, das verstehst du nicht.«

»Woher willst du das wissen? Erklär es mir doch!«, bat sie.

Caspar seufzte. »Nun gut, ich will es versuchen.« Er holte tief Luft. »Ich möchte in meinen Bildern die ewige Sehnsucht des Menschen zeigen. Die Verbindung seiner Seele zur Natur ...«

Welch große Worte, die im Atelier widerhallten. Was meinte er damit? Caroline schaute ihn fragend an.

Und Caspar erläuterte eifrig: »Es geht mir auch um den Gegensatz von Innen- und Außenwelt. Du, liebe Line, bist hier drinnen im Raum und schaust nach draußen. Ich befinde mich hinter dir, genauso wie später die Betrachter des Bildes. Wir schauen sozusagen mit dir zusammen aus dem Fenster.« Feierlich resümierte er: »Line, in diesem Bild sehen wir auf dich und durch deine Augen die Welt.«

Caroline stutzte. »Wie soll das gehen? Keiner, der hinter mir steht, kann sehen, was ich sehe«, wandte sie ein. »Jeder schaut nur auf meinen Rücken. Und der ist nicht durchsichtig. Es wäre schöner, meine Gestalt von vorne zu sehen. Oder wenigstens von der Seite!« Als sie registrierte, wie Caspar auf ihre Worte hin resigniert den Kopf schüttelte, räumte sie ein: »Vielleicht kann man an meinem Rücken vorbei etwas von den Bäumen dahinten erblicken, oder vom blauen Himmel und eventuell ...«, sie wandte sich wieder der Aussicht zu und deutete auf einen vorbeiziehenden Kahn, »... noch einen Teil von diesem Schiffsmast. Aber keiner kann von deinem Platz aus wie ich die Elbe und das gegenüberliegende Ufer sehen!«

»Ach, das verstehst du einfach nicht«, raunzte Caspar unwirsch. Er hatte keine Geduld mehr mit ihr und ihren Einwänden. »Halt jetzt still und sprich nicht weiter, sonst kann ich mich nicht konzentrieren.«

Wieder verging einige Zeit. Mittlerweile fühlte Caroline sich stark verspannt und fand, dass sie nun lange genug stillgehalten hatte.

»Sind – wir – bald – fertig?«, fragte sie, jedes einzelne Wort betonend. »Ich muss mich um Anni und um das Mittagessen kümmern.«

»Hmmm«, brummte Caspar, »gleich.«

Caroline atmete tief ein und aus. Zum Glück war das Fenster offen, denn in diesem Raum roch es immer stark nach Ölfarbe. Davon wurde ihr auch ohne Schwangerschaft übel. Dass Caspar es jeden Tag so lange hier drin aushielt! Das konnte nicht gesund sein! Ebenso wenig die Hockerei vor der Staffelei über viele Stunden hinweg in diesem Zimmer mit den unwirtlich nackten Wänden! Doch sein Atelier durfte sie nicht verändern, das hatte er von Anfang an klargestellt. Ansonsten hatte Caspar, als sie nach der Hochzeit zu ihm gezogen war, ihr gänzlich freie Hand gelassen, was die Ausstattung ihres Heimes anbelangte. Caroline musste lächeln, wenn sie daran dachte, denn an seiner Einrichtung hatte sie gesehen, dass er viele Jahre lang ein Junggeselle gewesen war, der nicht viel Wert auf Schmückendes, nicht mal auf grundlegenden Hausrat gelegt hatte.

Bald würden sie in eine größere Wohnung ziehen müssen, denn diese hier war viel zu klein für eine Familie. Carolines Hand wanderte langsam zu ihrem Bauch. Neulich hatte sie die ersten Bewegungen des Kindes gespürt. Würde es ein Sohn oder eine Tochter werden? Egal, Hauptsache, ein gesundes Kind. Auch Caspar hatte gesagt, dass ihm jede kleine Seele willkommen sei. Das hatte sie sehr gerührt.

Da ihr Mann weiterhin keine Anstalten machte, sie aus ihrer starren Pose zu entlassen, und ihr mittlerweile nicht nur die Beine wehtaten, sondern es ihr auch ganz flau war, sagte sie nun bestimmt: »Caspar, ich kann nicht mehr!«

Die Geräusche an der Leinwand verklangen und sie hörte, wie Caspar auf sie zukam. Dennoch drehte sie sich nicht um. Überraschend spürte sie seine Hand auf ihrem Rücken, die langsam und zärtlich zu ihrem Nacken hochfuhr. Sie seufzte glücklich. Ihr Caspar konnte manchmal so sanft und verständnisvoll sein.

»Meine liebe Line«, raunte er ihr leise ins Ohr. »Lass uns immer glücklich sein!«

Kapitel 1: Verliebt, verlobt, verheiratet

»*Die einzige wahre Quelle der Kunst ist unser Herz, die Sprache eines reinen kindlichen Gemütes.*« (C. D. Friedrich)

Dresden 1816. Caroline im Glück

»Hast du gemerkt, wie der Mann dort drüben dich dauernd ansieht?«, flüsterte Elsa und stieß ihre Freundin an.
Caroline hatte sich gerade den beiden Kindern an ihrer Seite zugewandt. Der pummelige Karl hatte die kleine Bertha in den Arm gezwickt, weshalb das Mädchen aufheulte. Caroline nahm es tröstend auf den Schoß.
»Wen meinst du?« Sie schaute unauffällig in alle Richtungen.
»Na, den großen Blonden da, den mit dem üppigen Bart.«
Die beiden jungen Frauen befanden sich mit vielen anderen beim Bilderstellen an der Kunstakademie in Dresden. Dies war eine beliebte Freizeitbeschäftigung in der Künstlerstadt, wo Freiwillige in die Rolle von Figuren eines Gemäldes schlüpften, um die Szene des Kunstwerks zu imitieren. Meist waren auch Kinder dabei, einige kannte Caroline aus der Nachbarschaft, mit denen sie gern herumalberte. Nach Elsas Worten fühlte sie sich in ihrem Verhalten jedoch nicht mehr so unbefangen, sondern beobachtet. Nun traf ihr Blick einen großen blonden, bärtigen Mann, der zwischen den anderen Zuschauern nicht zu übersehen war. Er starrte zu ihr herüber. Sie erkannte in ihm den Maler Caspar David Friedrich, über dessen eigenartige Bilder oft gesprochen wurde und dem sie bereits in ihrer Kindheit begegnet war. In ihren Augen hatte er sich kaum verändert.
Plötzlich stand er vor ihr und begrüßte sie höflich. »Fräulein Bommer?«
Dass Herr Friedrich sich an ihre früheren Begegnungen erinnerte, verwunderte sie, freute sie aber auch. Der

Künstler war vor vielen Jahren hin und wieder Gast im Haus ihrer Eltern gewesen, um mit ihrem Vater so manchen Abend beim Kartenspielen, einem guten Getränk und Gespräch zu verbringen. Erstmals hatte sie ihn als Elfjährige zufällig im Flur angetroffen. Sie erinnerte sich noch genau, wie sie den blonden Hünen, den »Nordmann«, so hatte sie ihn später für sich genannt, mit seinem imposanten Backenbart und den leuchtend blauen Augen unter den buschigen Brauen offen angestarrt hatte. Der Riese hatte sich zu ihr herabgebeugt, während Caroline ihm artig die Hand gereicht und geknickst hatte, wie es sich für ein junges Mädchen gehörte. Er hatte ihre zarten Kinderfinger behutsam in seine große, warme Hand genommen, sie sanft gedrückt und Caroline angelächelt. Ganz warm war ihr da ums Herz geworden. Ja, wie hatte diese erste Begegnung mit ihm sie damals beeindruckt! Als er mit tiefer Stimme etwas zu ihr gesprochen hatte, war ihr seine Mundart jedoch fremd und unverständlich gewesen, weshalb sie schüchtern den Kopf gesenkt hatte. Über ihre vermeintliche Scheu hatte er herzlich gelacht, doch ihren Eltern war es peinlich gewesen, dass die Tochter ihm nicht geantwortet hatte. Schließlich war Caroline sonst nicht so leicht in Verlegenheit zu bringen und sogar eher eine Plaudertasche. Später hatten sie ihre Tochter gescholten, sehr unhöflich gewesen zu sein.

»Ich habe ihn nicht verstanden! Was hat er denn gesagt?«, hatte sie sich verteidigt. »Was ist das für eine merkwürdige Sprache, die er spricht?«

»Das ist Platt, Caroline«, hatten ihr die Eltern erklärt. »Herr Friedrich kommt aus dem Norden, aus Greifswald, und dort in Pommern spricht man so.«

Aha, Platt. Caroline war verwirrt gewesen. Unter »Platt« und »Pommern« hatte sie sich damals nichts vorstellen können, kannte sie doch nur ihr schönes Dresden, ihre Geburtsstadt, in der sie aufgewachsen war und in der Menschen aus den unterschiedlichsten Regionen lebten, darunter viele Künstler, Dichter, Musiker und Philosophen. Menschen aus anderen Orten der Welt, wo man auch oft anders sprach.

Ihr älterer Bruder Christoph Ernst hatte ihr schließlich die Herkunft des Herrn Friedrich genauer erklärt und ihr auf dem alten Globus gezeigt, woher ihr Gast ursprünglich kam. Christoph hatte ein ganzes Stück oberhalb von Dresden auf die Region um Greifswald gedeutet und auf das Meer im Norden, wo die großen Schiffe fuhren. Er hatte ihr erzählt, dass dieses Gebiet früher zu Schweden gehört hatte. Dieser Herr Friedrich aber war nicht etwa, wie Caroline geglaubt hatte, ein Bootskapitän, sondern ein angesehener Maler. Laut Auskunft ihrer Familie hatte ihm die sächsische Elbestadt bei einer Reise in den Süden gleich so gut gefallen, dass er sich 1798 hier niedergelassen hatte.

Und nun stand dieser Mann vor ihr und bat sie um einen Spaziergang am kommenden Sonntag.

»Ja, darüber würde ich mich freuen«, hörte sie sich sagen.

Daraufhin verbeugte er sich dankend noch einmal vor ihr und kündigte ihr an, zuerst noch die Erlaubnis ihres Bruders einzuholen.

Zu Hause sprach Caroline gleich mit ihrer Familie darüber. »Der Maler Caspar David Friedrich hat mich heute zu einem Spaziergang am Sonntag eingeladen.« Gespannt wartete sie auf die Reaktionen der anderen.

Die Mutter holte kurz Luft, sagte aber nichts dazu. Carolines ältester Bruder Fritz, der längst ein angesehener Handschuhfabrikant in Dresden und seit dem Tod des Vaters offiziell ihr Vormund war, sah sie forschend an. »Möchtest du ihn denn gern näher kennenlernen? Und mit ihm flanieren gehen?«

Caroline nickte eifrig, und damit war es besprochene Sache.

Am Sonntagnachmittag kam Herr Friedrich zu ihnen. Fritz bat ihn herein und sprach längere Zeit mit ihm in der Stube. Währenddessen saß Caroline mit klopfendem Herzen in ihrem Zimmer und wartete, dass man sie rief. Für diesen besonderen Anlass trug sie heute ihr schönstes Kleid und hatte einen neuen Schutenhut mit langen Bändern bereitgelegt. Entfernt hörte sie die tiefen Stimmen der beiden Männer, zwischendurch wurde auch freundschaftlich gelacht. Caroline war froh, denn das klang sehr einvernehmlich. Und endlich rief Fritz nach ihr. Herr Friedrich wartete bereits an der Haustür auf sie, und sein warmer Blick machte sie ganz verlegen. Er war einfach gekleidet, anscheinend machte er sich nicht viel aus Äußerlichkeiten. Dennoch wirkte er gepflegt, die Haare waren sauber gekämmt und der Bart getrimmt.

»Guten Tag, Fräulein Bommer«, begrüßte er sie schlicht.

»Guten Tag«, erwiderte sie leise und ärgerte sich darüber, dass sie so piepsig klang, denn eigentlich war sie gar nicht so schüchtern. Und auch längst kein kleines Mädchen mehr. Doch war dies eben eine besondere Situation.

»Lassen Sie uns an die Elbe gehen«, schlug Herr Friedrich vor und reichte ihr seinen Arm.

Es fühlte sich sehr vertraut an, und Caroline wurde ruhiger. »Gern«, antwortete sie nun mit fester Stimme.

Ihr Bruder nickte ihr aufmunternd zu und zog sich höflich zurück, danach ging sie mit Herrn Friedrich los. Die Sonne strahlte verheißungsvoll vom Himmel, und Caroline nahm das als gutes Omen.

Sie fühlte sich wohl in Herrn Friedrichs Gesellschaft, auch wenn er nicht allzu redselig war. Bald schon entdeckten sie aber eine gemeinsame Vorliebe, beide beobachteten gern die Vögel in den Bäumen. Darüber konnten sie wunderbar plaudern. Weiteren Gesprächsstoff bot ihre Heimatstadt Dresden. Herrn Friedrich begeisterte das rege kulturelle Leben und die Möglichkeit, hier viele Kontakte zu anderen Künstlern zu pflegen. Zudem erhoffte er sich bald eine Festanstellung an der renommierten Kunstakademie als Professor.

»Und wenn ich mal nicht in der Stadt sein möchte, ist Dresden der ideale Ausgangspunkt für Wanderungen in die Umgebung«, teilte er ihr mit, und seine Augen glänzten.

Es erstaunte sie allerdings, dass Herr Friedrich ihr bereits bei ihrem ersten Treffen anvertraute, dass er bald Frau und Kinder haben wollte, weil auch er aus einer großen Familie stammte. Zehn Kinder seien sie in Greifswald gewesen, von denen längst nicht mehr alle lebten. Dennoch habe er die große Familie immer genossen, mittlerweile gab es auch schon einige Nichten und Neffen. Fröhlich erzählte er ihr von seinen Verwandten und einigen ihrer Eskapaden. Weil es bei Caroline zu Hause ähnlich gewesen war, wo sich einst ebenfalls zehn Kinder getummelt hatten, konnte sie ebenso von einem turbulenten Familienleben berichten.

»Sie mögen Kinder auch sehr gern, nicht wahr?«, fragte er wie nebenbei.

Und ehe Caroline etwas antworten konnte, bohrte er weiter nach: »Viele Kinder im Haus, das ist schön, finden Sie nicht auch?« Er blieb stehen und blickte sie nun forschend an.

Caroline merkte, wie wichtig ihm dieses Thema war. Ernst antwortete sie: »Ja, ich mag Kinder sehr! Kinder sind etwas Wunderschönes!« Und das meinte sie auch so.

Daraufhin griff Herr Friedrich spontan nach ihrer Hand und drückte sie sanft.

Als es langsam Abend wurde, brachte Herr Friedrich sie zurück, wie es sich gehörte. An der Haustür fragte er sie beim Abschied leise, ob er sie am nächsten Sonntagnachmittag wieder zum Flanieren abholen dürfte. Dabei schaute er ihr tief in die Augen, so unergründlich und verheißungsvoll, dass ihr ganz blümerant wurde. Vielleicht aber auch nur deshalb, weil sie auf seine Worte hin vor Freude kurz den Atem anhielt, bevor sie beglückt nickte.

»Ja, darüber würde ich mich sehr freuen.«

Daraufhin verbeugte sich Herr Friedrich formvollendet vor ihr, lächelte sie an und ging.

Caroline schaute ihm kurz nach, lief dann ins Haus, riss sich aufgeregt den Mantel vom Leib und den Schutenhut vom Kopf. Ehe die Mutter, die wartend in der Stube saß, sie irgendetwas fragen konnte, eilte sie in ihr Zimmer. Schnell schloss Caroline die Tür hinter sich und sah verwirrt in den Spiegel an der Wand, aus dem ihr ein leicht gerötetes, strahlendes Gesicht entgegenblickte. Vergnügt raffte sie ihre Röcke und tanzte schwungvoll durch das Mädchenzimmer, das sie sich mit ihrer kleinen Schwester Lotte teilte.

»Ich bin ja so verliebt«, trällerte sie vergnügt vor sich hin.

Durch die geschlossene Tür würde sie hoffentlich keiner hören. Obwohl, warum eigentlich? Sollte es doch die ganze Welt erfahren, dass sie, Christiane Caroline Bommer, 23 Jahre alt, Tochter des Blaufärbers und Faktors Christoph Bommer, sich in diesen Maler aus dem Norden, diesen geheimnisvollen, wunderbaren Mann verliebt hatte!

Langsam öffnete sich die Tür, und ihre jüngere Schwester steckte kichernd den Kopf herein.

Caroline fühlte sich ertappt. »Was willst du?«

»Caroline ist ver-lie-iebt«, sang die kleine Lotte nun ebenfalls laut und hüpfte ins Zimmer. Juchzend ahmte sie die große Schwester beim Tanzen nach.

»Wirst du wohl!« Caroline tat empört, rannte aber lachend auf das Kind zu und versuchte spielerisch, es zu verscheuchen.

Daraufhin sprang Lotte flott zurück in den Flur und zog die Tür wieder zu. Draußen sang sie übermütig weiter: »Er liebt mich, er liebt mich nicht ...«

Caroline musste grinsen. Es stimmte ja, sie war wirklich verliebt. In diesen Herrn Friedrich, den Maler Caspar David Friedrich aus dem pommerschen Greifswald.

Es konnte nichts anderes sein, dieses eigenartige Gefühl von Glückstaumel und flirrenden Schmetterlingen im Bauch. Bei dieser Erkenntnis klopfte ihr Herz bis zum Hals. Wer hätte das gedacht, dass dieser blonde Maler aus dem Norden ihr so den Kopf verdrehen würde? Ob es überhaupt seine Absicht war, sie für sich zu gewinnen? Aber warum sonst sollte der so zurückhaltende Herr Friedrich sie immer wieder so bedeutsam ansehen? Und sie am nächsten Sonntag erneut zu einem Spaziergang abholen wollen?

Schon nach diesem ersten Spaziergang mit Herrn Friedrich spürte Caroline, dass sich in ihrem Leben etwas veränderte. Von Sonntag zu Sonntag freute sie sich mehr auf ihn. Bevor er sie zum Promenieren abholte, stand sie stundenlang vor ihrem Schrank, um zu entscheiden, was sie anziehen sollte. Während ihre kleine Schwester Lotte sie deshalb neckte, lächelte ihre Mutter verständnisvoll. Öfter als früher lud sie ihre alte Schneiderin ein, die sich rühmte, sich mit der neuen Mode auszukennen, und die das eine oder andere neue Kleid für Caroline anfertigte. Offenbar steckte Fritz seiner Mutter ab und zu etwas Geld für die Garderobe seiner Schwester zu. Caroline liebte vor allem die leichten Musselinstoffe in Pastelltönen, die so herrlich duftig fielen. Sie passten wunderbar zu ihrem schwebenden Glücksgefühl in diesem Sommer. Wenn die Schneiderin ihr die Kleider anpasste, konnte sie kaum still stehen vor Freude und Begeisterung.

»Nicht so quirlig, Caroline«, mahnte die Mutter aus dem Hintergrund. »Du machst es unserer Schneiderin wirklich schwer, wenn du so herumtänzelst.«

Die ältere Frau, die zum Nähen in ihren Haushalt kam, so lange Caroline denken konnte, stöhnte zwar über ihr lebhaftes Betragen, war aber auch nachsichtig. »Jaja, man ist nur einmal jung. Und unsere kleine Dame ist jetzt groß geworden und möchte den Herren gefallen, das ist schon richtig so.«

Nachdem Caroline eine Weile still gehalten hatte, stand die Schneiderin, die vor ihr gekniet und am Rocksaum des Kleides hantiert hatte, auf und forderte: »Dreh dich mal vorsichtig!«

Caroline tat wie geheißen und juchzte verzückt über den schwingenden Rock. »Schön ist das geworden«, jubelte sie.

Caroline fühlte sich hübsch und begehrenswert, und dies nicht nur wegen ihrer neuen Garderobe. Sie genoss Herrn Friedrichs bewundernde Blicke, umso mehr, weil die sich nicht nur auf ihr Äußeres, sondern mehr auf ihre fröhliche, ungezwungene Art bezogen. Wie liebevoll und verzaubert er sie ansah, wenn sie ihm schwungvoll die Tür öffnete und ihn strahlend begrüßte!

Auf einem der Spaziergänge fragte Caroline Herrn Friedrich, warum er sie beim Bilderstellen angesprochen und ob er sie von früher wiedererkannt habe.

»Ich muss zugeben, Fräulein Bommer, dass ich erst nach dem Hinweis eines Bekannten darauf kam«, gestand er ihr da. »Mich faszinierte aber gleich Ihr unbefangener Umgang mit den Kindern, Ihr ausgelassenes Lachen. Ich wollte Sie kennenlernen und habe besagten Bekannten gefragt, ob er wisse, wer Sie sind. Von ihm erfuhr ich Ihren Namen – und natürlich ist mir Ihre Familie noch sehr präsent, vor allem Ihr nun schon seit fast zehn Jahren verstorbener Vater. Sie habe ich allerdings als kleines, schüchternes Mädchen mit wilden braunen Locken in Erinnerung.« Dass es ihn einigen Mut gekostet hatte, auf sie zuzugehen und sie um einen Spaziergang zu bitten, würde er ihr erst viel später erzählen.

Diese gemeinsamen Sonntagsspaziergänge gehörten inzwischen für sie beide zu den Höhepunkten der Woche. Von Anfang an hatten sie sich beim Promenieren gut miteinander unterhalten, was bei den unterschiedlichen Lebenswelten von Mann und Frau nicht unbedingt selbstverständlich war. Caroline hing förmlich an seinen Lippen und amüsierte sich über seine norddeutsche Mundart, die nach den langen Jahren in Dresden mittlerweile nur noch leicht anklang. Er wiederum neckte sie schon mal bezüglich ihres breiten sächsischen Dialekts, den er jedoch gerne mochte, er sei »so heiter und gemütsvoll«, sagte er.

Sie sprachen über das schöne Dresden, ihre gemeinsame Freude an der Natur und immer wieder über Literatur und Kunst. Caroline kannte sich in den Gemäldegalerien gut aus und traute sich gewisse Kunstkenntnisse zu. Herr Friedrich hörte ihr genau zu, wenn sie über ihre Lieblingsbilder redete, und sie fühlte sich ernst genommen. Caroline lauschte ebenso interessiert seinen Worten, besonders, wenn er von seiner Heimat am Meer oder von seinen Bildern erzählte.

Trotzdem kam es für sie überraschend, als Herr Friedrich bei einem ihrer Spaziergänge an der Elbe plötzlich stehen blieb, kurz in die Ferne aufs Wasser blickte, sich dann einen entschlossenen Ruck gab und Caroline fest in die Augen sah.

Sie hielt die Luft an, denn sie ahnte, was nun kommen würde.

Herr Friedrich ergriff ihre Hand und fragte sie ernst: »Fräulein Bommer, Caroline, willst du dich mit mir verloben? Ich möchte dich gern heiraten.«

Der intimen Situation entsprechend wechselte er zum »Du«, was sich für Caroline vertraut und richtig anfühlte. Sie musste schlucken, denn sie hatte tatsächlich auf diese Frage gehofft, sie jedoch nicht so schnell erwartet. »Ja, Caspar!«, rief sie freudig aus und lächelte ihn glücklich an.

Er berichtete ihr, dass man ihn kürzlich als außerordentliches Mitglied an der Dresdner Akademie aufgenommen hatte, was mit einem festen Gehalt von 150 Talern verbunden war. »Das bedeutet für eine Ehe immerhin eine gewisse finanzielle Sicherheit. Es ist ansonsten nicht leicht für einen Künstler, sich und eine Familie zu versorgen.«

Bereits bei ihrem ersten Treffen hatte er davon gesprochen, dass ihm diese Stelle in Aussicht gestellt worden war. Caroline kannte Caspar inzwischen so gut, dass sie wusste: Trotz seiner Künstlernatur war er ein sehr verantwortungsbewusster Mann. Und eine eigene Familie war ihm sehr wichtig. Vielleicht hatte er bis jetzt nicht geheiratet, weil er kein regelmäßiges Einkommen gehabt hatte? Nun war er 42 Jahre alt, und sein Wunsch würde sich endlich erfüllen.

»Anfangs werden wir uns trotzdem einschränken müssen, denn üppig ist das Gehalt nicht. Aber ich hoffe sehr, durch die Stellung wieder mehr Bilder zu verkaufen. Und auch, dass ich bald als Professor an der Akademie Landschaftsmalerei unterrichten kann. Dann würde es uns richtig gut gehen.« Überzeugt lächelte er seine Verlobte an, immer noch hielt er ihre Hand in seiner.

Die folgenden Tage verbrachte Caroline wie im Traum, dachte aber auch viel nach. Sie konnte das alles gar nicht richtig fassen, fast ging es ihr ein wenig zu schnell. Konnte sie sich ein ganzes Leben an der Seite des Malers vorstellen?

Das Wichtigste war, dass Caspar sie als Frau ernst nahm, ihm ihre Gefühle und ihre Meinung etwas bedeuteten. Und das schien wahrlich zuzutreffen. Immerhin hatte er bezüglich der Verlobung zuerst sie und nicht, wie es Sitte war, ihren ältesten Bruder Fritz gefragt. Auch wenn mittlerweile andere Zeiten angebrochen waren, in denen Frauen mehr entscheiden durften, so wandten sich die heiratswilligen Herren meist dennoch an den entsprechenden Vormund, ehe die Braut von den Heiratsabsichten erfuhr. Normalerweise war das der Vater, in ihrem Falle jedoch, da sie Halbwaise war, ihr ältester Bruder. Doch bei ihr war es anders gewesen. Es machte sie stolz und froh, dass Caspar David Friedrich ausgerechnet mit ihr, Christiane Caroline Bommer, geboren am 14. Juli 1793 in Dresden, den Bund fürs Leben schließen wollte. Fast schüchtern hatte er gewirkt, als er sie gefragt hatte, dachte sie zärtlich, dieser große, imposante Mann, der als Maler mit seinen mysteriösen Bildern wie »Mönch am Meer« und »Abtei im Eichwald« vor einiger Zeit sogar ein wenig berühmt geworden war.

Natürlich musste er trotzdem mit ihrem Vormund darüber sprechen, der letztendlich allein die feste Zusage zu ihrer Eheschließung geben konnte. So war es eben üblich, da konnten die Frauen nur darauf vertrauen, dass alles seinen rechten Gang gehen würde. Caroline war allerdings zuversichtlich, denn sie wusste, dass Fritz und auch ihre anderen Geschwister sowie die Mutter den Maler schätzten und nichts gegen die Verlobung einzuwenden hätten.

Und in der Tat hießen alle ihn kurz darauf herzlich in ihrer Familie willkommen, nachdem Fritz seine Schwester Caroline gefragt hatte, was sie von dem Heiratsantrag halte. Auch er hatte seine Zustimmung nicht über ihren Kopf hinweg geben wollen.

Caroline fand Caspar, obwohl er altersmäßig ihr Vater hätte sein können, als künftigen Ehemann sehr anziehend. In ihren Kreisen war es nicht ungewöhnlich, dass die Frauen bedeutend reifere Männer heirateten.

Genau das war auch heute wieder einmal Thema, als sie mit ihren Freundinnen zusammensaß. Die Freundinnen wussten noch nichts von Carolines Verlobtem, denn Caspar hatte sie gebeten, zunächst nicht darüber zu reden. Auch der Heiratstermin stand längst noch nicht fest. Diese Heimlichtuerei wunderte Caroline zwar, denn wie gern hätte sie im ersten glücklichen Überschwang aller Welt von ihrem Zukünftigen erzählt, vor allem ihren lieben Freundinnen, die nach und nach ihre eigenen Hochzeiten planten. Doch sie kam Caspars Bitte nach und schwieg.

»Ein Mann deines Alters versteht dich besser als ein älterer Herr. Ein solcher führt sich nur auf wie dein Vater und verbietet dir alles«, sagte ihre Freundin Elsa gerade.

»Junge Männer küssen bestimmt viel besser«, kicherte die kesse Grete, die noch auf einen passenden Heiratskandidaten wartete.

Und Liese, die sehr viele Bücher las, schwärmte: »Ach, ich wünsche mir solch einen romantischen Jüngling wie Goethes Werther …«

Sophie verdrehte die Augen und gab zu bedenken: »Ein junger Kerl hat meist viele andere Frauen. Er wird nicht treu sein und ist ständig unterwegs, während ein älterer Mann besonders stolz auf seine junge Braut ist, bei ihr bleibt, weil er sich über ihre Gesellschaft freut, und sie viel mehr verwöhnt.«

Caroline machte der Altersunterschied nichts aus, vielleicht, weil sie ihren geliebten Vater so früh verloren hatte und nun in Caspars Gegenwart die männliche Geborgenheit genoss, die sie so lange vermisst hatte. Mit seiner ruhigen Art strahlte er viel Lebenserfahrung und Verlässlichkeit aus. Außerdem zog sie seine mentale Tiefgründigkeit an, die ihr bei den jungen Burschen fehlte. Dass in seinem Charakter manchmal Schwermut mitschwang, hatte sie bemerkt, maß dem aber nicht allzu viel Bedeutung bei. Denn bei ihren

Treffen hatte sie ihn mit ihrer Fröhlichkeit immer mitreißen können.

Sie starrte in Gedanken versunken selig lächelnd aus dem Fenster. Dieses komische Verhalten blieb den anderen natürlich nicht verborgen.

»Du schweigst die ganze Zeit und lächelst nur still in dich hinein. Willst du uns etwas sagen? Tu nicht so geheimnisvoll!« Elsa musterte sie aufmerksam. »Es gibt jemanden, oder? Wer ist es? Uns kannst du es ruhig anvertrauen!«

Caroline schüttelte den Kopf und versuchte, die Freundinnen abzulenken. Es tat ihr zwar in der Seele weh, dass sie sich ihnen nicht offenbaren durfte. Aber wenn sie es wüssten, wüssten es auch ihre Familien und damit bald die ganze Stadt. Nein, sie musste schweigen.

Mütterliche Bedenken

Zu Hause konnte sie ihre Freude laut äußern, und es schien, als freute sich ihre Familie ohne Ausnahme mit ihr. Umso mehr wunderte Caroline sich ein paar Tage später, als sie über ihre Handarbeiten gebeugt mit der Mutter in der Stube saß. Plötzlich wurde die Mutter sehr ernst und gab Bedenken hinsichtlich ihrer Verlobung kund.

»Überleg dir die Hochzeit mit Caspar David Friedrich gut«, sagte sie.

Bisher hatte Caroline angenommen, dass ihre Mutter

sich über die Verbindung ebenso freuen würde wie ihre Geschwister. Irritiert ließ sie daher die Nadeln ihres Strickstrumpfs sinken und schaute die Mutter fragend an.

»Solch ein Künstler kann dir nicht unbedingt die finanzielle Sicherheit bieten, die du dir vielleicht wünschst«, erklärte die Mutter eindringlich, die sich nun ebenfalls von ihrer filigranen Näharbeit ab- und sich vertraulich ihrer Tochter zuwandte. Ernst fuhr sie fort: »Da wird es wirtschaftlich unsichere Zeiten geben, wie du dir sie jetzt noch gar nicht vorstellen kannst!«

Caroline stutzte kurz, um über die warnenden Worte nachzudenken, erwiderte dann aber sorglos und überzeugt: »Ach, liebe Mama, Caspar ist seit Kurzem Mitglied an der Dresdner Akademie und wird dort voraussichtlich bald Professor und damit Lehrer werden. Uns erwartet eine glänzende Zukunft!«

Die Mutter nickte bedächtig über den Optimismus ihrer Tochter und murmelte: »Wenn es denn so kommt …« Etwas lauter gab sie zu bedenken: »Caroline, nimm mir bitte meine Offenheit nicht übel, aber da ist noch etwas. Dieser Mann ist zudem, wie alle wissen, nicht gerade einfach. Er ist sicherlich meist zuvorkommend, auch ein kreativer Kopf, ehrgeizig und fleißig, aber …« Sie suchte nach den richtigen Worten. »Caspar ist ein introvertierter Charakter, er zieht sich manchmal sehr in sich zurück. Das ist für seine Partnerin bestimmt nur schwer zu ertragen. Ich weiß von früher, dass er oft schwermütig ist. Du hast ihn vermutlich noch nicht so erlebt. Dieser Mann hat schon viel durchgestanden, auch einige schlimme Dinge, von denen du nichts ahnst …«

Caroline erwiderte leichthin: »Das mag wohl sein, dass ihm mehr widerfahren ist als mir, wo er doch so viel älter ist!« Die mahnenden Worte der Mutter verfehlten allerdings ihre

Wirkung nicht, und Caroline verspürte ein beklommenes Gefühl. Wie gut kannte sie ihren Zukünftigen wirklich? Und wie viel wusste sie von ihm und seiner Lebensgeschichte?

Caspar hatte seine Lehrzeit als Künstler nicht nur in Greifswald, sondern auch im fernen Kopenhagen verbracht, ehe er vor bald 20 Jahren nach Dresden gekommen war, um hier seine ersten Erfolge zu feiern. Bisher hatte er auf sie recht lebensfroh gewirkt. Oder täuschte das? Gut, er war nicht immer glücklich darüber, wie seine Bilder allgemein beurteilt wurden. Auch war er selbst sehr kritisch mit seiner Kunst. Aber galt das nicht für alle Maler bezüglich ihrer Arbeit? Also was meinte die Mama nur mit ihren geheimnisvollen Anspielungen?

Mutter Bommer hatte den Blick auf ihre Handarbeit gerichtet, ohne sie jedoch wieder aufzunehmen. Eine Weile schwiegen beide. Schließlich sagte die Mutter in die Stille hinein: »Man sagt, Caspar habe schon viele dunkle Stunden durchlebt.«

Caroline fühlte sich unwohl bei den Worten der Mutter, auch wenn die es gut mit ihr meinte. Aber so was wollte sie nicht hören, sie wollte einfach ihr Glück mit Caspar genießen. Ja, ihr großes Glück! Scheinbar unbeschwert schüttelte Caroline daher ihre Locken und meinte: »Dann ist es ja gut, dass er nun mich an seiner Seite hat. Ich werde ihm düstere Stunden schnell aufhellen!«

Die Mutter seufzte über die Unbekümmertheit der Jugend und konzentrierte sich wieder auf ihren Stoff, stichelte emsig daran weiter und dachte genauso emsig nach, was Caroline an ihrer in Falten gelegten Stirn erkannte. »Ich wollte dich nicht beunruhigen, Caroline«, sagte die Mutter, als sie genug nachgedacht hatte. »Es ist schön, dass du so verliebt und dir mit Caspar als zukünftigem Ehemann so sicher bist. Das kann wahrlich nicht jede Braut von sich sagen. Und du hast recht: Deine Nähe tut Caspar gut; er wirkt verjüngt und längst nicht mehr so melancholisch wie früher. Er scheint sich auf eine Zukunft an deiner Seite wirklich zu freuen. Ich wollte dir nur noch einmal ans Herz legen, dass du dir ein paar Gedanken machen sollst, ehe du endgültig solch eine wichtige Entscheidung in deinem Leben triffst. Denn noch ist es nicht zu spät …«

»Mutter, was soll das heißen?« Caroline konnte nicht glauben, dass ihre Mutter ihr zu einer Auflösung der Verlobung raten wollte. So konnte sie das unmöglich meinen!

Die Mutter blickte sie zärtlich an: »Ach, Kind, es ist nie einfach mit den Männern, glaub mir das. Das sollst du einfach wissen. Aber Caspar ist ein guter Mann, und ich wünsche euch von Herzen ein schönes Leben!«

»Danke, Mutter! Das werden wir haben!« Caroline strahlte zuversichtlich.

Dresden 1818. Hochzeit in der Kreuzkirche

Es war noch dunkel und wie befürchtet auch sehr kalt an diesem frühen Januarmorgen des Tages, an dem die Eheschließung von Caroline Bommer und Caspar David Friedrich stattfinden sollte.

Die junge Braut fröstelte, als sie in ihrem Hochzeitskleid langsam aus der Kutsche stieg und vorsichtig auf das glatte Straßenpflaster trat. Aber die klirrende Kälte kümmerte sie wenig, denn heute war er da, der große Tag: Endlich würde sie Caspar heiraten! Auch wenn sie sich wegen der Glätte nur gemessenen Schrittes bewegte, hüpfte innerlich ihr Herz. In der letzten Nacht hatte sie vor Aufregung kaum geschlafen, doch jetzt war sie hellwach, angespannt und sehr nervös, dabei gleichzeitig heiter und beschwingt, regelrecht trunken vor Glück.

Mitten in der Nacht war Caroline mit der Mutter und ihrem Bruder aufgestanden und sie hatten sich alle festlich angekleidet. Die Trauung war auf 6 Uhr, direkt nach dem Frühgottesdienst, festgesetzt worden. Nach einem kleinen Frühstück – viel hatten sie vor dem großen Ereignis alle nicht runterbekommen – waren sie gemeinsam in einer gemieteten Kutsche zur Kreuzkirche gefahren. Sie freute sich, dass die Hochzeit in diesem imposanten Gotteshaus stattfinden würde. Erst vor 18 Jahren war der Wiederaufbau der evangelischen Hauptkirche der Stadt nach den Zerstörungen während des Siebenjährigen Krieges endgültig abgeschlossen gewesen. Schon von Weitem konnte man den auffällig hohen Turm dieser Kirche erblicken, der das Stadtbild von Dresden prägte. 30 Jahre war ein erbitterter Meinungsstreit darüber geführt worden, in welcher Form der Wiederaufbau des zerstörten Chors und des Langhauses erfolgen sollte. Letztendlich erstrahlte der Außenbau nun im erhabenen klassizistischen Stil, wohingegen der Innenraum mit barocken Elementen ausgestattet worden war.

Caroline war vor dem Kirchenportal angekommen. Ihr Bruder Fritz fasste nach ihrer Hand, um sie in die Kirche zu führen.

Es war eine Zeremonie nur im engsten Kreis geplant, eine kleine, sogenannte »stille« Hochzeit, ohne viel Prunk, großem Essen und Tanz. Das hatte Caspar sich ausdrücklich so gewünscht. Um ihre Eheschließung wollte er kein großes Aufheben machen, womit Caroline nicht ganz zufrieden, letztlich jedoch einverstanden gewesen war. In der Kirche saß nur die Verwandtschaft von ihrer Seite, von Caspars Familie war niemand angereist. Zu weit weg lebten die Brüder, Schwägerinnen, Neffen und Nichten im fernen Neubrandenburg und in seinem Geburtsort in Pommern, hoch oben im Norden am Meer, als dass sie ausgerechnet im kalten Winter die lange Fahrt hätten auf sich nehmen können, um dabei zu sein. So hatte Caroline zunächst gedacht, doch in Wahrheit ahnten seine Angehörigen nicht einmal etwas von dem freudigen Ereignis heute. Zu Carolines Verwunderung hatte Caspar es ihnen bisher verschwiegen. Doch sie hatte darauf bestanden, dass sie ihre Heirat seinen Verwandten möglichst bald in einem gemeinsamen Brief mitteilten. Warum er es nur nicht schon längst getan hatte? Hatte er Angst davor gehabt, dass etwas dazwischenkommen und die Hochzeit nicht stattfinden würde?

Caspar hatte ihr nicht nur versprochen, bald den Brief zu schreiben, sondern auch, im Sommer mit ihr in den hohen Norden zu fahren, um Caroline seinen Verwandten vorzustellen und ihr seine Heimatstadt Greifswald zu zeigen. Das sollte ihre Hochzeitsreise werden. Na ja, eine Hochzeitsreise mit Arbeit, denn Caspar hatte in der nicht weit entfernten Stadt Stralsund einen besonderen Auftrag in Aussicht. Es ging um die Gestaltung des Innenraums der Marienkirche, wofür er schon Pläne gemacht und eingereicht hatte. Sein jüngerer Bruder Christian würde ihn dabei unterstützen.

Von Stralsund aus wollte Caspar mit Caroline dann noch auf einem Boot nach Rügen fahren, diese Insel in der Ostsee, die Caroline unbekannt war, Caspar aber sehr am Herzen lag. Er hatte Rügen schon öfter besucht und häufig in seinen Bildern festgehalten. Für die Überfahrt würden sie ein Segelschiff nutzen, hatte er ihr angekündigt. Darauf freute sich Caroline, denn bislang kannte sie nur die Kähne und Gondeln auf der Elbe.

Während Caroline nun an der Seite ihres Bruders Fritz durch das schmucke Portal der Kirche schritt, rief sie sich selbst zur Räson. Sie sollte jetzt aufmerksam sein und sich auf die feierliche Zeremonie konzentrieren. Die war etwas Besonderes und gab es nur einmal im Leben. Der Weg durch das mit wenigen Kerzen diffus beleuchtete Kirchenschiff hin zum Altar kam ihr heute viel länger vor als bei den Messen, die sie hier besucht hatte. Caspar, der eigentlich viel frommer war als sie, ging aus verschiedenen Gründen ungern in die hiesigen Kirchen. Aber nun wartete er dort vorn auf sie, ihr zukünftiger Ehemann, wie sie voller Glück dachte, um sie aus der Hand ihres Bruders in Empfang zu nehmen. Wie es Tradition war, hatte sie Caspar noch nicht gesehen. Heute Morgen war sie zum letzten Mal in ihrem Elternhaus aufgewacht. Ob sie ihre Angehörigen sehr vermissen würde? Ihre Mutter, die kleine Schwester und auch die Brüder? Ihr Herz pochte und ihr war wieder mal ein wenig blümerant, nicht ganz wohl, weil sie aufgeregt war und nicht wusste, was auf sie zukam. Doch bald würde sie eine eigene Familie haben.

Ach, wenn ihr lieber Vater doch noch leben würde! Dann würde sie an dessen Seite zum Altar gehen. Er wäre sicherlich stolz auf sie und bestimmt zufrieden damit, dass sie diesen außergewöhnlichen Maler heiratete, den er sehr geschätzt hatte. Aber ihr Vater Christoph Bommer, der angesehene Faktor einer Blaufärberei, war vor fast elf Jahren plötzlich an einem Herzinfarkt verstorben, da war sie erst 14 Jahre alt gewesen. Welches Unglück für die ganze Familie! Es war nicht leicht für die Mutter gewesen, für sie und ihre Geschwister zu sorgen, obschon zwei ihrer Brüder bereits erwachsen gewesen waren und die Familie unterstützt hatten. Doch war das Geld seitdem immer knapp. Und auf eine Heirat hatte Caroline als Halbwaise mit ihrer kleinen Mitgift kaum zu hoffen gewagt. Dabei hatte es durchaus ein paar interessierte Kandidaten gegeben, dachte sie lächelnd. Die waren allerdings für sie nicht infrage gekommen. Besonders hartnäckig war der Nachbarssohn gewesen, der rothaarige Paul mit den vielen Sommersprossen. Er war sehr lustig und hatte sie immer so hoffnungsvoll aus seinen grünen Augen angeblinkt. Wie zufällig war er eine Zeit lang häufiger vor ihrer Haustür aufgetaucht und hatte nach Gründen gesucht, um sie in ein Gespräch zu verwickeln. Irgendwie hatte sie Paul aber nicht ernst nehmen können, er schien ihr allzu jung und unbedarft zu sein. Wie traurig der Paul geguckt hatte, als er erfuhr, dass Caroline sich mit dem Maler aus dem Norden verlobt hatte. Fast hatte er ihr leidgetan.

Was war Caspar David Friedrich dagegen für ein gestandener Mann! Natürlich war er bedeutend älter als sie, aber das war gut so. Er würde wissen, was zu tun war und wie sie ihre Ehe führten. Denn trotz des Glücks und ihres Zukunftsoptimismus fragte Caroline sich, wie ihr Dasein als Ehefrau, Hausfrau und Mutter aussehen würde.

Ach, das wird schon, dachte sie zuversichtlich. Die meisten Bräute waren viel jünger als sie, wenn sie in den Stand der Ehe traten, und schafften das schließlich auch. Immerhin hatte Caroline ihrer Mutter viel im Haushalt geholfen, ebenso bei der Betreuung der kleinen Geschwister. Mit beidem kannte sie sich also gut aus. Nur nicht – fast hätte sie laut gekichert – mit einem Ehemann.

Da hatten ihr auch die Freundinnen nicht helfen können, als sie es ihnen endlich – nach fast zwei Jahren – hatte verraten dürfen. Wie hatte Elsa gestaunt, gleichzeitig war sie ein wenig gekränkt gewesen, dass Caroline das Geheimnis so lange für sich behalten und sie nicht eingeweiht hatte.

»Du willst also wirklich den Maler Friedrich heiraten?«, hatte sie ungläubig gefragt. »Diesen Künstler, der die düsteren Bilder malt? Ist das nicht ein sehr schwieriger Mann?«

»Wieso, kennst du ihn?«, hatte Caroline schnippisch zurückgefragt.

Elsa hatte die Achseln gezuckt. »Nein, aber ich weiß, was man über ihn erzählt ...«

Wenn sie es sich recht überlegte, hatte Elsa eigenartig kühl reagiert. Vielleicht war sie neidisch? Grete, Liese und Sophie hatten sie dagegen voller Herzenswärme angelächelt und innig umarmt. Und ihr viel Glück gewünscht.

Und heute wurde es endlich wahr! Die glückliche Braut war ihrem Caspar nun ganz nahe, gerade ging sie an der Hand ihres Bruders an der kleinen Hochzeitsgesellschaft in den vorderen Bänken vorbei. Die Orgel ertönte, und es roch nach Kerzenwachs. Caroline atmete tief ein und aus und zwang sich, ihren mit einem Myrtenkranz geschmückten Kopf gesenkt zu halten, wie es die Zeremonie verlangte. Am liebsten hätte sie aufgeschaut und Caspars Augen gesehen, während sie in ihrem weißen Brautkleid aus glänzender Atlasseide – einem eher schlichten Modell, das dennoch edel aussah – zu ihm trat. Caroline hatte unbedingt ein helles Kleid gewollt, wie es seit Kurzem überall Mode wurde, kein dunkles, wie es noch bei der Hochzeit ihrer Mutter üblich gewesen war. Auf dem Land sogar bis heute. Ihre alte Schneiderin wusste, dass weiße Brautkleider immer beliebter wurden, und hatte Caroline diesen zarten Stoff vorgeschlagen. Kein grelles, sondern ein warmes Weiß, das gut mit ihrem hellen Teint und ihrer nussbraunen Haarfarbe harmonierte. Zum Glück war die Anfertigung nicht zu teuer geworden, denn selbst an solch einem besonderen Tag konnten sie die Kosten nicht ganz außer Acht lassen. Nicht nur, weil seit Vaters Tod das Geld knapp war, sondern auch, weil sie einen äußerst sparsamen und nicht sehr wohlhabenden Mann heiratete. Caspar sollte nicht denken, dass sie putz- oder verschwendungssüchtig sei. Aber staunen sollte er dennoch über seine Braut.

Caroline hielt es nicht mehr aus. Fritz hatte ihre Hand nun in Caspars gelegt, und jetzt musste sie ihn einfach anschauen.

Da stand er, aufrecht und stolz, mit seinem prägnanten Backenbart, den sonst keiner aus ihrem Bekanntenkreis trug, und lächelte sie an.

Caroline schluckte. Caspar sah in dem schwarzen Gehrock, den er sich von seinem Freund, dem Arzt und Maler Dr. Carus, geliehen hatte, sehr anziehend aus, wenn auch etwas befremdlich. Normalerweise war er eher schlicht gekleidet. Der Gehrock stand ihm aber außerordentlich gut, fand sie. Am leichten Zucken seines rechten Augenlides erkannte Caroline, dass auch Caspar aufgeregt war. Sie wusste, dass die Hochzeit auch für ihn ein großer Schritt war. Trotz seines Wunsches nach einer Familie genoss er das Alleinsein und hatte sich längst in seinem Junggesellendasein eingerichtet, wo er keine Rücksicht auf andere zu nehmen brauchte. Nun würde er Verantwortung übernehmen müssen!

Die letzten Orgeltöne verklangen, und plötzlich war es still im Kirchenraum. Im Hintergrund hörte Caroline jemanden leise schluchzen. Das musste die Mutter sein, dachte sie gerührt, und sofort wurden auch ihre Augen feucht. Andächtig wandte sich das Brautpaar dem Pfarrer zu, der nun mit den traditionellen Worten der Trauung begann.

Wie wunderbar, dachte Caroline beglückt, in wenigen Minuten werde ich »Frau Friedrich« sein.

Die Wohnung an der Elbe

Kurz nach ihrer Trauung, noch am Vormittag des Hochzeitstages, zog Caroline als Caspars Ehefrau bei ihm ein.

»Ich bin schon so neugierig auf deine Wohnung!«

Caroline keuchte, als sie mit Caspar die enge Treppe in dem alten Haus mit der verheißungsvollen Adresse »An der Elbe 26« hochstieg, in der er seit Langem zur Miete wohnte. Da sie aus einer Vorstadtsiedlung Dresdens kam, freute sie sich sehr darüber, dass ihr Zuhause nun direkt am schönen Fluss liegen würde mit direktem Blick auf die Elbe. Die Nähe zum Wasser war Caspar, der ursprünglich aus einer Region am Meer kam, sehr wichtig. Außerdem pflegte er ein gutes Verhältnis zu den Elbfischern.

»Auf *unsere* Wohnung«, korrigierte sie ihr frischgebackener Ehemann und zog klimpernd den Schlüssel aus seiner Tasche. »Ist nichts Besonderes«, ergänzte er leise. Doch mit dem Blick auf seine erwartungsvolle Frau im Brautkleid versprach er: »Wir können alles ändern, was dir nicht gefällt!«

Caroline lächelte über seine gewagten Worte, die viel zu großzügig für ihren genügsamen Caspar klangen. Hoffentlich bereut er das nicht, dachte sie, denn sie war durchaus gewillt, ihnen ein schönes Zuhause zu schaffen. Ihr Zuhause! Ein merkwürdiges Gefühl überkam sie. Gleich würde sie mit Caspar zum ersten Mal allein in seinen Räumen sein. Und ab jetzt würde das immer so sein: sie beide, Caroline und Caspar, zusammen in einer Wohnung. Aber hoffentlich nicht für immer zu zweit …

Vor der Heirat war sie zwar schon öfter allein mit ihm gewesen, aber bisher nie bei ihm. Meist hatte Caspar sie in ihrem Elternhaus besucht oder sie hatten lange Spaziergänge unternommen. Es hätte sich nicht geschickt, vor der Hochzeit in seine Wohnung zu gehen. Obwohl sie sein Zuhause, das nun auch ihres wurde, gerne längst gesehen hätte. Caroline ahnte, dass es hier nicht so komfortabel aussehen würde wie in ihrem Elternhaus. Darauf wies bereits das enge Treppenhaus hin. Sicherlich hatte Caspar die Zimmer sehr einfach eingerichtet.

Tränenreich hatte sie sich vor der Kirche von ihrer kleinen Hochzeitsgesellschaft verabschiedet, dabei die Mutter und Fritz noch einmal gedrückt, ehe Caspar sie fest an die Hand genommen hatte, als wollte er sie am liebsten gar nicht mehr loslassen. Nun folgte sie, noch im Brautkleid, ihrem Ehemann die knarzende, enge Stiege zu seiner kleinen Wohnung hoch. Caspar verharrte kurz vor der Tür, bevor er feierlich den Schlüssel ins Schloss schob und sie öffnete. Dann drehte er sich im eleganten Gehrock zu ihr um, und ehe Caroline sichs versah, hob er sie hoch und trug sie über die Schwelle. Vor Überraschung quietschte sie kurz auf, und Caspar grinste sie an. Eigentlich war das Treppenhaus für eine solche Aktion viel zu eng, und die junge Frau drückte sich an ihren Gatten, um nicht überall mit ihrem Körper anzustoßen. In der Wohnung setzte er sie sofort wieder ab und schnaufte übertrieben theatralisch.

Caroline musste herzlich lachen, woraufhin ihre Nervosität fast verschwunden war. Sie sah sich in dem schmalen, dunklen Flur um, von dem die einzelnen Zimmertüren abgingen. Alle waren geschlossen. Caspar, der dicht hinter ihr war, machte die Wohnungstür zu. In ihrem Nacken spürte Caroline seinen warmen Atem. Sie drehte sich zu ihm um, und endlich standen sie sich in ihrer Wohnung gegenüber – als Mann und Frau.

Sanft fasste Caspar Caroline an den Schultern und hauchte ihr zart einen Kuss auf die Stirn. Er war sehr ernst und wirkte plötzlich verunsichert. Caroline wurde ebenfalls recht eigentümlich zumute, denn dies war wahrlich auch ein bewegender Moment für sie.

Caspar räusperte sich und trat einen Schritt zurück. »Dann zeige ich dir jetzt alles.«

Caroline nickte und folgte ihrem Mann. Besonders groß war die Wohnung nicht. Das hatte sie zwar schon vermutet, aber es mit eigenen Augen zu sehen, war doch etwas anderes. Nicht einmal eine Speisekammer gab es, stellte sie enttäuscht fest, als Caspar sie in die Küche führte. Besser gesagt: Den dafür vorgesehenen winzigen Raum nutzte

Caspar für seine Arbeitsutensilien. Er zuckte verlegen mit den Schultern und zog Caroline schnell weiter, ehe sie ihn diesbezüglich zur Rede stellen konnte.

Als Nächstes zeigte er ihr das kleine Wohnzimmer, das wie die Küche nur dürftig ausgestattet war. »Während ich im Atelier bin, kannst du hier Besuch empfangen, deinen Handarbeiten nachgehen oder lesen«, schlug Caspar vor. Dann deutete er auf die Tür zu einem weiteren Raum und erklärte ernst: »Dort ist mein Atelier. Ich möchte nicht, dass du da ohne mich hineingehst, etwas anrührst oder veränderst.«

Caroline zog die Augenbrauen hoch, weil er plötzlich so streng klang. Sie nickte brav, fragte aber dennoch erstaunt: »Darf ich nicht mal hineinsehen?«

»Doch, natürlich.« Caspar öffnete die Tür.

Zu ihrer Verwunderung war das Atelier ein karger Raum mit nackten Wänden. Das einzige Prunkstück darin war die Staffelei in Fensternähe, ansonsten gab es nur noch einen Stuhl und einen kleinen Tisch auf den breiten Dielen sowie eine Reißschiene an der Wand, die den Künstler beim Zeichnen der horizontalen und parallelen Linien unterstützte. Ansonsten nichts, keine Gemälde oder gar Dekorationsstücke.

Caspar erzählte stolz: »Mein Malerfreund Georg Friedrich Kersting hat mich einmal bei der Arbeit hier drin gemalt. Da stehe ich mit meiner Palette an der Staffelei, und das Licht aus dem Fenster erhellt die Szene. Alles sehr gut von ihm erfasst.«

Caroline hörte den Stolz in seiner Stimme, wusste jedoch nicht, was sie davon halten sollte. Diese Leere und Kargheit erinnerten sie eher an eine Mönchszelle. Sie schob ihr Kinn vor und fragte ihren Mann kritisch: »Warum sieht es hier so unsagbar leer und ungemütlich aus?« Weil er nicht antwortete, wedelte sie unternehmungslustig mit den Armen. »Bist du dir sicher, dass hier nichts verändert werden soll? Ein paar farbige Stoffe würden dein Atelier gleich gemütlicher machen. Ich hätte schon eine Idee ...«

Caspar schüttelte energisch den Kopf. »Nein, nein, auf keinen Fall! Das möchte ich nicht!«

»Aber warum denn nicht?«

»Einen Maler soll nichts von der Arbeit an seinen Bildern ablenken«, erklärte er steif. »Alle äußeren Gegenstände würden die Bildwelt im Inneren stören. Ich möchte keine Unordnung, kein künstlerisches Chaos! Ich bevorzuge Nüchternheit und Klarheit.« Entschieden zog er die Tür wieder zu und meinte bestimmt: »Im Atelier wird nichts verändert!«

Caroline zuckte bei seinem harschen Ton ein wenig zusammen.

Caspar bemerkte es und milderte seinen Tonfall. »Na, komm und schau weiter, am Ende des Ganges ist das Schlafzimmer.«

Als er die Tür zu dieser Kammer öffnete, blickte Caroline verlegen nur kurz hinein. Ein großer Kleiderschrank bedeckte fast die ganze Wand einer Seite, der restliche Raum wurde von einem großen Bett ausgefüllt.

»Ist ganz neu, das große Bett. Ich hatte vorher nur ein schmales Feldbett. Das Ehebett habe ich extra für uns besorgt«, berichtete Caspar stolz. »Auch eine gute Rosshaarmatratze und das dicke Federdeckbett. Hier werden wir beide viel Platz haben und es uns gemütlich machen können. Ich habe es schon ausprobiert, das Bett ist sehr bequem.«

Caroline guckte betreten auf ihre Fußspitzen. Es war ihr unangenehm, mit einem Mann über das Ehebett zu sprechen. Sie mochte sich kaum ausmalen, dass sie von nun an mit ihm zusammen darin schlafen würde. Caroline merkte, wie sie rot wurde.

»Unser Lotterbett«, fügte Caspar schelmisch grinsend hinzu und stupste sie vergnügt in die Seite. Doch auch er war etwas rot geworden.

Carolines Nervosität kehrte zurück. Dass Caspar manchmal so direkt sein musste! Ihr war ohnehin ganz mulmig vor der Hochzeitsnacht. So viel hatte sie davon gehört, ohne sich richtig vorstellen zu können, wie das war, mit einem Mann in einem Bett zu liegen. Was dort wohl passieren würde?

Caspar bemerkte ihre Unsicherheit und berührte sie leicht am Arm. Leise und liebevoll sagte er: »Meine liebe Line! Ich bin so glücklich, dass du endlich da bist! Hier bei mir.«

Seine Worte beruhigten Caroline. Gerührt schaute sie ihn an und nickte. Ja, das war alles schon richtig so. Er war ihr so vertraut, als hätten sie sich schon immer gekannt. Und dennoch waren sie sich in mancherlei Hinsicht noch fremd.

Der stille Moment machte schnell ihrem Tatendrang Platz. »Hier muss noch viel gemacht werden«, stellte sie fest, ging mit wehendem Brautkleid mutig ins Schlafzimmer und öffnete das Fenster, damit Licht und Luft hereinkamen.

Vom Ich zum Wir

Anfangs bewegte sich Caroline unsicher in Caspars kleinem Haushalt, der jetzt auch der ihre werden sollte. Doch bald schon krempelte sie entschlossen die Ärmel hoch und griff überall beherzt zu. Was für eine Männerwirtschaft! Zuerst putzte sie alle Zimmer durch, auch das Atelier, obwohl Caspar sie, wie er es prophezeit hatte, nur ungern einließ.

»Line, du weißt doch, dass …«, hob er warnend an und baute sich groß vor ihr auf, als sie mit dem Lappen in der Tür stand.

»Ich schrubbe nur kurz den Boden«, unterbrach sie ihn. »Das geht schnell. Und danach lass ich dich weitermalen.« Sie schob sich an ihm vorbei und trat ein, bevor er etwas erwidern konnte.

Caspar ging mit dem Pinsel in der Hand zurück zur Staffelei, hielt aber den Blick starr auf sie und ihre Bewegungen gerichtet. Vor sich hin brummelnd beobachtete er ihr eifriges Tun.

Caroline ließ sich davon nicht beirren und breitete das große Wischtuch auf dem Boden aus. Das gefällt meinem lieben Mann gar nicht, bemerkte sie schmunzelnd, putzte jedoch ungerührt um ihn herum. »Caspar, das ist notwendig«, versuchte sie ihm klarzumachen. Sie beeilte sich und schaffte es gerade so, fertig zu werden, bevor Caspar endgültig genug hatte, sie mit ihrem Putzlappen hinausschob und die Tür hinter ihr zuknallte.

Ungewohnt war es für Caspar wohl auch, dass Caroline nun täglich zur gleichen Zeit die Mahlzeiten für sie beide zubereitete. Sie erwartete ihn um Punkt zwölf Uhr am Küchentisch zum Mittagessen, wie es in ihrem Elternhaus und ihrer Meinung nach überall üblich war. Aber Caspar kannte das so nicht. Bislang hatte es keine Köchin in seinem kleinen Haushalt gegeben, und er hatte recht unregelmäßig gegessen. Wenn er Hunger bekam, hatte er meist zu Hause einen kleinen Imbiss zu sich genommen, häufig nur eine Fettbemme, also eine Brotschnitte mit Schmalz. Oder einen Apfel. Eher selten war er zum Essen ausgegangen oder einer Einladung gefolgt. Manchmal hatte er bei der Familie von Gerhard von Kügelgen, einem Malerfreund, gespeist.

Am ersten Tag, als Caroline zu Mittag gekocht hatte, hatte er gar nicht reagiert, als Caroline ihn zur Mittagszeit gerufen hatte. Nachdem sie vergeblich am Tisch auf ihn gewartet hatte, hatte sie alsbald energisch gegen seine Tür gewummert. »Caspar, das Essen wird kalt, wenn du nicht bald kommst!«

Er öffnete die Ateliertür und stand mit fragendem Gesichtsausdruck vor ihr, den tropfenden Pinsel in der Hand.

»Um zwölf Uhr gibt es Mittagessen, das ist jetzt immer so«, erklärte Caroline entschieden. »Komm bitte an den Tisch!«

Caspar zog unwillig die Stirn kraus und wollte etwas erwidern, nickte dann aber stumm und akzeptierte ihren Wunsch. Er legte den Pinsel ab, wusch sich unter dem strengen Blick der Hausfrau in der Waschschüssel die Hände und kam anschließend zu ihr an den kleinen Tisch.

Caroline hatte sich bereits hingesetzt und wies ihm den Platz gegenüber zu. Zwischen ihnen dampften die Kartoffeln. Sie deutete auf die Tischplatte. »Caspar, der Tisch ist viel zu klein. Wir brauchen einen größeren!« Schnell fügte sie hinzu: »Und mehr Stühle! Wir besitzen nur diese zwei.«

»Bisher hatte ich nur einen Stuhl und habe noch einen für dich dazugekauft. Die beiden reichen uns doch.« Er wirkte ehrlich erstaunt.

»Und wenn Besuch kommt? Wo soll der sitzen? Kein ordentlicher Haushalt besitzt nur zwei Stühle«, antwortete Caroline empört.

»Im Atelier steht noch einer.«

Caroline schüttelte den Kopf. »Der passt doch nicht zu den anderen. Außerdem können wir nicht jedes Mal den Stuhl aus dem Atelier holen, wenn wir ihn für Gäste brauchen. Wie sieht das denn aus?«

Caspar gab sich geschlagen. »Nun gut, dann kaufen wir eben noch einen oder zwei Stühle, wenn du meinst.«

»Und einen Tisch, einen großen runden. So wie ihn jetzt alle haben. Das ist modern!«

»Stühle ja, aber solch ein Tisch, wie er dir vorschwebt, passt nicht hier ins Zimmer. Wir bleiben zunächst bei diesem und sehen dann weiter.« Caspar sah das Gesprächsthema damit als beendet an.

Und ganz unrecht hatte er damit nicht, musste Caroline zugeben. Für einen großen Tisch war die Stube viel zu klein. Sie sagte also nichts mehr, sondern beobachtete stattdessen gespannt, wie ihr Mann sich neugierig zu dem großen Topf vorbeugte, aus dem es verheißungsvoll duftete.

»Was hast du uns Leckeres gekocht?«

Caroline seufzte in sich hinein. Seine große Begeisterung konnte sie nicht teilen, denn es gab nur eine einfache Mahlzeit. Caspar hatte kaum Vorräte im Haus. »Pellkartoffeln mit Quark«, sagte sie. »Ich hoffe, du magst das!«

Caspar nickte erfreut. »O ja, Tüften sind mein Leibgericht!«

»Bitte was?« An seine fremden Ausdrücke musste sie sich wie an so vieles bei ihm erst noch gewöhnen.

»Tüften, das sind, ähm, Kartoffeln. So sagt man in meiner Heimat Pommern.«

»Tüften«, wiederholte Caroline und lauschte fasziniert diesem Wort nach.

Sie fand, dass das schön klang. Wie gern wollte sie diese eigenartige Mundart lernen. Allein schon, weil sie hoffentlich bald Caspars Familie kennenlernen würde, und die Greifswalder sollten sie verstehen können. Caroline hatte Ehrgeiz, sie würde versuchen, sich diese eigentümliche Sprache anzueignen.

Caspar freute sich an diesem ersten Tag sehr darüber, dass seine Caroline einfache Alltagsgerichte kannte und kochen konnte, Mahlzeiten, die lecker, aber nicht zu aufwendig und zu kostspielig waren. »Weißt du, Line, neben Tüften esse ich auch sehr gerne Fisch. Den gibt es in Dresden zwar auch, doch andere Arten. Aus der Elbe kommen Hechte, Barsche und Regenbogenforellen. Die schmecken ganz anders als die Meeresfische. In meiner Heimat isst man Tüften am liebsten mit Räucherhering.«

»Caspar, dazu müssten wir erst einmal Fisch haben. Es gibt kaum Vorräte bei dir!«

Caspar begehrte auf: »Das kannst du so nicht sagen! Es ist allerlei im Haus, es sind genug Lebensmittel da!«

»Ach ja? Ich habe außer ein paar alten Gewürzen nur Kartoffeln und Mehl gefunden, und den Quark«, schnappte Caroline zurück.

»Und frische Milch und Eier habe ich gestern erst besorgt, sogar eine Seite Speck müsste noch da sein«, antwortete Caspar aufgebracht.

»Und damit soll ich uns ein komplettes Mittagessen kochen?« Caroline schüttelte resigniert den Kopf.
»Natürlich ist das möglich! Daraus lässt sich eine Menge an Gerichten zubereiten.« Er zählte an einer Hand auf: »Eierkuchen, Rührei, sogar Bratkartoffeln.«

Beide schwiegen gekränkt. Ein erster Ehekrach kündigte sich an, doch Caspar lenkte ein und tätschelte ihr etwas unbeholfen den Arm. Offenbar wollte er sie versöhnlich stimmen.

Dann hob er vorsichtig den Topfdeckel an und löffelte sich ein paar Pellkartoffeln auf den Teller. »Das sieht doch sehr gut aus!«, lobte er sie und schielte zu ihr hin.

Caroline schwieg jedoch weiterhin.

»Geh ruhig auf den Markt und kauf ein, was du brauchst. Ich lege dir nachher etwas Geld hin.«

Doch Caroline war noch nicht besänftigt. »Auch findet sich bei dir kaum Hausgerät! Ich war froh, einen Topf für die Kartoffeln und eine Schüssel für den Quark gefunden zu haben. Und es gibt nur diese beiden Teller …« Gequält schaute sie auf das alte Essgeschirr, von dem der eine Teller einen langen Sprung und der andere eine abgeschlage Ecke hatte. »Und außerdem haben wir viel zu wenig Besteck.« Sie hatte ihm die einzige Gabel an seinen Platz gelegt und sich selbst nur einen Löffel genommen.

»Reicht doch für uns«, murmelte Caspar und begann, mit seiner Gabel die Kartoffeln auf dem Teller zu zerdrücken. Er sah dabei sehr konzentriert aus, als erforderte diese Aktivität seine ganze Aufmerksamkeit.

Caroline hatte sich eine andere Reaktion von ihm erhofft. »Caspar, wir müssen unbedingt einige Dinge für unseren Haushalt einkaufen, da führt kein Weg daran vorbei«, sagte sie mit Nachdruck. »Unser« Haushalt, das klang noch immer fremd, gleichzeitig heimelig.

Unwillig brummte er: »Ist das wirklich nötig?«

Caroline war für einen Moment sprachlos. Ihr Caspar wusste, wie leer seine Schränke waren, und wollte dennoch am liebsten nichts daran ändern!

Während beide aßen, grübelte Caroline darüber nach, wie sie ihren Mann, der zufrieden mit vollen Backen kaute, dazu bewegen konnte, die notwendigen Gegenstände anzuschaffen. Bei seinem letzten Bissen bat sie ihn, noch mit in die Küche zu kommen. Sie streifte durch die Küche und öffnete in seinem Beisein nacheinander die Schränke. Dabei deutete sie auf die wenigen Utensilien, die darin standen, schüttelte klagend den Kopf und zählte die ihrer Meinung nach erforderlichen Sachen auf, die sie unbedingt für ihren Haushalt besorgen müssten.

Caspar hatte über die lange Liste ihrer Wünsche gestöhnt, aber auch über ihren Eifer geschmunzelt, wie sie mit allerlei Dingen vor seiner Nase herumklapperte und auf ihn einredete, wobei sich im Küchendunst ihre braunen Locken gekräuselt hatten. Versonnen hatte er sie angeschaut und sich schließlich einen Ruck gegeben, denn er hatte gewusst, dass er in einer Ehe nicht so weiterleben konnte wie zuvor und er mehr Geld ausgeben musste. »In Ordnung, Caroline, du hast mir nun zur Genüge vor Augen geführt, wie alt und ärmlich meine Einrichtung ist. Einige Möbel werde ich selbst entwerfen können, auch kenne ich einen geschickten Schreiner, der nicht so teuer ist. Und wenn dich das alles glücklich macht, soll es so sein. Besorge einfach, was uns in der Küche fehlt.«

»Nicht nur in der Küche«, hatte sie noch einmal seufzend festgestellt.

Ein paar Tage später staunte Caspar nicht schlecht, wie aktiv Caroline gewesen war und wie sehr sich sein unvollkommener Haushalt verändert hatte. Plötzlich gab es viele neue Möbel und Hausrat, dazu allerlei Gerätschaften, deren Funktionsweisen er nicht einmal erriet. Dazu bauschten sich in der Stube lindgrüne Vorhänge an den Fenstern – diese langen Stoffbahnen hatte er bislang für überflüssig gehalten. Caroline hatte sie zusammen mit ihrer Mutter genäht. Ihrer Ansicht nach brachten die Vorhänge mehr Gemütlichkeit in die Wohnung. Wo es doch schon keine Tapeten an den Wänden gab, wie sie neuerdings üblich waren. In Caspars Haus waren die Zimmer nur farbig gestrichen.

»Na, wie findest du unser Zuhause jetzt?« Caroline strahlte ihn gespannt an.

Caspar nickte nur und versuchte, sich wohlwollend zu geben. »Schön, schön.«

»Nicht wahr? Ganz anders als vorher. Wir wollen es doch gemütlich haben.« Caroline wagte zudem einen weiteren Vorstoß. »Aber eigentlich sind die Räume viel zu klein für uns.« Sie deutete auf den Esstisch, wo sich nun wie von ihr vorgesehen vier gleiche Stühle drängten. Leider sah das Zimmer damit viel zu voll aus. Ihr Traum von einem großen runden Tisch musste warten, der hätte wirklich nicht mehr in die Stube gepasst. Auch gab es keinen Platz für eine Vitrine, die das schmale Bord ersetzen sollte. Caroline hatte schnell gemerkt, dass sie nicht alle ihre Ideen in dieser kleinen Wohnung umsetzen konnte. »Wir brauchen bald eine größere Wohnung«, stellte sie fest und eilte in die Küche.

Alarmiert ging Caspar hinter ihr her und wollte protestieren.

Caroline wusste, wie sehr er an diesen Räumlichkeiten hing. Er wohnte seit nahezu 15 Jahren hier und liebte den freien Blick auf die Elbe. Deshalb fügte sie schnell hinzu: »Ich meine, hier ist es zu klein für eine ... Familie.«

Caspar trat auf sie zu und legte ihr zärtlich den Arm um die Schultern. Dabei stieß er an eine Schüssel, die scheppernd zu Boden fiel. »Überall so viel neuer Kram!«, sagte er halb verärgert, halb verwundert. Er drehte sich in der engen Küche, wo nun vielerlei Tiegel, Schüsseln und Töpfe standen und sich zudem neues Geschirr stapelte. »Was ist denn das?« Er deutete auf die zahlreichen Utensilien zur Kaffeezubereitung, die Caroline angeschafft hatte.

Geduldig erklärte sie dem passionierten Teetrinker deren Notwendigkeit und Funktion.

Caspar schüttelte den Kopf darüber, reichten ihm für seinen Tee doch ein kleines Kännchen und zwei Tassen. Doch bald schon zählte er seinen Angehörigen in Greifswald stolz das neue Zubehör in einem Brief auf: Kaffeetrommel, Kaffeemühle, Kaffeetrichter, Kaffeesack, Kaffeekanne, Kaffeetasse ...

Caroline würde auch künftig auf ihr »Schälchen Heeßen« auf keinen Fall verzichten, den sie mit Vorliebe aus dem guten Porzellan trank und zu dem sie auch Gäste einladen wollte. In anderen Regionen bezeichnete man die hiesigen Menschen spöttisch, wie Caspar ihr verraten hatte, als »Kaffeesachsen«, für die das exotische Heißgetränk zum Leben dazugehörte. Ein richtig kräftiger Bohnenkaffee musste es sein, stark und schwarz, erklärte Caroline ihm, als er sie wegen der hohen Kaffeekosten rügte.

»In unserem Haushalt wird kein Bliemchenkaffee getrunken«, entschied sie resolut. So nannte man hierzulande zu dünnen Kaffee, weil man durch die eingeschenkte Flüssigkeit das Blümchenmuster des Geschirrs auf dem Boden der Tasse erkennen konnte. »Bereits im Siebenjährigen Krieg«, erzählte sie ihrem staunenden Mann, »galt das Motto: ›Ohne Gaffee gönn mer nich gämpfn!‹«

Caspar musste herzlich lachen.

Nach dem ersten Schock fand er es recht »schnurrig«, was sich alles durch die Heirat mit ihr geändert hatte. Neben den vielen neuen Gegenständen im Haushalt gehörten dazu auch die neuen Lebensgewohnheiten, die so eine Ehe mit sich brachte. Caroline hatte bemerkt, dass es ihm nicht immer behagte, sie ständig in seiner Nähe zu haben. Bei vielen Aktivitäten leistete sie ihm ganz selbstverständlich Gesellschaft. Auch dass sie viel mehr Gäste als früher in seiner Wohnung begrüßten, war ungewohnt für ihn.

Heute hatte Caroline ihre Freundinnen eingeladen.

»Kommt schon wieder Besuch?« Caspar war aus dem Atelier getreten und blickte mit hochgezogenen Augenbrauen auf den gedeckten Kaffeetisch in der Stube.

»Ja, ich habe Elsa und Liese eingeladen«, erklärte sie ihm. »Die hab ich schon länger nicht mehr gesehen. Das stört dich doch nicht, oder?«

»Nein, nein. Wenn es nicht zu laut zugeht …« Seufzend verschwand er wieder in seinem Arbeitsraum. Zu viel weibliche Anwesenheit schien ihn zu irritieren.

Carolines Mutter war regelmäßig zu Besuch, weil sie bei ihrer Tochter nach dem Rechten sehen wollte und sie insgeheim vermisste. Aber auch andere Verwandte aus Carolines weit verzweigter Familie machten ihre Aufwartung. Und heute nun erstmals zwei ihrer zahlreichen Freundinnen. Caspar hatte früher auch Gäste empfangen, aber die waren meist männlich gewesen und lediglich zum künstlerischen Austausch zu ihm ins Atelier gekommen. Jetzt allerdings drangen lebhaftes weibliches Geplapper und Gelächter in sein Atelier. Manchmal störte Caspar das laute Geschnatter, dann kam er heraus und bat um Ruhe. Dennoch wusste Caroline, dass er die Geselligkeit um sich herum auch genoss.

Am liebsten aber war er mit Caroline allein, denn mit ihr wurde »mehr gegessen, mehr getrunken, mehr geschlafen, mehr gelacht, mehr geschäkert, mehr gelepscht« als in seinem Junggesellendasein. Ja, »gelepscht«, also ordentlich herumgealbert, wurde nicht selten im Hause Friedrich.

»Caroline, ich kann jetzt nicht, ich habe zu tun«, war dennoch ein Satz, den Caroline nun häufiger zu hören bekam, wenn sie wieder einmal mit vorwurfsvollem Gesicht in der Ateliertür stand, weil sie vergeblich auf ihn wartete, damit sie gemeinsam essen, an der Elbe flanieren oder am Wochenende kleine Ausflüge ins Umland machen konnten. Letztlich ließ Caspar sich aber gern von ihr überreden, denn mit seiner fröhlichen Frau zusammen zu sein, machte ihn glücklich. Caroline wollte nicht daran denken, dass sich dies einmal ändern könnte.

Abends erwartete sie von Caspar, dass er bei ihr zu Hause blieb, wo sie plauderten, ein Glas Wein tranken und gerne Bücher lasen. Er sollte nicht mehr wie früher stundenlang im Dunkeln herumlaufen, bis er sich müde genug fühlte, um ins Bett zu gehen.

Ach ja, ihr wunderbares Bett! Caroline reagierte immer noch verschämt auf das Wort »Lotterbett«, was ihren Mann entzückte, wenn er in ihrer Gegenwart davon sprach. Des Nachts war Caroline nämlich gar nicht so schüchtern, sondern herrlich anschmiegsam. Offen ausgesprochen wurde das natürlich nicht, aber die Eheleute genossen beide die intensive Nähe und die Zärtlichkeiten.

Bisweilen kritisierte Caroline ihren Mann auch unverblümt, besonders seine manchmal recht grobe Ausdrucksweise störte sie. So verbat sie sich, dass er in ihrer Gegenwart unangenehme Wörter wie »Scheiße« gebrauchte, das unter Männern recht gängig war. Seiner Ansicht nach ließ sich das Wort nur schwer ersetzen, daher rutschte es ihm immer wieder raus. Caroline war diesbezüglich äußerst empfindlich und ließ ihn das auch wissen. Wenn er entgegen ihrer Abmachung den verpönten Ausdruck fallen ließ, rümpfte sie empört die Nase, was ihn wiederum zu amüsieren schien.

Überhaupt nicht zu spaßen allerdings war mit ihr in Bezug auf eine andere seiner Angewohnheiten. Nachdem Caroline angewidert bemerkt hatte, dass er bislang selten einen Spucknapf benutzt hatte, sondern nach Bedürfnis einfach in den Raum gespuckt hatte, hatte sie sofort einen für jedes Zimmer besorgt. Sein ungebührliches Verhalten, das sie sich gar nicht ausmalen mochte, gehörte sich wirklich nicht! Sie ermahnte ihn streng und nahm ihm das Versprechen ab, von nun an nicht mehr auf den Boden zu spucken.

Ja, Caspar musste einsehen, dass sich das »Ich in ein Wir« verwandelt hatte und durch Caroline manches anders geworden war. Er musste Rücksicht nehmen und bei all seinen Tätigkeiten auch an sie denken. Wie neulich, als er einen

Nagel in die Wand schlagen wollte. Caspar hatte ihr einen Brief gezeigt, in dem er die Begebenheit festgehalten hatte. »Schlage ich nur einen Nagel in die Wand, so darf er nicht so hoch sein, als ich langen kann, sondern nur so hoch, als meine Frau mit Bequemlichkeit langen kann.«

Caroline war nach wie vor glücklich mit ihrem Caspar. Sie bedauerte nur, dass er ihr selten Geschenke machte. Er musste doch ahnen, dass Frauen sich über Zuckergebäck, über ein paar duftende Blumen und ab und zu über ein neues Kleidungsstück freuten. Gut, ihr Mann war sehr sparsam und bescheiden und erwartete das auch von ihr. Doch meist war er bereit, ihre Wünsche zu erfüllen und über seinen Schatten zu springen, um ihr alles recht zu machen. Wenn sie es denn oft genug gesagt hatte. Inzwischen gab er ihr gegenüber sogar zu, dass es nun sauberer und netter bei ihm aussähe.

»Bei uns«, korrigierte sie ihn und griff dankbar nach seiner Hand, denn sein Lob freute sie.

Die Greifswalder Verwandtschaft

Post aus Greifswald! Caroline wedelte gut gelaunt mit dem Brief, den sie Caspar zum Mittagessen präsentierte. Es war jedes Mal schön, zu sehen, wie er sich über die Nachrichten aus seiner Heimat freute. Er wog das Kuvert immer zuerst wie eine Kostbarkeit in der Hand, ehe er es vorsichtig aufmachte, das Schriftstück herauszog und es ihr genüsslich vorlas. Stets gab es dann allerlei Neuigkeiten und amüsante Geschichten der Verwandten aus Greifswald zu hören.

Deshalb wartete Caroline täglich auf den Postkurier, der nicht nur Briefe und Karten, sondern manchmal auch Päckchen und Pakete aus dem Norden zu ihnen brachte. Sie war gerührt von den lieben Worten der Verwandten, die sie noch immer nicht kannten, und freute sich über diverse Überraschungen und nützliche Geschenke, die regelmäßig in ihrer Künstlerwohnung eintrafen. Darunter Lebensmittel, die ganz anders schmeckten als in Dresden. Besonders gerne mochte sie den geräucherten Katenschinken und das dunkle Roggenbrot vom Greifswalder Bäcker.

Caspars Bruder Heinrich hatte ihnen als nachträgliches Hochzeitsgeschenk vor Kurzem ein Holzfass geschickt. Caroline hatte nicht schlecht gestaunt, als es angekommen war.

»Was mag da wohl drin sein, Caspar?«, hatte sie mit großen Augen gefragt.

Er hatte wissend gelacht. »Mach es doch auf und sieh nach!«

Caroline hatte Werkzeug geholt, um das Fass zu öffnen, was gar nicht so leicht gewesen war. Schließlich hatte ihr Caspar den Hammer aus der Hand genommen und ihr dabei geholfen, den Deckel zu lösen. Kaum hatten sie ihn angehoben, war ihnen ein ungewöhnlich salziger Geruch in die Nase gestiegen. Ein Blick in das offene Fass hatte ihr verraten, dass silbrige Ostseefische darin lagen.

Dennoch hatte Caroline gefragt: »Was ist das, Caspar? Etwa deine geliebten Heringe?«

Caspar hatte sich vor Freude auf den Bauch geschlagen. »Genau, die esse ich besonders gern!«

»Du musst mir aber sagen, wie ich die zubereiten muss und was ich dazu servieren soll, damit sie gut schmecken.«

»Ach, das ist ganz leicht.«

»So viele Fische …« Caroline hatte sich ebenso gefreut und war gespannt auf Caspars nordisches Lieblingsessen gewesen. Doch so viele? »Caspar, wie sollen wir verhindern, dass sie schlecht werden? Fisch ist nicht lange haltbar! Du musst die kühle Speisekammer räumen!«

»Keine Sorge, Caroline, das ist nicht notwendig. Die Fische sind salzig eingelegt. So bleiben sie länger frisch.«

Caroline hatte geseufzt. Inzwischen hatte sie vieles im Haushalt zu ihrer Zufriedenheit verändert. Doch die Speisekammer hielt Caspar nach wie vor mit seinen Malutensilien besetzt. Die Fische wären die Gelegenheit gewesen … Sie hatte noch einen Versuch gewagt. »Doch allzu lange sind die Fische auch im Salz nicht haltbar. Es wäre besser, sie zusätzlich kühl zu lagern.«

Caspar war jedoch nicht darauf eingegangen, sondern hatte einen anderen Vorschlag gemacht. »Wir essen sie einfach nicht allein!«

So hatten sie in den nächsten Tagen möglichst oft Gäste zu sich eingeladen, um sie mit Heringsspeisen zu bewirten. Alle hatten den Fisch von der Ostsee und die Köchin gelobt, der es gelang, die Heringe nach den Anweisungen ihres Mannes auf typisch pommersche Art schmackhaft zuzubereiten. Meist servierte sie die Fische mit Kartoffeln und Speckbohnen.

Caspar witzelte seitdem, dass seine Frau aufgrund ihres Talents, die Heringe wie eine Hausfrau aus Pommern zuzubereiten, keine »Bommer«, sondern ursprünglich eine

»Pommer« sei. Der sächsische Dialekt habe das »P« wohl zu einem »B« umgewandelt.

Caroline wusste noch immer recht wenig über Caspars Verwandte im Norden. Das meiste erfuhr sie nicht von ihrem Mann, sondern aus den regelmäßigen Briefen. Bald stand endlich die Hochzeitsreise an, dann würde sie alle kennenlernen. Bis dahin wollte sie von ihrem Mann so viele Geschichten wie möglich aus seiner Heimat erfahren.

»Caspar, erzähl mir mehr von deiner Kindheit!«, bat sie ihn.

Es war schon spät in der Nacht, und sie lagen einträchtig nebeneinander in ihrem breiten Ehebett. Das waren die schönsten Stunden, fand Caroline, da gehörte Caspar ganz ihr, war zugänglicher als sonst und ihr sehr nah.

Caroline starrte in die Dunkelheit und wartete geduldig. Gewöhnlich verstrich eine gewisse Zeit, ehe er zu sprechen begann. Diesmal aber war es auf seiner Seite besonders lange ruhig, weshalb sie vermutete, dass er eingeschlafen war.

»Was willst du denn wissen?«, fragte er plötzlich leise.

»Alles!«, sagte sie voller Inbrunst. »Einfach alles will ich von dir wissen. Erzähl mir mehr von Greifswald, von deinem Elternhaus, von deiner Familie und davon, wie du aufgewachsen bist.« Caroline war bei ihrer Aufzählung immer lauter und lebhafter geworden.

»So viel gleich auf einmal?«

Beide mussten lachen. In dieser Hinsicht waren sie sehr unterschiedlich und wussten das auch. Während es aus Caroline munter heraussprudelte, klang ihr ohnehin wortkarger Mann äußerst langsam und bedächtig, wenn er redete. Caspar überlegte sich seine sparsamen Worte genau, ehe er sie aussprach. Bei ihr, das musste Caroline zugeben, war das meist umgekehrt.

Caspar räusperte sich und begann mit seinem Bericht. »Wie du weißt, lebte ich mit meiner Familie in Greifswald am Bodden nahe der Ostsee. Damals war das noch Schwedisch-Pommern, also eine schwedische Provinz, denn 1648 kam Vorpommern zu Schweden. Gleichzeitig war es auch ein deutsches Herzogtum. Ich hatte also nie die schwedische Staatsbürgerschaft. Zwar musste Schweden Vorpommern 1720 wieder an Preußen abtreten, jedoch nicht den nördlichen Teil, wozu die Insel Rügen und Greifswald gehörten. Seit Napoleons endgültiger Niederlage und dem Wiener Kongress vor ein paar Jahren gehört Greifswald wieder zu Preußen und nennt sich ›Provinz Pommern‹. Doch da lebte ich bereits seit langer Zeit in Dresden.«

Caroline murmelte nur »Aha« und gähnte gelangweilt, denn die historischen Fakten interessierten sie weniger als das Leben in seiner Familie. Doch wenn er schon einmal so ausführlich erzählte, wollte sie ihn nicht unterbrechen.

Caspar fuhr mit sonorer Stimme fort: »Meine Vorfahren kamen ursprünglich aus Neubrandenburg in Mecklenburg, wo heute auch wieder Verwandte von mir leben. Du wirst meinen Bruder Johann, den Schmied, und seine Familie im Sommer kennenlernen. Wie du ja weißt, werden wir bei unserer Hochzeitsreise auch bei ihnen in Neubrandenburg haltmachen. Bei meiner Geburt lebte meine Familie jedoch in Greifswald, und zwar in der Langen Gasse in einem schönen Fachwerkhaus direkt an der Nikolaikirche. Das Glockengeläut gehörte genauso zu meiner Kindheit wie die besonderen Gerüche in unserem Lichtgießer- und

Seifensiederhaus. Bei uns loderte permanent das Feuer unter den Kochern, und es roch nach geschmolzenem Wachs, Ölen und Laugen. Das war schon eine außergewöhnliche Atmosphäre.«

Caroline stemmte sich aus den Kissen hoch und wandte sich Caspar interessiert zu. Das klang spannend! Und er schien geradezu in der Erinnerung versunken, denn er sprach in einem fort.

»Bei uns in der Werkstatt gab es viele Dinge zur Herstellung unserer Produkte, die schon in frühester Kindheit meine Fantasie angeregt haben. Riesige Wollknäuel für die Dochte der Kerzen, die bei uns gezogen wurden. Verschiedenste Porzellanformen für die Seifen, wohinein die heißen Flüssigkeiten nach dem Kochen gegossen wurden, um auszuhärten.«

Caspar schwieg nach dieser für seine Verhältnisse langen Rede für einen Moment. Caroline war ganz in der Vorstellung versunken, wie es in diesem Seifensieder- und Lichtgießerhaushalt zugegangen war. Sie dachte an prasselndes Feuer, anheimelnde Wärme und aromatische Düfte.

Als ahnte Caspar ihre romantischen Vorstellungen, klärte er Caroline auf: »In unserem Haus roch es sonderbar, wie gesagt. Das war aber kein frischer Geruch nach Seife oder ätherischen Ölen, sondern ein Gemisch aus Verbranntem, Fetten und Talgdunst. Für mich der Geruch der Heimat, nach Wohlbefinden und Geborgenheit. Aber für die meisten Leute ganz schön gewöhnungsbedürftig. Hoffentlich mag dein feines Näschen das überhaupt!« Caspar tippte ihr zärtlich auf die Nasenspitze.

»Na, so viel anders als der Dunst aus den Färbebottichen bei uns zu Hause wird es auch nicht sein«, wischte Caroline Caspars Bedenken auflachend beiseite und war jetzt schon gespannt auf den Besuch bei seinen Brüdern Adolf und Heinrich, die das Handwerk des Vaters übernommen hatten und weiterhin in Greifswald als Lichtzieher und Seifensieder tätig waren. Caroline stellte sich diese Tätigkeit trotz der harten Arbeit recht idyllisch vor.

Caspar erzählte unterdessen bereits weiter. »Der Name meines Vaters war Adolph Gottlieb Friedrich, und er hat 1765 das Haus in Greifswald für seine zukünftige Familie gekauft. Er kam, wie gesagt, ursprünglich mit unserer Mutter Sophie Dorothea Bechly aus Neubrandenburg in diese Stadt. Meine Mutter war die Tochter eines Zeugschmieds.« Caspar machte eine Pause und dachte wohl an seine längst verstorbene Mutter.

Caroline ließ ihm die Zeit, obwohl sie ungeduldig darauf wartete, dass er weitererzählte. Sie liebte die Geschichten aus seiner Heimat, lauschte aber auch gerne seiner tiefen, melodischen Stimme und dem pommerschen Dialekt, der meist nur leicht anklang, denn richtiges Platt vermied er ihr gegenüber, damit sie ihn verstand. Doch wenn Caspar von seiner Heimat sprach, verfiel er mehr und mehr in die alte Mundart.

»Es ging recht lebhaft bei uns zu«, erzählte Caspar weiter. »Wir waren eine große Kinderschar – aber das kennst du ja. Du bist das fünfte, ich das sechste von zehn Kindern, wobei heute leider nur noch einige Brüder von mir leben. Meine älteste Schwester Catharina Dorothea habe ich besonders geliebt. Sie heiratete einen Pfarrer in Breesen, das liegt kurz hinter Neubrandenburg. Dorothea ist nun schon seit über zehn Jahren tot. Zwei Jahre nach ihr kam unsere Schwester Maria zur Welt, die mit 23 Jahren am Fleckfieber starb.

Nach ihr wurden nur noch Jungen geboren, worauf mein Vater schon sehnlichst gewartet hatte. Natürlich wünschte er sich einen Stammhalter und hoffte auf Erben für seine Werkstatt. Sein ältester Sohn Adolf ist zu seiner Freude auch in seine Fußstapfen getreten und hat das Seifensieder- und Lichtgießerhaus übernommen. Nach Adolf wurde Johann David geboren, er lebte aber nur 22 Tage. Und danach kam jedes Jahr ein weiterer Sohn: Johann Samuel, ich und Johann Christoffer, mein Schutzengel.« Caspar versank in nachdenkliches Schweigen.

Caroline hatte gehört, dass dieser Bruder im Beisein Caspars ertrunken war. Doch ihr Mann hatte ihr noch nie davon erzählt. Was meinte er mit »Schutzengel«? Noch während sie überlegte, ob jetzt der richtige Moment war, nachzuhaken, sprach Caspar schnell weiter.

»Und danach folgten Johann Heinrich und Johann Christian. Heinrich ist drei Jahre jünger als ich und auch Seifensieder und Lichtgießer geworden. Er hat sein Geschäft am Greifswalder Marktplatz. Hingegen lernte Christian, der fünf Jahre jünger ist als ich, Tischler und Holzschneider, hat aber ebenso eine künstlerische Ader wie ich und ist auch als Gebrauchsgrafiker tätig.«

Caroline hatte besonders von Heinrich und Christian schon viel gehört, beide zählten zu den eifrigsten Briefeschreibern.

»Zum Schluss erblickte Barbara Elisabeth Johanna 1780 das Licht der Welt, die leider noch im Kleinkindalter an den Blattern verstarb. Jaja, da war was los bei uns mit so vielen Kindern. Den Trubel kennst du ja.« Caspar stockte. »Und dann ist unsere Mutter so früh gestorben. Am 7. März 1781. Da war ich noch keine sieben Jahre alt.«

Caroline hörte ihm beklommen zu. »Und wer hat euch dann versorgt?«, fragte sie und griff betroffen nach seiner großen Hand.

Zärtlich drückte er ihre Finger. »Meine älteste Schwester Dorothea. Deshalb habe ich an ihr besonders gehangen. Und dazu Mutter Heiden.«

»Mutter Heiden? Du hattest eine Stiefmutter?« Das war Caroline neu.

»Nein, nein, mein Vater hat nicht mehr geheiratet. Mutter Heiden war auch nicht mit uns verwandt. Sie war unsere Wirtschafterin, lebte bei uns und hat sich die ganzen Jahre um uns gekümmert.« Etwas leiser fügte er hinzu: »Mutter Heiden war sehr fürsorglich, sie hat uns bekocht, liebevoll erzogen und oft genug trösten müssen. Ich habe sie sehr gemocht, und später habe ich sie sogar einmal gezeichnet. Eine schwarze Kreidezeichnung habe ich von ihr gemacht, da trägt sie wie üblich ihre Haube. Leider wirkt sie auf meiner Darstellung viel zu ernst. Eigentlich war sie meist recht heiter und hat viel mit uns gescherzt.«

»Gibt es auch Bildnisse deiner Familienmitglieder?«, fragte Caroline und hoffte, ihn mal zu einem Porträt von ihr überreden zu können.

Caspar brummte zustimmend. »Ja. Ich habe damals sogar ein Selbstbildnis in dieser Technik gezeichnet. Da sehe ich ebenfalls sehr ernst, wenn nicht gar skeptisch aus – und trage natürlich noch keinen Bart.« Er lachte bei der Erinnerung an die Darstellung. »Meine Güte, du würdest mich darauf kaum erkennen. War ich da noch jung!«

»Diese Zeichnungen möchte ich gerne sehen. Dann hast du also doch schon Porträts angefertigt?« Caroline wusste um die Tatsache, dass ihr Mann keine Menschen malen wollte. Wenn, dann am liebsten von hinten.

Caspar nickte stumm. Dann gab er zu: »Ach, Line, Porträts sind mir nie leichtgefallen. In meinen Werken sehen alle viel zu ernst aus. Mit der Zeichnung von Mutter Heiden war ich deshalb nie zufrieden. Das Aussehen darzustellen, ist die eine Sache. Aber das reicht längst nicht aus, um die gute Seele eines Menschen wiederzugeben. Mich hat es sehr gestört, dass ich die Gutherzigkeit und Liebe von ihr in meinem Bild nicht zeigen konnte.«

»Du hast sehr an ihr gehangen …«, stellte Caroline fest.

»Sie war immer für uns da. Die Mutter ersetzen konnte sie uns trotzdem nicht.« Caspar klang bedrückt und rückte näher an Caroline heran.

Mitfühlend strich sie ihm über den Kopf.

Das schien ihm gut zu gefallen, denn er brummte zufrieden: »Die Zärtlichkeiten meiner Mutter habe ich mein Leben lang sehr vermisst.«

Caroline merkte, wie wehmütig ihn die Erinnerungen machten. »Und dein Vater? Wie war der?«, fragte sie, um ihn von seiner Mutter abzulenken.

»Vater, hmm … der war ein fleißiger Mann, hat immer viel gearbeitet und daher wenig Zeit für uns gehabt. Er war sehr geschäftstüchtig, sein Betrieb war ihm stets das Wichtigste. Später wurde er zu einem erfolgreichen Kaufmann. Unsere Familie hat durch ihn einen gewissen Wohlstand erreicht, was bei einem Lichtgießer- und Seifensiederhaushalt nicht selbstverständlich ist. Vater hat meine Mutter auch sehr geliebt, denn nach ihrem Tod hat er, wie schon gesagt, nie wieder geheiratet. Alle wichtigen Ereignisse hat er in unsere alte Familienbibel eingetragen, die nun unser ältester Bruder Adolf hütet. Unser Vater war nämlich sehr fromm. Zu uns Kindern war er gerecht, aber äußerst streng. Ich habe mich vor ihm sogar ein wenig gefürchtet. Wir standen uns nicht sehr nahe, aber ich bin ihm dankbar, dass er mir ermöglicht hat, Künstler zu werden. Andere Väter hätten das ›Flausen‹ genannt und nicht unterstützt. Wahrscheinlich hat er damals schnell gemerkt, dass ich nicht zum Handwerker tauge. Ansonsten wäre ich heute vielleicht auch Seifensieder.« Caspar lachte erneut auf, doch diesmal klang es nicht besonders heiter. »Finanzielle Sorgen hätte ich dann heute vielleicht keine …«

Caroline tätschelte Caspars Arm und dachte darüber nach, was er ihr erzählt hatte. Sie drückte sich zurück in die weichen Kissen und stellte sich die Familie Friedrich in Greifswald vor, vor allem den kleinen Jungen Caspar im Kreise seiner Geschwister, von denen viele nicht mehr lebten. Sie wurde traurig, wenn sie daran dachte, wie der Junge um seine liebe Mutter geweint hatte, denn den Verlust eines Elternteils kannte sie nur zu gut. Leider war Caspars Vater nun auch seit neun Jahren tot, und Caroline bedauerte es sehr, dass sie ihren Schwiegervater nicht mehr kennenlernen konnte. Ob er ihrem Caspar ähnlich gewesen war? Und ob er sie, die sächsische Ehefrau seines Sohnes, gemocht hätte?

Caspars Geschwister hatten nach und nach alle geheiratet, worum er sie mit Sicherheit beneidet hatte. Ihm hatte das Familienleben gefehlt, so gut kannte sie ihn inzwischen. Denn Caspar war nicht der ungesellige Künstler, auch wenn viele ihn so sahen. Gerhard von Kügelgens Frau Helene hatte ihn sogar einmal den »Unpaarsten der Unpaaren« genannt. Doch nun hatte er sie, Caroline, und bald eine richtige Familie mit Kindern. Caroline hoffte, dass dieser Wunsch für sie beide schnell in Erfüllung gehen möge.

Noch einmal dachte sie an den Bruder Christoffer, der ertrunken war, und beschloss, Caspar doch zu fragen. Die Gelegenheit war günstig. »Warum ist dein Bruder Christoffer dein Schutzengel? Ich habe gehört, dass er ertrunken ist.«

Caspar antwortete nicht. War er eingeschlafen? Sanft rüttelte Caroline an seiner Schulter.

»Darüber möchte ich nicht reden. Ich bin müde, Line, lass mich schlafen«, sagte er dumpf und drehte sich zur Seite.

Kapitel 2: Auf Hochzeitsreise

»*Mein Weib denkt sich die Reise zu Euch und den Aufenthalt bei Euch als den vollendeten irdischen Himmel, und wenn sie einen Wagen rasch hinfahren sieht und sich in demselben sitzend denkt, quiekt sie laut vor Freuden.*« (C. D. Friedrich)

Sommer 1818. Glückliche Fahrt!

Am Samstag, den 13. Juni 1818, gingen Caroline und Caspar endlich auf Hochzeitsreise. Sechs Wochen lang würde das Paar unterwegs sein und erst Ende August, kurz vor Caspars 44. Geburtstag, nach Dresden zurückkehren. Mit der Kutsche wollten sie zuerst bis nach Neubrandenburg zu Caspars Bruder Johann und seiner Familie, dann weiter nach Greifswald fahren. Dort sollte Caroline Caspars Geburtsstadt, sein Elternhaus sowie die Familien seiner Geschwister kennenlernen. Daneben standen Caspars Besprechung in Stralsund wegen des eventuellen Auftrags und ein Ausflug per Schiff auf die Ostseeinsel Rügen an.

Was für ein Abenteuer kam da auf sie zu! Caroline hüpfte voller Vorfreude wenig damenhaft durch die Wohnung. Erst diese lange Reise, wie sie noch nie eine unternommen hatte, und dann würde sie Pommern und das Meer sehen! Ein wenig bang war ihr allerdings auch zumute. Caroline hatte in der vorherigen Nacht kaum geschlafen und litt unter mächtigem Reisefieber. Neben all dem Neuen, das sie erwartete, hoffte sie auch auf etwas Muße zu zweit und schöne gemeinsame Erlebnisse. Auch wenn Caspar sie vorgewarnt hatte, dass er unterwegs Zeichnungen anfertigen wolle. Seine künstlerische Arbeit war ihm, Hochzeitsreise hin oder her, eben wichtig.

Ihr großer Kutschenkoffer stand seit gestern vollgepackt und geschlossen im Flur und wartete auf seine Abholung. Lange hatte Caroline überlegt, was sie alles an Kleidung mitnehmen und einpacken sollte. Es war Mitte

Juni und bereits sehr heiß in Dresden, aber auf Anraten Caspars hatte sie neben leichter Garderobe auch warme, wollene Sachen in den Koffer gelegt, ebenso einige Tücher und Schals. Am Meer, hatte Caspar ihr erklärt, sei es kühler als hier in der Stadt, und es sei zu erwarten, dass ein scharfer Wind wehe. Und das im Hochsommer! Als sie den Koffer gepackt hatte, hatte ihr der Schweiß auf der Stirn gestanden und sie hatte sich auf den frischen Wind im Norden gefreut.

Mehr als die kühleren Temperaturen im Norden ängstigte sie bei aller Vorfreude die lange Fahrt mit einer Kutsche. Würde sie diese gut vertragen? Außerdem wären sie längere Zeit mit fremden Menschen zusammen auf engstem Raum. Und wo würden sie übernachten, bis sie bei den lieben Verwandten ankämen? Hoffentlich werden wir nicht überfallen und ausgeraubt, dachte sie. Straßenräuberei kam überall und gar nicht so selten vor. Und was, wenn sie einen Unfall erlitten? Sie hatte schon davon gehört, dass auf solch einer langen, ermüdenden Fahrt der Kutscher eingeschlafen und der voll besetzte Reisewagen umgekippt war! Caroline hatte Caspar von ihren Bedenken erzählt. Der hatte sie ruhig angehört und versucht, seine besorgte Frau, so gut es ging, zu beschwichtigen. Nun gut, es tröstete Caroline, dass er sich mit solchen Reisen auskannte. Caspar hatte alles gut geplant und sowohl die Kutsche als auch die Reiseroute ausgesucht.

Ansonsten hatte Caspar sie bei den Vorbereitungen jedoch wenig unterstützt, hatte sich nicht mit dem Koffer und den Kleiderfragen beschäftigt. Wenn er früher auf Reisen gegangen war, hatte er meist nur einen kleinen Ranzen auf seinem Rücken getragen. Deshalb hatte er kopfschüttelnd darüber gelächelt, was Caroline alles mitnehmen wollte. Welch riesigen Koffer sie gepackt hatte.

»Es sind auch einige Präsente für unsere Gastgeber darin«, hatte sie ihm erklärt. Neben diversen Spezialitäten aus Dresden waren dies kleine Spielzeuge für die Neffen und Nichten, die sie liebevoll ausgesucht hatte.

Caspar war auf seine Weise voller Vorfreude auf seine Heimat im Norden, wie Caroline wusste. Er fühlte sich der Gegend noch eng verbunden, denn die dortige Landschaft war oft Motiv seiner Bilder. Im Alter von 15 Jahren hatte er im Zeichensaal der Universität Greifswald bei Johann Gottfried Quistorp seine Ausbildung begonnen, ehe er 1794 zum Studium an die Kunstakademie in Kopenhagen gegangen und vier Jahre später nach Dresden gekommen war. Und nun würde Caroline endlich die Heimat ihres Mannes kennenlernen!

Schwungvoll warf sich Caroline nun den Reisemantel über, hielt dann aber doch noch einmal inne. Wie aufgeregt sie war! Ob die Verwandten auch so wortkarg waren wie ihr Caspar? Caroline als mitteilsame Sächsin würde ihnen ganz fremd vorkommen. Wahrscheinlich würden sie ihre Dresdner Mundart gar nicht verstehen. Doch wegen möglicher Verständigungsschwierigkeiten hatte Caroline Vorsorge getroffen und ihren Mann gebeten, ihr ein wenig von »seiner« Sprache, dem pommerschen Platt, beizubringen. Anfangs hatte er über ihre holperigen Versuche, wie die Menschen im Norden zu sprechen, herzlich gelacht. Aber Caroline war ehrgeizig und hatte fleißig weitergeübt. Ihr Ziel war es gewesen, seine Familie in deren Sprache zumindest begrüßen zu können. Und mittlerweile konnte sie fast akzentfrei die Begrüßungsworte »Goden Dag, lew Brorä« – »Guten Tag, lieber Bruder«.

Und wie hatte Caspar gesagt? »Meine geliebte Line, meine Familie wird dich so mögen, wie du bist! Da bin ich mir sicher.« Also, kein Grund zur Sorge, beruhigte sie sich und zog sich die Schuhe an.

»Komm endlich, Line. Wo bleibst du denn?«, dröhnte Caspars Bassstimme durchs Haus. Er stand unten im Türrahmen und gab nun das Signal zum Aufbruch. »Die Kutsche ist da, es geht gleich los!«

Caroline riss sich von ihren Gedanken los und rief: »Der Koffer muss noch nach unten gebracht werden!«

Kurze Zeit später stieg sie schüchtern in die Lohnkutsche, die sich das Paar mit zwei weiteren Reisenden teilte. Sie fühlte sich unbehaglich, denn im Innenraum ging es ziemlich eng zu, sodass die Knie der Gegenübersitzenden ab und zu aneinandertrafen.

Caspar schien das jedoch nicht zu stören. Kaum dass sie losgefahren waren, zückte er seinen Skizzenblock und begann eifrig zu stricheln. Caroline hätte sich lieber mit ihm unterhalten, wollte ihn aber nicht in seiner Konzentration stören. So blickte sie aus dem Kutschfenster, wo nun die schöne Landschaft an ihnen vorbeizog.

Zwar war es noch Vormittag, dennoch bereits heiß und stickig. Caroline zog ein spitzenbesetztes Taschentuch hervor, um sich den Schweiß von der Stirn zu tupfen. Als sie es wieder sinken ließ und näher betrachtete, musste sie an ihre Mutter denken, die es ihr geschenkt und für sie bestickt hatte. Und plötzlich kullerten Caroline Tränen an den Wangen hinunter. Sie würde ihre Familie so lange nicht sehen!

Voller Mitgefühl schaute sie zu ihrem in seine Skizzen versunkenen Mann. Wie musste es ihm erst all die Jahre mit dem Heimweh gegangen sein?

Die abwechslungsreiche Aussicht in die Landschaft tröstete Caroline schließlich über den Abschiedsschmerz hinweg. Und was waren schon sechs Wochen gegen so viele Jahre, die Caspar fern von seiner Familie lebte?

Sie fuhren vorbei an dem imposanten Barockschloss Moritzburg. Das kannte sie, denn dahin hatte sie als Kind einen Ausflug unternommen. Das folgende Städtchen Elsterwerda mit seinem kleinen Jagdschloss sowie die Garnisonsstadt Großenhain waren ihr dagegen fremd. Am Abend erreichten sie Doberlug, wo sie übernachteten. Dort gab es ebenfalls ein repräsentatives Schloss, das ursprünglich als Kloster, dann als Jagdschloss genutzt worden war. Mittlerweile diente es als Behördensitz mit preußischem Gerichts-, Forst- und Steueramt, denn schließlich befanden sie sich in der Niederlausitz, die vor drei Jahren preußisch geworden war. Caspar streute diese Informationen in ihre kurzen Gespräche, Zeit für Besichtigungen blieb natürlich nicht. Sie gastierten in dem gemütlichen Posthaus, das neben dem Schloss lag. Nach einem guten Abendessen schlief Caroline erfüllt von den vielen Eindrücken schnell ein.

Am nächsten Tag fuhren sie bis nach Baruth nahe dem Spreewald, wo es angeblich eine Glashütte geben sollte. Hier verbrachten sie die zweite Nacht, in der die Betten sehr unbequem und der Schlaf mangelhaft waren.

In der folgenden Nacht in Berlin kamen sie dagegen in einem recht komfortablen Hotel unter. Einen weiteren Stopp machten sie in dem dörflichen Dannenwalde und in der barocken Residenzstadt Neustrelitz, wo sie bei Verwandten übernachteten.

Caroline sehnte sich nach mehr Bewegungsfreiheit. Mittlerweile vertrug sie die rumpelnde Kutschfahrt gar nicht mehr gut, ihr war übel von der Schuckelei und jeder Muskel tat ihr weh. Caspar schien das alles nicht zu kümmern. Meist hielt er den Kopf über seine Skizzen gebeugt und nahm sie nicht wahr.

Noch heute würden sie zu Carolines Erleichterung Neubrandenburg erreichen, ihre erste längere Station auf der Hochzeitsreise. Erst im vorletzten Jahr hatte Caspar ein beeindruckendes Gemälde von dieser Stadt angefertigt. Dieses Bild hatte sie sich neulich in seinem Atelier genau angesehen. Es gehörte zu den zahlreichen Erinnerungsbildern, die er anhand seiner auf Reisen gut gefüllten Skizzenbücher malte. Caspar hatte ihr erzählt, dass er unterwegs stets mit Bleistift und Feder festhielt, was ihm gerade auffiel. So auch während der jetzigen Fahrt. Dadurch war ein Gespräch mit ihm kaum möglich, was Caroline ein wenig enttäuschte. Oft antwortete er ihr nicht einmal auf ihre Fragen.

Inzwischen ärgerte sie sich darüber, sein schnödes Verhalten konnte sie nicht verstehen! Sie wollte auf ihrer Hochzeitsreise mit ihrem Ehemann reden können, ihm ihre Eindrücke schildern und hören, was er dazu zu sagen hatte. Vorwurfsvoll blickte Caroline ihn von der Seite an. »Caspar, weißt du überhaupt, dass ich neben dir sitze?«

»Sei bitte still, Line, ich muss mich konzentrieren«, raunzte er sie an.

Also hielt sie ihren Mund und starrte schweigend aus dem Fenster. Sollten die anderen in der Kutsche, die sich leise miteinander unterhielten, ruhig merken, wie daneben sich ihr Mann verhielt. Ihr verkniffener Mund zeigte jedoch nicht nur den zwei Mitfahrern, sondern auch ihrem Mann, dass sie gekränkt war.

Seufzend ließ Caspar kurz seine Skizze sinken und tätschelte ihr aufmunternd den Arm. Caroline spürte in diesem kurzen Moment, wie ihn ein neuer Gedanke durchschoss, den er gleich auf dem Papier umsetzen musste. Sofort ließ er sie los und wandte sich wieder seiner Zeichnung zu. Dabei ließ er sich weder von ihrer Unzufriedenheit noch von der Tatsache, dass die anderen beiden Fahrgäste unangenehm berührt waren, stören.

Mitleidig sahen sie zu Caroline und musterten missbilligend den unsensiblen Ehemann. Caroline war das sehr peinlich. Caspars gleichgültiges Verhalten betrübte sie, und sie dachte traurig, dass er wahrscheinlich lieber alleine unterwegs wäre, um in Ruhe arbeiten zu können. Sie fühlte sich vollkommen überflüssig. Es ist unsere Hochzeitsreise, dachte sie trotzig, da kann er den Skizzenblock doch mal in der Tasche lassen …

Besuch in Neubrandenburg

Endlich! Am Abend fuhren sie in ihrer Pferdekutsche mit klapperndem Hufgetrappel in die kleine, beschauliche mecklenburgische Landstadt Neubrandenburg, die »Stadt der vier Tore«, aus der Caspars Eltern stammten und in der nun Caspars Bruder Johann Samuel, der Schmied, seine Gattin Wilhelmine und deren Kinderschar lebten. Caroline freute sich auf ihre Gastgeber und war froh, dass die elende Wackelei der Kutsche vorerst ein Ende haben würde.

Caroline reckte ihren Hals, um besser hinaussehen zu können. Sie war sehr neugierig auf die hiesige Architektur, auf die Gebäude im Stil der Backsteingotik, wie es sie vor allem hier im Norden und speziell im Ostseeraum zu sehen gab. Sie hoffte, etwas von der Stadt durch Caspars Gemälde wiederzuerkennen. Allerdings musste sie bedauernd feststellen, dass dem nicht so war. Caspar hatte ihr einmal erklärt, dass er sich die Anregungen aus der Umgebung holte, um sie dann nach seinem Gutdünken entsprechend zu kombinieren. Er war eben durch und durch ein Künstler! Auch malte er besondere Perspektiven, die vor Ort nicht leicht nachzuvollziehen waren. Sein beeindruckendes Bild zeigte die Stadtsilhouette von Neubrandenburg aus der Ferne und kurz vor Sonnenuntergang unter dramatischem Himmel. Jetzt dagegen waren die Gebäude in der Dunkelheit nur zu erahnen.

Aber Hauptsache, sie waren endlich angekommen! Ihr Rücken schmerzte vom vielen Sitzen mittlerweile ziemlich stark. Für Caspar, der viel größer und bedeutend älter war als sie, musste die Reise doch viel beschwerlicher sein. Besorgt blickte sie zu ihm hin, merkte ihm aber nichts von den Strapazen an. Als die Kutsche zum Stehen kam, sprang er sogar äußerst munter hinaus. Ohne Zweifel, er war solch langes Reisen wohl gewohnt, staunte Caroline.

Caspar strahlte sie fidel und unternehmungslustig an, als er ihr galant aus der Kutsche half. Sie dagegen stöhnte kurz auf, weil sich ihre Gelenke so steif anfühlten. Nach dem beschwerlichen Aussteigen reckte und streckte sie sich mehrmals.

Fröhlich nahm Caspar sie bei der Hand und wies mit der anderen in eine verwinkelte Gasse. »Gehen wir dort entlang, es ist nicht weit bis zum Haus meines Bruders.«

In der Schmiede brannte trotz der späten Stunde Licht. Johann war wohl noch bei der Arbeit. Also schauten sie als Erstes in die Werkstatt hinein, in der es selbst jetzt noch sehr geschäftig zuging. Caroline kniff die Augen zusammen, denn in der Schmiede war es laut, heiß und schmutzig. Sie blieb wartend am Eingang stehen, während Caspar hineinlief und auf einen muskulösen, wild aussehenden Kerl zustürmte, der am Amboss stand. Dieser Mann war ebenso groß und blond wie Caspar, sah aber viel kräftiger aus. Kein Zweifel, das musste sein Bruder Johann sein! Der Schmied unterbrach sofort seine Arbeit, als er Caspar bemerkte, und ließ den Hammer sinken. Caroline sah gerührt zu, wie die beiden sich herzlich umarmten. Sie wollte nicht unhöflich wirken und beschloss, doch in die Werkstatt einzutreten, um Johann zu begrüßen, doch da hatte der Schmied sie schon entdeckt und kam auf sie zu.

Er blieb in seiner verschmutzten Arbeitskluft kurz vor ihr stehen, um ihren hellen Reisemantel zu schonen, nickte ihr freundlich zu, musterte sie wohlwollend und haute seinem Bruder kräftig auf die Schulter. Dann wies er zum Haus gegenüber. »Geht schon man zu Wilhelmine und den Kinnern rüber, ich komme gleich nach.«

Caspar nahm Caroline am Arm und ging mit ihr über den Hof zum Wohnhaus. Dort wartete die Schwägerin bereits in der Tür, um sie beide willkommen zu heißen. Wilhelmine war eine drahtige Frau mit blondem Dutt und hellen

Augen, die den beiden Reisenden neugierig entgegensah. Auf dem Arm trug sie einen Säugling, den Neuankömmling der Familie, das achte Kind, wie Caroline wusste. Verzückt schaute sie auf das Kleine, das vertrauensvoll den Kopf an die Brust der Mutter gebettet hatte. Um Wilhelmine herum standen weitere Kinder unterschiedlicher Größe, die die beiden Fremden scheu beäugten.

»Das sind euer Onkel und eure Tante aus Dresden«, erklärte Wilhelmine ihnen mit kräftiger Stimme. Und zu Caroline und Caspar gewandt sagte sie: »Die Racker wollten einfach nicht ins Bett, die haben gespürt, dass heute noch Besuch kommt.«

Sie bat ihre Gäste in die gute Stube, wo sie den Säugling in ein Körbchen legte. »Setzt euch! Geht es euch gut? Wie war die Reise?«

Caroline empfand die resolute Wilhelmine als ein wenig angsteinflößend, auch kam sie sich neben der erfahrenen Mutter recht unbeholfen vor. Doch das Eis war schnell gebrochen, denn Wilhelmine war offen und herzlich. Zudem gab es viel zu erzählen, und die norddeutsche Schwägerin war überhaupt nicht wortkarg.

Wenig später kam Johann dazu, frisch gewaschen und umgezogen sah er Caspar noch ähnlicher. Verblüfft schaute Caroline zwischen den beiden Männern hin und her.

Auch Johanns Blick blieb immer wieder an ihr hängen, und er schüttelte ungläubig den Kopf. »Wat büst du en *smucke Deern*!« Und zu Caspar: »Dass du tatsächlich noch geheiratet hast, Caspar! Wir konnten es gar nicht fassen, als wir das erfahren haben. Du warst doch immer unser alter Junggeselle!« Er lachte dröhnend. »Wirklich, eine hübsche Frau hast du dir ausgesucht! Und so jung! Eine richtig feine Dame!«

Caroline wurde rot und senkte verlegen den Kopf.

»Nun lass sie man«, meinte Wilhelmine und griff nach Carolines Hand, um sie beruhigend zu drücken. »Wir haben uns alle sehr über diese gute Nachricht gefreut!«

Wilhelmine und Johann wussten natürlich Neuigkeiten über die Familie zu berichten, vor allem über die Angehörigen in Greifswald. Caroline plauderte angeregt mit der forschen, aber gutherzigen Wilhelmine. Zudem wuselten die Kinder um sie herum, die sie oft ablenkten und ihre Gespräche unterbrachen.

Schließlich stand Wilhelmine mit den Worten »Dann wollen wir gleich mal was essen« abrupt auf, um in der Küche zu verschwinden. Als Caroline ihr hinterherrief, ob sie ihr helfen könne, winkte sie nur ab. »Ist alles längst fertig, der Eintopf musste nur noch ein wenig durchziehen.«

Zum Abendessen gab es deftigen Mecklenburger Wrukeneintopf.

»Wie heißt das Gericht? Ruken…?« Caroline hatte das Wort noch nie gehört.

Alle um sie herum lachten, sogar die Kinder kicherten und hielten sich den Bauch.

»Wrukeneintopf«, sagte Wilhelmine langsam. »Wruken sind Kohlrüben. Außerdem sind Fleisch und Kartoffeln drin. Schmeckt besonders lecker, wenn alles gut durchgezogen ist.«

Nach dem Essen goss der Schwager den Erwachsenen ein Glas Köm ein. Caroline kannte auch den Kümmelschnaps nicht, kippte ihn aber wie die anderen in einem Zug hinunter. Oh, wie das brannte! Überrascht sog sie tief die Luft ein, Tränen traten ihr in die Augen, und sie musste unter dem Gelächter der anderen ordentlich husten.

»Na, na.« Wilhelmine, die eines der Kinder auf dem Schoss hin und her schaukelte, knallte ihr leeres Glas auf die Tischplatte und hieb der zarten Schwägerin feste auf den Rücken.

Caspar und Johann schmunzelten.

»Noch einen?«, fragte der Schwager.

Caroline schüttelte immer noch hustend den Kopf.

Schließlich zogen Caspar und Johann ihre Tabakpfeifen hervor, um den Abend zufrieden vor sich hin zu paffen.

Und bald darauf sanken die Reisenden todmüde in die für sie vorbereiteten weichen Betten. Was für eine Wonne! Caroline wandte sich zufrieden aufseufzend Caspar zu, um mit ihm über die vielen neuen Eindrücke zu reden. Der jedoch war, kaum dass er lag, eingeschlafen. Caroline war zwar ebenfalls erschöpft, aber viel zu aufgedreht zum Schlafen. Ihr schwirrten Gesprächsfetzen aus der Unterhaltung mit den Verwandten durch den Kopf. Und versonnen dachte sie an die große Kinderschar in diesem Haus, besonders der niedliche Säugling hatte es ihr angetan. Wann würden sie und Caspar wohl ein Kind haben? Nachdenklich blickte sie auf ihren entspannt daliegenden Ehemann, dessen Umrisse sie in der Dunkelheit nur erahnen konnte, aber dessen leises Schnarchen sie gemütlich einlullte.

Endlich schlummerte auch Caroline ein. Ihr Schlaf war tief und traumlos.

Als sie am nächsten Morgen aufwachte, stellte sie mit Schrecken fest, dass die Sonne schon ziemlich hochstand. Anscheinend hatte sie völlig verschlafen! Das Bett neben ihr war leer. Wo war Caspar denn nur? Schnell sprang Caroline aus den Federn, schüttete aus der Porzellankanne auf der Kommode etwas Wasser in die Waschschüssel, um sich frisch zu machen, und zog sich eilig an.

Nebenan in der Küche hörte sie Wilhelmine mit den Kindern sprechen, und das Kleine fing gerade an zu greinen. Caroline öffnete leise die Tür ihrer Kammer und ging zu ihnen. Der große runde Tisch war bereits weitgehend abgeräumt worden, nur noch ein Gedeck stand da, daneben eine Schüssel mit Butter und ein großes Glas mit roter Marmelade. Wilhelmine hockte neben dem Körbchen und beruhigte mit leisem Säuseln das weinende Kind.

Lächelnd hob sie den Kopf, als Caroline eintrat, stand auf und schwenkte die Kaffeekanne. »Guten Morgen, liebste Schwägerin. Da hatte aber jemand einen guten Schlaf!«

»Oje. Wie spät ist es denn? Warum habt ihr mich nicht geweckt?« Caroline schämte sich.

Wilhelmine schenkte ihr Kaffee in die Tasse und legte einen Laib Brot auf den Tisch. »Ach, ihr seid doch auf Hochzeitsreise. Und dann die lange Fahrt. Da darf man ruhig ausschlafen.«

Caroline lächelte verlegen, freute sich aber über den herzlichen Ton und das Verständnis der Schwägerin. Mittlerweile war sie an den Tisch herangetreten. »Ist das Erdbeermarmelade?« Sie deutete auf das Glas mit dem Aufstrich.

Wilhelmine nickte. »Hab ich erst frisch eingekocht. Lass es dir schmecken! Schneide dir von dem Brot so viel ab, wie du willst.«

Caroline langte zu und genoss das einfache, aber sehr leckere Frühstück.

Plötzlich fragte Wilhelmine: »Na, liebste Schwägerin, wie ist es denn so mit deinem Mann?«

Caroline hatte gerade erneut nach dem Brotmesser greifen wollen und verharrte in ihrer Bewegung. Solch eine direkte Frage hatte sie nicht erwartet. Verwirrt blinzelte sie Wilhelmine an.

»Ich meine, ist es schwierig mit ihm?«, konkretisierte diese ihre Frage.

»Nein, nicht schwierig. Es ist schön, mit ihm verheiratet zu sein«, antwortete Caroline und meinte es auch so. Sie sah Caspar vor sich, wie er sie liebevoll anlachte. Doch dann schob sich das Bild von dem unzugänglichen Zeichner in der Kutsche davor. Sie seufzte. Ehrlich gab sie zu: »Manchmal denkt er aber nur an seine Bilder und bekommt nichts um ihn herum mit. Das ist nicht leicht.«

Wilhelmine nickte verständnisvoll. »Die Männer und ihre Arbeit …« Verschwörerisch ergänzte sie: »Aber wir Frauen schaffen das schon! Du bist gut für ihn!«

Caroline schluckte. »Wie meinst du das?«

»Nun ja …« Wilhelmine, die sonst so geradeheraus war, überlegte sich ihre Worte nun genau. »Caspar tut sich manchmal sehr schwer mit dem Leben, das wissen wir alle. Wieso musste er auch ausgerechnet Maler werden? Wäre er lieber Handwerker geworden wie seine Brüder. Dann wäre alles leichter für ihn!«

Caroline war überrascht über diese offenen Worte, hatte aber das Gefühl, Caspar verteidigen zu müssen. »Nein, Wilhelmine. Er ist ein hervorragender Künstler. Er *muss* einfach malen, verstehst du? Wie kannst du nur sagen, er hätte besser ein Handwerker werden sollen?«

Wilhelmine kräuselte missbilligend die Lippen, dann zuckte sie die Achseln. »Ich sag's, wie es ist«, meinte sie gleichmütig. »Als Künstler hat er dauernd nur Geldsorgen. Das habe ich lange genug mitbekommen. Wenn Caspar seine Brüder nicht gehabt hätte, die ihn so manches Mal unterstützt haben, was wäre dann wohl gewesen?« Sie öffnete die Arme und gestikulierte wild mit den Händen.

»Wenn ihr denkt, dass er nur gekommen ist, weil er eure finanzielle Hilfe braucht, so kann ich euch beruhigen.« Caroline war nun doch etwas aufgebracht. »Caspar verkauft seine Bilder gut. Sogar bis an den Hof nach Weimar. Und er wird bald Professor an der Kunstakademie in Dresden, dann ist sein Einkommen endgültig gesichert. Keine Angst, er wird euch nicht mehr um Geld bitten müssen.«

»So habe ich das doch nicht gemeint«, beschwichtigte Wilhelmine und sah betroffen aus. »Ich wollte nur sagen, dass es deinem Mann oft sehr schlecht ging. Nicht nur finanziell. Er ist eben auch ein Grübelkopf. Aber mit dir kommen bessere Zeiten für ihn. Keiner von uns hätte gedacht, dass er je heiratet!«

Mittlerweile weinte der Säugling lauter, und Wilhelmine hob ihn aus dem Korb. Sie zwinkerte Caroline vertraulich zu. »Und ein Kind verändert alles noch mal zum Besseren. Wann wird es bei euch so weit sein?« Sie wartete die Antwort nicht ab, sondern stand auf, scheuchte die Kinder flink zur Tür und winkte Caroline zu. »Nichts für ungut. Ich muss jetzt mal …«

»Wo ist mein Mann denn?«, fragte Caroline.

»Der ist zum Friedhof gegangen.« Mit diesen Worten verschwand Wilhelmine, und Caroline blieb allein in der Küche zurück.

Das Gespräch hatte sie nachdenklich gemacht. Nach einem Moment des Innehaltens stärkte sie sich mit einem weiteren Brot und war erstaunt über ihren großen Appetit. Selten hatte ihr ein Marmeladenbrot so gut geschmeckt wie dieses. Das kam wohl von der langen Reise. Oder doch von der guten Luft hier im Norden?

Als Caroline fertig war, räumte sie den Tisch ab. Das benutzte Geschirr stellte sie neben den Herd und öffnete die Tür zur gut gefüllten Speisekammer, wo sie das Marmeladenglas in eine Lücke aufs Regal schob. Ob sie noch schnell abspülen sollte? Sie wollte sich ja nicht wie eine Prinzessin verwöhnen lassen. Gesagt, getan. Heißes Wasser fand sie auf dem Ofen. Caroline goss es in eine Schüssel, neben der das bereits abgewaschene Frühstücksgeschirr der anderen stand, und erledigte das zügig.

Danach verließ sie das Haus und schaute in der Schmiede nach, ob Caspar mittlerweile zurück war. Da hörte sie hinter sich seine Stimme.

»Na, du Schlafmütze«, begrüßte Caspar sie grinsend.

Betreten sah sie ihn an. »Du hättest mich ruhig wecken können! Wilhelmine sagte, du seist zum Friedhof gegangen?«

Caspar wurde ernst. »Ich war am Grab von Franz Christian Boll.«

»Ist das nicht dein Freund, der Pastor, mit dem du im Elbsandsteingebirge auf Wanderung warst?«

»Ja, genau. Er kam ursprünglich hier aus Neubrandenburg, wo er als Pfarrer an der Johanniskirche und der Marienkirche aktiv war. Er war ein ganz besonderer Mann, übrigens auch der Erste in seiner Familie, der studiert hat. Theologie, wie du dir denken kannst. Boll war ein Vertreter der Erweckungsbewegung, die eine Kirchenreform forderte. Das sagt dir sicherlich nicht viel, hier in Mecklenburg war das aber ein großes Gesprächsthema. Und einige der bedeutendsten Predigten Bolls sind sogar gedruckt worden. Ich habe mich viel mit seinen Ideen beschäftigt.«

»Wenn ich mich recht entsinne, war er in deinem Alter. Was ist passiert?«

Caspar schüttelte traurig den Kopf. »Pfarrer Boll ist im Februar an einer Typhuserkrankung verstorben. Er war nicht einmal 42 Jahre alt, also sogar jünger als ich. Hier herrschte vor einem halben Jahr eine grausame Epidemie. Anders als so viele ist er jedoch nicht geflohen, sondern hat sich hingebungsvoll um seine Gemeindemitglieder gekümmert und ihnen ohne Rücksicht auf seine eigene Gesundheit göttlichen Trost gespendet.« Caspar ließ den Kopf hängen.

Caroline wusste genau, was er über solche Selbstlosigkeit dachte. Ihr Mann war, was Epidemien anging, nämlich recht ängstlich. Wenn ansteckende Krankheiten in Dresden grassiert hatten, war er stets, wie er ihr erzählt hatte, aus der Stadt geflohen. Meistens nach Krippen, das hinter Pirna in der Sächsischen Schweiz lag. Erst wenn die Krankheit in der Stadt abgeklungen war, war er nach Dresden zurückgekehrt. Daher bewunderte er den Mut des Pastors, der sich offenbar vor einer möglichen Ansteckung nicht gefürchtet und sie sogar als göttliches Schicksal in Kauf genommen hatte.

Caspar straffte die Schultern. »Pastor Boll wurde auf dem alten Friedhof von Neubrandenburg begraben. Ich will mich nun für ein ehrwürdiges Denkmal für ihn einsetzen. Dazu werde ich mich nachher mit einigen Mitgliedern des Rates der Stadt treffen, um dafür zu werben.«

Caroline nickte und schluckte wieder einmal ihre Enttäuschung hinunter, dass ihr Mann auf ihrer Hochzeitsreise weiterhin mit anderen Dingen beschäftigt war.

Er bemerkte davon nichts, sondern schwärmte ihr enthusiastisch vor: »Ich habe dafür schon eine gute Idee. Es soll eine hohe Stele werden. Viele Meter hoch. Vielleicht acht oder mehr. Mein Freund Christian Gottlieb Kühn kann meinen Entwurf dann ausführen, der hat Erfahrung mit dem Anfertigen von Grabsteinen.« Caspar war in seinen Gedanken bereits ganz in die Pläne versunken.

In den folgenden Tagen verschwand er zu diversen Treffen. Sie dagegen verbrachte die Zeit mit Wilhelmine und den Kindern. Über Caspar sprachen sie nicht mehr.

Kurz vor ihrer geplanten Weiterreise kam er zufrieden zu ihr und berichtete, dass er die Zusage für das Denkmal bekommen habe und ihm die Unterstützung des Juristen und Hofrats Ernst Friedrich Brückner und des Bürgermeisters Friedrich Müller gewiss sei.

Besagter Hofrat Brückner stellte Caspar und Caroline auch eine komfortable Kutsche für die Weiterfahrt zur Verfügung. Nach tränenreicher Verabschiedung reiste das Paar am 1. Juli ab. Ihr nächstes Ziel war das Städtchen Wolgast, wo der hochbetagte Vater des 1810 verstorbenen Künstlerfreundes Philipp Otto Runge lebte. Ihn wollte Caspar unbedingt besuchen.

Erst danach steuerten sie Greifswald an, jedoch nicht auf direktem Weg, da Caspar seiner Frau die schöne Gegend und die Besonderheiten seiner Heimat zeigen wollte. Entlang der Peene fuhren sie bis an die Küste. Caroline war glücklich, denn Caspar war nun sehr zuvorkommend und widmete sich ihr so, wie sie es sich gewünscht hatte. Sie bewunderte die Landschaft, die Caspar ihr voller Stolz präsentierte. Und wie war die Städterin erst begeistert, als sie das Meer riechen, wenn auch noch nicht sehen konnte!

»Du wirst es lieben«, prophezeite Caspar ihr. »Jetzt stelle ich dir erst einmal den Bodden vor.«

An der Vorpommerschen Boddenküste rasteten sie in einem Dorf, wo Caspar am Strand des kleinen Ortes die Skizze »Schiffstudien bei Vierow« anfertigte. Caroline war zunächst wenig erfreut, doch es ging ganz schnell, und letztlich staunte sie, mit wie wenigen Strichen er die Atmosphäre wiedergeben konnte. Ihr Mann war eben ein Künstler!

In Caspars Heimatstadt

Über Ludwigsburg und Eldena fuhren sie am 3. Juli nach Greifswald, und als sie sich seiner Heimat näherten, war Caspar wie ausgewechselt. Zu Carolines Freude blieb von nun an der Skizzenblock in der Tasche. Ihr Mann konnte kaum mehr still sitzen, sondern drehte andauernd seinen Kopf in alle Richtungen, um angestrengt durchs Kutschfenster zu spähen. Er hatte ein Funkeln in den Augen, wie sie es noch nie bei ihm gesehen hatte. Statt seinen Blicken und Gesten zu folgen, sah Caroline fasziniert in Caspars Gesicht, das plötzlich unbeschreiblich lebendig und jung aussah. Sie erkannte ihn kaum wieder!

Er griff erregt nach ihrer Hand, während er mit der anderen aus dem Kutschfenster deutete. »Schau, Line ...«, begann er und erzählte eine Geschichte nach der anderen.

Caroline freute sich über seinen Eifer und war beeindruckt von der herrlichen Landschaft. Mittlerweile meinte sie auch, Caspars Bilder besser nachvollziehen, manche davon sogar in der Gegend wiedererkennen zu können, denn er hatte seine alte Heimat sehr oft gemalt. »Genau diese Wiese mit dem Baum hast du als Motiv gewählt. Ich erinnere mich an das Gemälde!«, rief sie.

Er lachte. »Ach, Line, das kann gar nicht sein, denn in meinen Bildern fasse ich das Beste zusammen. So wie du das hier siehst, habe ich es nicht gemalt.«

Sie schüttelte ihre Locken und beharrte: »Doch, Caspar, ganz genau so!«

Als sie schließlich die Stadt erreichten, wurden sie beide still. Erneut griff Caspar nach ihrer Hand, und auch ihr war plötzlich feierlich zumute. Nun würde sie also endlich seinen Geburtsort sehen, über den er so gerne sprach und über den sie in letzter Zeit so oft nachgedacht hatte.

Die Kutsche fuhr durch die engen, verwinkelten Gassen der mittelalterlich geprägten Stadt. Greifswald war viel kleiner als Dresden, aber ebenso voll geschäftigem Treiben. Neugierig starrte Caroline aus dem Fenster. Das hier war also der Ort, in dem ihr Mann aufgewachsen war! Sie konnte sich gar nicht sattsehen. Vergessen waren die Strapazen der langen Kutschfahrt, und es überwog die Freude, endlich hier zu sein.

Gerade kamen sie an einigen Kirchen vorbei, und Caroline war besonders gespannt auf die Nikolaikirche mit ihrem 100 Meter hohen, barocken Turm. Dieses Gotteshaus war nicht nur das Wahrzeichen der Stadt, sondern stand auch, wie sie wusste, ganz nah an Caspars Elternhaus. Dort in der Langen Gasse lebte und arbeitete heute sein ältester Bruder Adolf mit seiner Frau Margarethe und ihren fünf Kindern.

Caspar war ihr Patenonkel. Auch Heinrich und Christian waren noch in Greifswald und hatten hier ihre Familien gegründet. Heinrich besaß ein neu ausgebautes Haus am Markt. Und alle Brüder hatten ein traditionelles Handwerk gelernt – bis auf Caspar, den Künstler. Er musste zwischen ihnen wirklich wie ein Exot wirken, dachte Caroline, als ihr Wilhelmines Worte in den Sinn kamen.

Übernachten würden sie bei Christian und dessen Ehefrau Elisabeth, an deren Haus sie schließlich vorfuhren.

»Da sind wir, Line«, meinte Caspar beglückt und sprang wieder behände aus der Kutsche.

Eine etwas rundliche Frau kam winkend aus dem Haus gerannt. Das war offenbar die Schwägerin Elisabeth. Eilig riss sie sich im Laufen die Schürze vom Kleid, zog die Haube gerade und rief dabei laut nach ihrem Mann und den Kindern, die ihr schnell folgten.

Caroline hielt sich etwas abseits und schaute lächelnd zu, wie Caspar nacheinander seine Lieben herzlich umarmte.

»Was seid ihr groß geworden!«, staunte er, während er die Kinder, die ihn stürmisch umjubelten, an sich drückte.

»Komm, Line!«, forderte er sie auf, nachdem er sich von einem kleinen Mädchen gelöst hatte. »Das ist meine Frau Line«, stellte er sie stolz vor. »Endlich lernt ihr sie kennen!«

Caroline merkte, dass sie rot wurde, aber die Verwandten strahlten sie alle unbefangen an.

»Moin. Wo geiht di dat?«, wisperte Caroline. Diese Worte hatte sie von Caspar als typischen Gruß gelernt, und sie hoffte, dass sie verstanden wurde.

Christian, Elisabeth und die Kinder lachten vergnügt auf, dass sie sich im Platt versuchte, und kurz darauf verschwand auch Caroline in mehreren Umarmungen.

Bald kamen Adolf und Heinrich mit ihren Familien dazu, und es gab ein schönes Wiedersehen für Caspar. Der herzliche Empfang durch die Schwager und Schwägerinnen sowie deren Kinder, den Caroline sich viel reservierter ausgemalt hatte, machte ihr die Annäherung an die Greifswalder Verwandtschaft wider Erwarten leicht. Von wegen wortkarg und kühl, da hatte sie sich die Norddeutschen ganz falsch vorgestellt! Alle redeten durcheinander, lachten und umarmten sich. Und da Caspar ihr von allen viel erzählt hatte und sie Briefe ausgetauscht hatten, waren sie Caroline gleich sehr vertraut.

Am Abend gingen die zwei Brüder mit ihren Familien nach Hause. Caspar und Caroline setzten sich mit Christian und den Kindern zum Essen an den Tisch in der Küche.

Elisabeth hob den Deckel eines riesigen Topfes auf dem Herd und prüfte mit dem Löffel, ob der Inhalt schmeckte. Ein intensiver Geruch breitete sich im Raum aus, der Caroline fremd war. Wrukeneintopf war das diesmal nicht. Auf jeden Fall etwas mit Fisch, zudem duftete es nach allerlei Gewürzen und Kräutern. Carolines Magen knurrte laut und vernehmlich. Wie peinlich!

»Gleich gibt's was zu futtern, liebe Schwägerin«, schmunzelte Christian. Der jüngere Bruder war wie Caspar recht hager, hochgewachsen, ebenfalls blond und blauäugig. Nur sein Bart war nicht so auffällig. Dafür war seine Gesichtsfarbe frischer, was die Nähe zur See verriet. So ähnelten sich auch diese beiden Männer sehr und wirkten doch ganz verschieden.

Elisabeth griff den großen, schweren Topf und stellte ihn auf den Tisch. Eintöpfe schienen hier beliebt zu sein.

Es wurde ein kurzes Dankgebet gesprochen, ehe Elisabeth die Tischgesellschaft einlud, nun gern kräftig zuzulangen. Nacheinander füllte sie alle Teller mit dem Eintopf, auch auf Carolines Teller schöpfte sie eine großzügige Portion. Während Caspar neben ihr wonnevoll den Löffel in die Suppe tunkte, schaute Caroline beklommen auf ihren Teller. In der Brühe schwamm etwas Undefinierbares!

»Das ist Aalsuppe mit Klößen, eine hiesige Spezialität, die alle sehr mögen«, antwortete Elisabeth auf ihre unausgesprochene Frage. »Lass es dir schmecken!« Aufmunternd zwinkerte sie ihrer Schwägerin zu, als ahnte sie, was in der jungen Dresdnerin vor sich ging.

Vorsichtig rührte diese langsam mit dem Löffel in dem ihr fremden Gericht.

»Wat de Buer nich kennt, dat frett hei nich«, kommentierte Christian lachend. Doch seine Worte klangen gutmütig, auch wenn Caroline nicht alles verstanden hatte.

»Diese Aalsuppe mit Mehlklößen habe ich nach einem alten Familienrezept gekocht«, verriet Elisabeth stolz und flüsterte Caroline ins Ohr: »Sie ist Caspars Leibgericht.«

Aha, deshalb hatte er so schnell zugegriffen. Caroline nahm endlich selbst eine Kostprobe – und war angenehm überrascht. Der Fischeintopf schmeckte wirklich gut!

Die Schwägerin hatte sie weiter beobachtet und zwinkerte ihr noch einmal heiter zu. »Ja, wir hier im Norden können auch gut kochen!«

Caroline nahm sich vor, Elisabeth nachher nach dem Rezept zu fragen, auch wenn sie nicht wusste, ob sie in Dresden alle Zutaten dafür würde kaufen können. Caspar würde sich freuen, dachte sie, während sie zusah, wie er schon bei seiner zweiten Portion angelangt war und sich gleichzeitig mit seinem Bruder unterhielt. Vielleicht bleiben in Greifswald die Skizzenbücher ja mal in der Reisetasche, hoffte sie.

Dieser erste Abend in Greifswald wurde recht lang. Erst als Caroline dauernd die Augen zufielen, führte Elisabeth sie in das für sie und Caspar vorgesehene kleine Gästezimmer, das eigentlich das Kinderzimmer war. Das Bett war frisch bezogen, und die Schwägerin ging kurz hinaus, um warmes Wasser für die Waschschüssel zu holen.

»Du möchtest sicher den Reisestaub entfernen«, meinte sie und drückte ihr ein Stück Seife in die Hand, das angenehm duftete.

»Ach ja, gern, danke!« Caroline tauchte ihre Hände ins Wasser und schöpfte sich etwas davon ins Gesicht. Oh, wie gut das tat! Wieder war sie so müde und erschöpft, und alle Knochen taten ihr weh. Dennoch war sie sehr glücklich.

Auf dem Schiff nach Rügen

Das Schiff schaukelte, und Caroline kämpfte stark mit der Übelkeit. Sie litt fürchterlich auf dieser Überfahrt nach Rügen. Caspar wollte ihr die Ostseeinsel vorstellen, von der er ihr so begeistert vorgeschwärmt hatte und die ihn schon so lange beschäftigte. Christian und Elisabeth begleiteten sie dorthin, sie würden gemeinsam eine Woche auf Rügen verbringen.

Noch in Dresden hatte Caroline auch Caspars Skizzenbuch mit den Motiven von Rügen studiert, um sich einen Eindruck von Land und Meer zu machen. Statt nun auf dem Segler jedoch den Anblick auf das Meer und die immer näher kommende Insel zu genießen, stand sie mit wackeligen Beinen neben den anderen an der Reling, und ihr war furchtbar elend zumute. Ihren Begleitern dagegen schien das Schaukeln nichts auszumachen. Sie waren gelöster Stimmung und sahen nur ab und zu mitleidig zu Caroline. Auf Caspars Rat hin versuchte sie, mit den Augen den Horizont zu fixieren und nicht nach unten auf die Wellen zu schauen. Leider konnte sie auch so den unberechenbaren Schaukelbewegungen nicht entgehen. Sie fand die Schifffahrt einfach schrecklich und hoffte sehr darauf, dass sie bald ankommen würden. Ob sich die Qual überhaupt lohnte? Caroline stellte sich die Insel Rügen karg und öde vor. Eine richtige Stadt gab es wohl auch nicht. Caspar hatte ihr immerhin von der Residenz Putbus mit ihren klassizistischen Bauten erzählt, auch von einigen Hafenorten. Aber ansonsten waren da nur Fischersiedlungen.

Die Hafenstädte, die sie bislang an der Festlandküste gesehen hatte, hatten Caroline allerdings sehr beeindruckt. Von Greifswald aus waren Caspar und sie mit Christian und Elisabeth per Kutsche nach Stralsund gefahren, wo Elisabeth ihr die alte Hansestadt gezeigt hatte. Währenddessen hatten die Männer über die Auftragsvergabe zur Ausstattung der Marienkirche nach Caspars Plänen verhandelt. Das aus dem Mittelalter stammende evangelische Gotteshaus in der Altstadt, eine auffällige dreischiffige Basilika aus dem 13. Jahrhundert, war ein prächtiger Backsteinbau. Mit dem hohen Turm galt die Marienkirche bis vor

150 Jahren als das höchste Bauwerk weltweit. Französische Besatzungstruppen hatten nach dem Feldzug gegen Preußen die schöne Kirche als Kaserne, Heumagazin und Pferdestall zweckentfremdet und deren kunstvolle Innenausstattung zerstört. Das war vor nicht einmal zehn Jahren gewesen. Im vorigen Jahr hatte man in Stralsund deshalb beschlossen, die Marienkirche endlich zu restaurieren und das Innere neu auszustatten. Statt eines klassizistischen Entwurfs bevorzugte man hier überraschenderweise eine neogotische Gestaltung. Bis vor Kurzem war der gotische Stil als »barbarisch« missachtet worden, jetzt jedoch erfuhr er als »ächt germanischer Stil« neue Wertschätzung. Als Caspar von diesem Vorhaben gehört hatte, hatte er eigene Ideen dazu entwickelt, um sie in Stralsund einzureichen. Mit Feuereifer hatte er sich in Dresden an die Pläne für die neogotische Restaurierung der Marienkirche gemacht, detailliert die umfangreiche Chorausstattung mit dem Altar und dessen Aufbau entworfen, die Kanzeln und das Kirchengestühl, sogar einen passenden Abendmahlskelch kreiert. Christian hatte ihn als Kunsttischler bei diesem Vorhaben tatkräftig unterstützt, ein Modell angefertigt und die Pläne im Vorfeld weitergeleitet. Die Brüder hatten sehr auf diesen Auftrag und eine Zusammenarbeit gehofft. Caspar hatte es außerdem mit Stolz erfüllt, dass sein Konkurrent, der neben ihm für die Durchführung in Betracht gezogen worden war, Karl Friedrich Schinkel hieß, der bedeutende preußische Baumeister und Architekt.

Caspar hatte schon befürchtet, dass der Rat der Stadt nach der Kalkulation der Kosten zögern würde, ihnen den Zuschlag zu geben. Als nun aber bei ihrem Besuch in Stralsund wegen mangelnden Geldes der Auftrag komplett zurückgezogen worden war, war die Enttäuschung groß gewesen. Erst einmal würde es keine neue Innenausstattung geben, weder von Caspar und Christian noch von diesem Schinkel. Caspar war seit dieser Nachricht wieder sehr still geworden.

Erneut schlingerte das Schiff, und Caroline verzog gequält das Gesicht. Diese Überfahrt nahm kein Ende! Keinen festen Boden unter den Füßen zu haben, war sie nicht gewohnt. Sie hielt sich krampfhaft an Caspars Arm fest.

»Ach, Caroline, mien Deern, wir haben kaum Wellengang, davon kannst du doch nicht seekrank werden«, meinte Caspar. Gleichzeitig strich er ihr das Haar zurück, das unter ihrer Schute hervorlugte und im Seewind wehte. »Das Wasser ist sehr ruhig«, fuhr er fort. »Du müsstest mal einen richtigen Sturm auf offener See erleben!«

Nein, danke, darauf konnte sie wirklich verzichten. Caroline schmiegte ihr Gesicht an seinen wollenen Mantel. Dabei kämpfte sie weiter gegen das flaue Gefühl im Magen an. Sie atmete tief ein und wagte einen kurzen Blick nach unten, um zu prüfen, ob es stimmte, was Caspar sagte. Sofort wich sie erschrocken zurück, denn da spritzten Wellen hoch, deren Ausmaße Caroline als äußerst bedrohlich empfand.

Ach, sie war so enttäuscht von diesem Meer, sie hatte es sich ganz anders vorgestellt! Allein diese furchtbare Farbe! Mitten im Sommer sollte das Wasser blau sein und nicht so schmutzig grau, so schlammig. Caroline hatte von einer kristallklaren Fläche geträumt und sich die Ostsee als idyllische Kulisse für ihre Hochzeitsreise gewünscht! Stattdessen war das Meer trist, und die Wellen sahen so aus, als könnten sie alles verschlingen. Nicht einmal die Sonne ließ sich heute blicken, selbst der Himmel war grau.

Carolines Magen machte erneut einen Hüpfer. Oje, hoffentlich musste sie sich nicht übergeben! Sie fühlte sich so kläglich, dass sie nun auch noch mit den Tränen kämpfte. Seekrank war sie, und keinen kümmerte es, dachte sie selbstmitleidig. Wahrscheinlich war sie ganz grün um die Nase. Und wie kühl es war, das waren doch keine Sommertemperaturen! Stattdessen biss ihr der Wind scharf ins Gesicht, weshalb sie ihr Tuch fester vor den Mund zog, und sie fröstelte. Ach, wie viel lieber wäre sie jetzt zu Hause in Dresden, wo es warm und trocken war und die Sonne vom Himmel brannte.

»Sind wir bald da?«, fragte sie Caspar zaghaft. Sie merkte selbst, wie dünn ihre Stimme klang.

»Ein wenig Geduld musst du noch haben«, sagte er und zog die Augenbrauen hoch.

Diese Eigenheit ihres Mannes kannte Caroline inzwischen. Das tat er immer, wenn er etwas missbilligte. Ein wenig mehr seelische Unterstützung hätte sie sich von ihm gewünscht, wusste er doch, dass das ihre erste Fahrt übers Meer war. Aber Caspar wirkte nicht mitfühlend, sondern angespannt, wenn nicht gar ein wenig verärgert.

»Genieß doch die schöne Fahrt übers Wasser!«, verlangte er nun allen Ernstes von ihr.

Ja, er hatte gut reden, ihr Mann. Caspar kannte das alles, das unbeständige Wetter, die Schifffahrt, die Insel. Es war seine fünfte Fahrt übers Meer nach Rügen, die erste hatte er vor 17 Jahren gemacht. Für sie dagegen war das alles neu und wider Erwarten gar nicht angenehm. Caroline seufzte enttäuscht auf. Caspars Ruhe übertrug sich heute nicht auf sie.

Sie hatte Angst davor, dass die Wellen bis aufs Deck klatschten und das Boot kentern könnte. Mochte ja sein, dass Caspar bislang immer gut auf der Insel angekommen war. Was aber, wenn das heute anders wäre? Caroline wurde noch elender zumute. Sie sehnte sich zurück in ihre sächsische Heimatstadt, zu ihrer Mutter und den Geschwistern. Was, wenn sie alle nie wiedersehen würde?

Nun übertreibst du aber, rügte sie sich selbst. Erneut atmete sie tief durch und konzentrierte sich auf die Dinge, die Caspar ihr über Rügen erzählt hatte und auf die sich sehr freute. Beispielsweise auf den Seebadbetrieb, den es seit Kurzem gab. Vor zwei Jahren war am Neuendorfer Strand der erste Badeplatz eröffnet worden – mit vier Badewagen für Damen und Leinwandzelten für Mannspersonen. Caspar hatte bei einem früheren Rügen-Aufenthalt einmal einen neu gezimmerten Badekarren gezeichnet. Caroline hatte zunächst nicht gewusst, was es mit dieser Hütte auf Rädern auf sich hatte.

Und erst kürzlich hatte die feierliche Grundsteinlegung des Friedrich-Wilhelm-Bades an der Goor, Rügens erster Seebadeanstalt, stattgefunden. Auftraggeber war Fürst Wilhelm Malte zu Putbus, der auf Rügen ein fürstliches Schloss besaß, in dem sogar Werke von Caspar hingen. Erst vor acht Jahren hatte dieser Fürst die kleine Residenzstadt gegründet, in deren klassizistischen Bauten Adlige, Hofbedienstete, Kaufleute und Handwerker lebten. Und nicht weit davon entfernt im Südosten der Insel am Greifswalder Bodden entstand momentan besagtes Seebad. Dort konnten sich die Menschen am Meer erholen, zumindest diejenigen, die es sich finanziell leisten konnten. Es lag nahe dem Ort Lauterbach, der Caspar gut gefiel, weil er von dort aus auf die Insel Vilm sehen konnte, die ihn besonders faszinierte.

Kurbäder kannte Caroline auch aus Sachsen, aber nicht diese besondere Badekultur am Meer, das war ein noch recht neues Phänomen. Das erste Seebad, so hatte es Caspar ihr erzählt, war 1793 – im Jahr ihrer Geburt – von Herzog Friedrich Franz zu Mecklenburg-Schwerin auf einem Küstenstrich bei Doberan gegründet worden, der »heiliger Damm« genannt wurde. Er hatte dort auf Anraten seines Arztes, der von der positiven Wirkung des Meerwassers und der Luft auf die Gesundheit überzeugt war, einen Kurbetrieb einrichten lassen. Dort wurden für die Kurgäste Wannen mit warmem Seewasser gefüllt oder man badete unter einem Zelt im Meer. Was hierzulande noch neu und ungewöhnlich anmutete, beruhte auf medizinischen Erfahrungen in England, wo die Hofärzte bereits seit 1751 den Fürsten das Eintauchen ins Meer empfahlen. Bis dahin hatte man sich von diesem unberechenbaren, kalten Gewässer ferngehalten. Auf einmal aber sollte man in den brausenden Wogen ein Bad nehmen. Zunächst sei das undenkbar gewesen für kultivierte Menschen, hatte Caspar gesagt. Doch mittlerweile gebe es solch einen Seebadbetrieb nicht nur in England und bei Doberan, sondern auch an der Nordsee. Und an der Ostsee seien Travemünde, Boltenhagen, Warnemünde und jetzt Lauterbach bei Putbus auf Rügen dieser Mode gefolgt. Caroline hatte Caspars Schilderungen interessiert gelauscht, hatte sie doch von solchen Aktivitäten bislang kaum etwas gewusst. Sie fand es faszinierend, dass für die Erholungssuchenden Badekarren ins Wasser gestellt oder sogar mit Pferden hineingezogen wurden, damit sie in die Wellen eintauchen konnten. Was für eine verrückte Vorstellung!

Wieder linste Caroline vorsichtig über den Bootsrand. Ob ihr das Baden im Meer auch gefallen würde? In diesem Moment fand sie den Gedanken wenig einladend. Das Wasser gurgelte und toste um sie herum, dabei sah es sehr kalt aus. Brrr.

Auf Rügen stellte man sich auf mehr Gäste ein, und es gab immer mehr noble Unterkünfte. Wo sie wohl Quartier beziehen würden? Caspar hatte dazu noch nichts gesagt. Bestimmt würden sie in einer einfachen Herberge nächtigen, die hoffentlich komfortabler war als eine Fischerhütte. Denn eine solche hatte er bei seinen bisherigen Rügen-Aufenthalten aufgesucht. Caspar war eben genügsam, ihm hätte solch eine Unterkunft mit Strohsäcken sicher auch diesmal nichts ausgemacht. Er wusste aber, dass Caroline ein richtiges Bett bevorzugte. Und Christian und Elisabeth wahrscheinlich auch. Hauptsache, sie kamen irgendwann gut auf der Insel an!

»Gleich sind wir da!«, hörte sie da Caspar rufen. »Siehst du dahinten den Hafen?«

»Frau am Meer«

Auch am vierten Tag staunte Caroline noch darüber, wie schön es am Meer war. Sie war gerade, ohne den anderen etwas zu sagen, zum Strand gerannt und stand nun atemlos vor Begeisterung direkt am Wasser. Sollte Caspar sie ruhig suchen. Er machte auch oft genug, was ihm in den Sinn kam, ohne sie zu fragen. Langsam drehte Caroline sich mit offenen Augen im Kreis. Sie breitete die Arme aus und sog die Meeresluft tief ein. Die war heute ungewohnt mild und schmeckte leicht salzig. Die junge Frau öffnete den Mund, denn die Luft prickelte so schön auf den Lippen und der Zunge, die sie wenig damenhaft weit herausstreckte. Es sah sie ja keiner.

Sich auf dem feinen, hellen Sand zu bewegen, war in ihren zierlichen Schuhen gar nicht so einfach. Am liebsten hätte sie sie ausgezogen, aber das schickte sich nicht, und sie wollte ihren Mann nicht blamieren, falls doch jemand sie beobachten sollte. Caroline bückte sich, um etwas von dem Sand in die Hand zu nehmen. Fasziniert starrte sie auf die feinen Körner und ließ sie durch ihre Finger rieseln.

Dann setzte sie sich auf einen großen Stein am Ufer, lehnte sich seitlich auf den Ellbogen und ließ ihren Blick am Horizont entlangschweifen. Vor ihr breitete sich das Meer aus, das sich an diesem Tag blau präsentierte. Endlich sah es so aus, wie sie es sich erträumt hatte. Über ihr spannte sich der ebenso blaue Himmel, und sie kam sich angesichts der Weite um sie herum sehr klein vor. Caroline lauschte, wie die Wellen anbrandeten, und freute sich über das lebhafte Möwengeschrei, das ihr anfangs etwas unheimlich gewesen war.

Nach einer Weile stand sie auf und ging ein paar Schritte am Meer entlang. Der Wind zerrte an ihrem Hut, und sie konnte nicht anders: Sie öffnete die Bänder und riss ihn sich vom Kopf. Herrlich, wie der Wind ihr durchs Haar fuhr!

Plötzlich spürte sie, wie die auslaufenden Wellen ihren Rocksaum trafen. Sie hatte gar nicht bemerkt, wie nah sie dem Wasser gekommen war. Der Saum war nun ziemlich nass und schwer, aber es kümmerte sie nicht. Zu sehr genoss sie das Gefühl der Unabhängigkeit.

Hier auf Rügen fühlte Caroline sich so frei wie nie zuvor. Sie wollte gar nicht mehr weg vom Strand, der so wundersame Überraschungen bereithielt. Immer wieder bückte sie sich trotz des langen Rockes, um die schönsten Muscheln und Steine aufzuheben und genauer zu inspizieren. Caroline hegte die Hoffnung, einen Bernstein zu entdecken, von dem Caspar ihr erzählt hatte. Bei dem gelblichen bis rötlichen Gestein handelte es sich eigentlich nicht um einen Stein, sondern um versteinertes fossiles Baumharz, das schützte und heilte. Auf Rügen finde man Bernstein öfter am Strand oder im seichten Wasser, hatte Caspar gesagt. Man konnte ihn als Schmuck oder als Amulett tragen, was Caroline besonders reizvoll fand. Bislang hatte sie bei ihrer Suche jedoch kein Glück gehabt. Stattdessen entdeckte sie ab und zu Feuersteine. Caspar hatte ihr auch über diese Steine berichtet, die mit natürlich entstandenem Loch »Hühnergötter« genannt wurden. So einen hätte Caroline auch gern aufgesammelt, um ihn als Schmuck an eine Kette zu hängen, denn er galt als Glücksbringer.

»Line!«

Caroline drehte sich um. Caspar stand weit entfernt am Rand des Strandes und blickte in ihre Richtung.

»Wir haben dich gesucht!« Er wirkte aufgebracht.

Caroline lachte nur.

Caspar raufte sich das Haar. »Komm jetzt, wir wollen los!«

»Komm du doch!«, rief Caroline fröhlich und winkte ihm mit ihrem Hut zu. »Es ist herrlich hier!«

Caspar aber blieb steif stehen und sah recht mürrisch aus.

Caroline seufzte wehmütig. Sollte ihr Strandvergnügen nun zu Ende sein? Seine strenge Miene bekümmerte sie, auch kam er ihr hier recht langweilig, wenn nicht gar ältlich vor.

Neben ihm tauchten nun die wie immer perfekt gekleideten Gestalten von Christian und Elisabeth auf, verschwanden aber gleich wieder, als sie Caroline entdeckt hatten. Wahrscheinlich gingen sie voraus zur Kutsche, jetzt, da Caroline gefunden war, und schüttelten über die ungesittete Schwägerin den Kopf.

Ach, wie ungern kehrte Caroline zu ihnen zurück. Wo es doch gerade so schön war! Sollte Caspar sie doch am Strand zeichnen, ein Bild von ihr als »Frau am Meer« würde ihr sehr gefallen. Sie war nicht sehr begeistert davon, wieder mit allen in die Kutsche steigen zu müssen, die sie seit vier Tagen über die Insel fuhr. Denn Caspar hatte einen Plan gemacht, welche Orte er ihnen in den wenigen Tagen unbedingt zeigen wollte. Dabei hatte sie längst genug von alten Eichen und Buchenwäldern, von Felsen, Opfersteinen und Hünengräbern. Viel lieber wäre sie am Strand geblieben, um aufs Meer zu gucken und die gute Seeluft zu genießen.

Caroline raffte dennoch ihre Röcke und eilte zu Caspar, der sie missbilligend ansah.

»Was machst du denn? Du weißt doch, dass wir einen Ausflug zu den Kreidefelsen unternehmen wollen!« Er klang ungehalten. »Und wie siehst du aus? Setz deinen Hut wieder auf. Und dein Kleid ist ganz nass geworden!«

Sie schaute sie an sich herunter und kam sich vor wie ein gescholtenes Kind. Doch das war sie nicht, trotz ihres Altersunterschieds! Herausfordernd schaute sie ihren Mann an, sagte aber nichts.

Etwas sanfter meinte Caspar daraufhin: »Ist nicht so

schlimm, das trocknet ja schnell. Denn zum Umziehen ist keine Zeit mehr.«

Ja, wenn Caspar einen Plan hatte, musste der befolgt werden. Mit Spontanität war dann nichts, wusste Caroline. Obwohl er das freie Umherschweifen liebte. Bei seinen früheren Wanderungen über die Insel war er doch bestimmt ohne ein solch strenges Konzept unterwegs gewesen. Wobei, sicher war Caroline sich da nicht, denn inzwischen kannte sie ihren Mann. Dennoch – er hatte ihr von der wunderschönen Natur, den ausgedehnten Wanderungen über die Insel und entlang der Küsten so viel vorgeschwärmt. Wo war nur seine Begeisterung geblieben? Bei ihren Ausflügen in den letzten Tagen mit der Kutsche hatte er gar nicht mehr enthusiastisch gewirkt, eher missgelaunt. Auch fertigte er keine Skizzen an, was sie freuen würde, wäre er fröhlich und ihr zugewandt. Doch das war nicht der Fall. Caroline wurde das Gefühl nicht los, dass Caspar lieber allein wäre, um mit seinem Skizzenbuch über die Insel zu streifen. Stattdessen musste er für sie und die anderen den Reiseführer spielen – dachte er jedenfalls.

Als sie ihn vorsichtig gefragt hatte, ob ihm der Aufenthalt missfalle, hatte er gesagt: »Unsinn, das ist doch unsere Hochzeitsreise und ich will dir viel zeigen.«

Das hatte er auch so gemeint, dessen war Caroline sich sicher. Dass er dies ganz anders, für sie alle weniger anstrengend angehen könnte, behielt sie lieber für sich. Denn sie wusste, dass ihrem Mann eine solche Äußerung noch viel mehr auf die Stimmung schlagen würde. Liebevoll sah sie Caspar an, der es auf seine Weise gut mit ihr meinte.

Elisabeth und Christian stimmten stets geduldig Caspars Vorschlägen zu, sie schienen keine eigenen Wünsche zu haben. Caroline glaubte jedoch zu spüren, dass auch sie nicht recht zufrieden waren. Wahrscheinlich kannten sie Caspar einfach schon viel besser …

Mittlerweile war sie mit Caspar bei der Kutsche angekommen, wo ihre kleine Reisegruppe wartete.

»Na, hast du endlich Bernstein gefunden?«, rief Christian ihr fröhlich entgegen und tat so, als wäre es nicht ungewöhnlich, dass Caroline sich kurz selbstständig gemacht hatte. Sein Blick streifte flüchtig ihren nassen Rocksaum. Spielte da etwa ein kleines, verständnisvolles Lächeln um seine Mundwinkel?

Caroline schüttelte auf seine Frage hin den Kopf und zeigte ihm und Elisabeth, was sie gesammelt hatte. Zwar war kein Bernstein dabei, dennoch gefiel ihr die Ausbeute sehr.

Die beiden beugten sich amüsiert zu ihr vor. Wahrscheinlich dachten sie an ihre Kinder, die sonst mit solchen Steinen vom Strand zurückkamen. Caroline kam sich plötzlich lächerlich vor.

»Jetzt wollen wir aber los«, mahnte Caspar erneut und gab dem Kutscher ein Zeichen zum Aufbruch. Zu ihr hingegen sagte er: »Du wirst noch genügend Gelegenheiten haben, Steine am Strand zu sammeln.«

In der Kutsche bemerkte Caroline eine tiefe Unmutsfalte auf seiner Stirn. Die war bestimmt nur zum Teil ihr geschuldet. Caroline war überzeugt davon, dass er lieber über Rügen gewandert wäre, auch wenn er es abgestritten hatte.

»Heute fahren wir zur ›Stubbenkammer‹«, teilte er ihnen mit. »Da werdet ihr staunen!« Die Falte glättete sich, und Caspar zog sein Reisetagebuch heraus.

Es ging in den Nordosten auf die Halbinsel Jasmund. Hier gab es dichte Buchenwälder und besondere Felsformationen. Caspar zeigte ihnen die weißen Klippen der Kreidefelsenküste. Besonders beeindruckte Caroline der Vorsprung »Königsstuhl«. Der Anblick war überwältigend! Jetzt war sie doch froh, dass Caspar diesen Ausflug vorgeschlagen hatte. Diese Ansicht würde ihr unvergesslich bleiben. Vor allem weil Caspar fleißig skizzierte und in absehbarer Zeit mit Sicherheit ein Gemälde entstehen würde ...

Ferientage in Greifswald

Als sie am 11. August die Insel verließen, war Caroline traurig darüber, denn am Meer hätte sie es noch viel länger ausgehalten. Sie nahm an, dass es Caspar auch so erging, aber unterwegs zum Hafen schien es ihr, als ob er erleichtert wäre, dass der Inselaufenthalt nun vorbei war. Dabei drängte es ihn doch immer so nach Rügen!

Der Schwager und die Schwägerin hingegen freuten sich ganz offensichtlich auf zu Hause, vor allem darauf, ihre Kinder wiederzusehen, die sie in der Obhut der Familie von Adolf und Margarethe gelassen hatten.

So hing jeder der kleinen Reisegruppe am Hafen seinen Gedanken nach, ohne sich laut darüber auszutauschen.

Mit dem Segler, einer Schaluppe, ging es nun von Wiek aus über den Bodden zurück nach Stralsund, wobei Caroline dieses Mal keine Probleme mit der Überfahrt und dem Seegang hatte. Sie stand fest an der Reling und kam sich beinahe vor wie ein alter Seebär.

Es folgte eine weitere schöne Zeit in Greifswald. Das Städtchen war Caroline nun schon vertraut. Ihre Schwägerinnen führten sie durch die Straßen und zeigten ihr die schönsten Plätze, ein paarmal bummelten sie auch gemeinsam durch die Geschäfte.

Caspar zeigte kein Interesse, sie zu begleiten, sondern holte wieder öfter seinen Skizzenblock heraus. Mit diesem streifte er auf der Suche nach interessanten Orten ebenfalls durch die Stadt – aber ganz für sich allein. Bald entwickelte er die Idee für ein Aquarell, das seine Familienmitglieder auf dem Greifswalder Marktplatz zeigen sollte. Es sollte eine für den Landschaftsmaler eher ungewöhnliche Milieu- und Architekturstudie werden, in der er den Blick bis in die Lange Straße führte, die am Vettentor endete. Auch wollte er darauf das Rathaus, die Ratsapotheke und im Hintergrund den Turm der Nikolaikirche verewigen. Im Vordergrund sollten seine Brüder stehen und daneben die Frauen mit den Kindern. Caspar sah es schon genau vor sich: Heinrich, der am Markt seinen Laden hatte, trägt eine Arbeitsschürze, Christian dagegen einen eleganten Gehrock und Zylinder. Adolf steht mit seinen Söhnen und der Reitpeitsche in der Hand stolz vor seiner Kutsche. Ein Stück weiter links plaudernd die Frauen: Christians Gattin Elisabeth hat ihre Tochter Caroline an der Hand und den kleinen Sohn Heinrich Adolf auf dem Arm. Neben ihr sind Adolfs Frau Margarethe und deren Schwester. Dieses detailreiche Werk sah Caspar als Geschenk für Heinrich vor, um ihn an die Zeit seines Besuches mit seiner neuen Ehefrau zu erinnern.

Caroline genoss die Zeit im Kreise der Verwandten in Greifswald. Dieser Sommer war auch im Norden sehr sonnig, und sie verbrachten die angenehm temperierten Abende meist in den lauschigen Hausgärten von Christian und Adolf zusammen mit deren Familien. Dort hörten sie im Hintergrund regelmäßig die Glocken der Kirche St. Nikolai schlagen, ein lauter, wohltönender Klang, an den sich Caroline längst gewöhnt hatte.

»Es ist so schön bei euch«, sagte sie eines Abends. »Einen Garten hätte ich auch gern.«

Sie saßen in trauter Runde auf Bänken an einem Tisch unter den Apfelbäumen. Langsam verabschiedete sich die Sonne, die am Nachmittag noch so heiß gebrannt hatte, dass alle lieber im Haus geblieben waren. Jetzt sehnten sie sich nach frischer Luft. Es war angenehm spätsommerlich warm und roch nach trockenem Gras und den heranreifenden Früchten.

»So ein Garten ist etwas Wunderbares! Man kann sich darin erholen, außerdem Obst und Gemüse anbauen. Das würde mir gefallen«, sinnierte Caroline weiter.

Caspar schien über ihren Wunsch nachzudenken, denn kurz darauf sagte er: »Irgendwann werden wir auch einen Garten haben!«

Margarethe trat mit einem Krug selbst gemachter Limonade aus dem Haus, eine wohltuende süß-säuerliche Erfrischung für Groß und Klein, die Caroline gut schmeckte. Auch dieses Rezept hatte sie sich von ihrer Schwägerin geben lassen.

Unvermittelt stand Caspar auf und schritt durch den Garten. Er fing an, den Reifegrad der Früchte an den Bäumen zu prüfen. Zufrieden nickend pflückte er schließlich einen besonders prächtigen rotbackigen Apfel und reichte ihn seiner Frau. »Probier mal, Line!«

Caroline biss unter den gespannten Blicken aller herzhaft in den Apfel, und schon troff ihr der Saft übers Kinn. »Oh, ist der saftig! Und so süß!«

Margarethe freute sich. »Dann gibt's bald Apfelmost statt Limonade.«

»Und hoffentlich auch Apfelkuchen«, wandten sich die Männer bittend an die Frauen, die daraufhin entsprechende Rezepte untereinander austauschten.

Die Kinder rannten währenddessen vergnügt über die Wiese. Zu Carolines Überraschung schloss sich Caspar ihnen plötzlich an und beteiligte sich ausgelassen an ihren Spielen. Er dachte sich sogar selbst welche aus. So lebhaft und aufgekratzt hatte sie ihn selten gesehen. Die Jungen und Mädchen prusteten laut los und quietschten vor Freude über den flotten Onkel, mit dem sie nun durchs Gras tobten. Schmunzelnd beobachtete Caroline ihren Mann, wie er laut lachend und rufend hinter den Kleinen herrannte, leichtfüßig und unbeschwert.

»Schaut euch unseren Caspar an! Der und die Kinder …« Die Brüder grinsten, während ihre Frauen Caroline interessiert musterten.

Sie wusste genau, was sie dachten.

Und Margarethe sprach es dann auch aus. »Na, wann ist es denn bei euch so weit mit Nachwuchs?«

Caroline errötete und griff verlegen nach ihrer Limonade.

Elisabeth rettete die Situation. »Lass sie man. Jetzt sind sie erst mal auf Hochzeitsreise. Alles Weitere kommt schon noch, und bestimmt früher als gedacht.«

Sie wandten sich wieder anderen Themen zu, befragten Caroline nach Dresden und ihrer Familie. Gern erzählte sie ihnen von ihrer sächsischen Heimat, beobachtete ihren Caspar jedoch weiter aus den Augenwinkeln. Er war wohl wirklich ein großer Kinderfreund und konnte das Familienleben hier sehr genießen. Keiner wäre heute auf den Gedanken gekommen, dass er »schwierig« wäre. Inständig hoffte sie, auch bald Mutter zu werden, um sich und ihm solch ein großes Glück zu schenken.

Viel zu schnell waren die Tage in Greifswald vorbei. Caspar drückte Caroline ein wenig Taschengeld in die Hand, damit sie für sich und die Dresdener Familie ein paar Andenken kaufen konnte. So suchte sie sich in einem Laden in der Stadt zur Erinnerung ein schönes Seidentuch mit maritimem Muster aus und nahm je eins für ihre Mutter und die kleine Schwester mit. Das Geld reichte noch für eine Buddel Rum, die sie ihren Brüdern mitbringen wollte. Zu gerne hätte Caroline in der Konditorei von den süßen Törtchen probiert, doch statt ihr ein paar weitere Münzen zuzustecken, verwies Caspar sie auf die schmackhaften Äpfel im Garten.

Elisabeth hatte die begehrlichen Blicke ihrer Schwägerin gesehen, als sie an der Auslage des Schaufensters vorbeigegangen waren. Anders als Caspar kam sie ganz von selbst auf die Idee, Caroline diese Freude zu gönnen, und kaufte zwei der delikaten Kuchenstückchen für sie. Und die schmeckten wirklich himmlisch!

Kurz vor ihrer Abfahrt lud Schwager Heinrich Caroline in seine neue Werkstatt ein und bot ihr an, sich nach Belieben Seifen und Kerzen auszusuchen. Sie war überwältigt von der Vielfalt an Farben und Gerüchen, und es fiel ihr schwer, sich zu entscheiden. Heinrich packte ihr daher eine umfangreiche Auswahl zusammen, und Caroline wusste nun kaum mehr, wie sie all die Mitbringsel im Reisegepäck unterbringen sollte. Caspar schüttelte darüber wieder nur verständnislos den Kopf.

Am Ende des Sommers ging es endgültig zurück nach Dresden. Caroline graute vor der weiten Fahrt mit der Kutsche, doch sie freute sich sehr auf ihr Zuhause. So nett und großzügig die Greifswalder Verwandten zu ihnen waren, jetzt war es genug, und sie wollte heim.

Zum Abschied kamen noch mal alle Familienmitglieder zusammen.

»Gute Reise! Wir werden euch vermissen!«, meinten sie im Chor.

Caroline hatte wie ihre Schwägerinnen Tränen in den Augen, während die Kinder ungehemmt weinten und die Männer nur leise Abschiedsworte brummten. Sie drückten und herzten einander, auch versprachen sie sich ein baldiges Wiedersehen.

Auf der Rückreise mussten sie erneut einige Zollstationen sowie mal mehr, mal weniger bequeme Übernachtungen in fremden Betten überstehen. Mit den Gedanken jedoch war Caroline längst schon in Dresden und hoffte, dass ihre eigenen Angehörigen wohlauf waren.

Am 31. August kehrten sie endlich zurück.

Caspar im Schaffensrausch

»Caspar, das Essen ist fertig!« Es war Mittagszeit, und Caroline rief zum dritten Mal, inzwischen ziemlich laut, nach ihrem Mann, ohne dass er darauf reagierte. Verärgert schaute sie auf den Tisch, wo der fertige Braten auf einer Platte und daneben die Schüsseln mit den Kartoffeln und dem Gemüse standen und langsam abkühlten. Sie hatte heute eine seiner Leibspeisen zubereitet, eine aufwendige Mahlzeit, aber Caspar kam einfach nicht!

Seit Tagen war er nur noch in seinem Atelier beschäftigt und arbeitete wie besessen. Er betonte immer, dass man »flietig«, also fleißig, sein musste. Aber man konnte es auch übertreiben, dachte Caroline verstimmt.

Seitdem sie von ihrer Hochzeitsreise aus dem Norden zurückgekehrt waren, war ihr Mann kaum mehr aus seinem Arbeitsraum herausgekommen. Da konnte sie sich mit dem Kochen so viel Mühe geben, wie sie wollte. Selbst heute ignorierte er sie, wo es diesen teuren Braten gab – und das an einem einfachen Wochentag! Sie hatte geglaubt, dass ihn Fleisch eher an den Tisch bringen würde als die übliche Suppe. Aber weit gefehlt! Dabei war Caspar ohnehin so dünn. Was war aus ihrem stattlichen Mannsbild geworden? Er sah langsam wie ein Hungerleider aus. Die Leute dachten wahrscheinlich, dass sie sich nicht genug um ihren Mann kümmerte, dabei gab sie ihr Bestes! Doch die Arbeit war ihm wichtiger als zu essen.

Ob sie es öfter mit Fisch versuchen sollte? Auf der Reise in den Norden hatte sie festgestellt, dass man dort viel mehr Fisch aß als in Dresden, obwohl es auch hier allerlei Elbefische gab. Einen gedünsteten Hecht hatte sie ihm bereits einmal zubereitet. Oder würde ihm eine gebratene Regenbogenforelle besser schmecken?

In ihren Ess- und Trinkgewohnheiten waren sie sehr unterschiedlich, musste sie sich eingestehen. Wo Caspar herkam, wurde viel Fisch gegessen. In Carolines Familie hatte eher Fleisch im Mittelpunkt gestanden. Sie konnte sich wie die meisten Dresdner ein Leben ohne Kaffee nicht vorstellen, wohingegen Caspar als Norddeutscher auf seinen Tee beharrte. Nun gut, so eine Tasse Tee hin und wieder war sicher auch ganz lecker, aber auf ihren täglichen Kaffee mochte Caroline deshalb nicht verzichten. Peinlich berührt dachte sie daran, dass er das schöne Kaffeeservice aus edlem Meißner Porzellan – ein Hochzeitsgeschenk ihrer Familie – kaum gewürdigt hatte. Er hatte zum Dank nur flüchtig genickt und es seither kaum beachtet. Er trank lieber weiterhin aus seinem alten Teebecher – auch den Kaffee! Wahrscheinlich wirkte er aufgrund solcher Reaktionen auf andere manchmal grob und undankbar. Letztendlich waren ihm solche alltäglichen Dinge jedoch einfach nicht wichtig. Er war mit den Gedanken ständig bei seiner Kunst und entwickelte neue Ideen. Das kannte Caroline nun bereits zur Genüge. Und diese Wesensart schien mit der Zeit eher zu- als abzunehmen. Überhaupt war Caspar inzwischen häufig sehr schweigsam und ließ sie noch seltener als zu Beginn an seinen Gedanken teilhaben.

Caroline schob resigniert ihren Teller weg. Ohne Caspar hatte sie auch keinen Appetit. Doch dann entschied sie sich anders, zog das Essgeschirr wieder heran und legte ein paar Kartoffeln darauf, dazu etwas Gemüse. Entschlossen schob sie sich die volle Gabel in den Mund und kaute freudlos. Aber sie musste essen, möglichst gut sogar. Sie erwartete ein Kind, daran bestand kein Zweifel mehr. Caroline lächelte selig in sich hinein. Caspar und sie würden endlich Eltern werden!

Sie aß langsam, in der Hoffnung, dass ihr Mann doch noch dazukäme und ihr Gesellschaft leistete. Aber da konnte sie lange warten! Seufzend ließ Caroline schließlich ihren Teller halb voll stehen und erhob sich vom Tisch. Den Braten würde sie kühl stellen, irgendwann musste Caspar ja Hunger haben. Momentan war er wohl zu stark beschäftigt. Vor ein paar Tagen hatte er feierlich verkündet: »Ich male unser Hochzeitsbild.«

»O wie schön, ein Bild von uns beiden? Ein Doppelporträt?«, hatte sie ihn erfreut gefragt.

Caspar hatte den Kopf geschüttelt. »Du weißt doch, dass ich keine Bildnisse male. Aber es wird ein ganz besonderes Gemälde werden, eine schöne Erinnerung an unseren Ausflug zu den Kreidefelsen auf Rügen.«

Seine Antwort hatte sie verwundert. Was sollte das für ein Hochzeitsbild sein, hatte sie sich gefragt.

Ein paar Tage später durfte Caroline sein neues Gemälde, ihr Hochzeitsbild, begutachten. Caspar hatte sie feierlich in sein Atelier gebeten und deutete nun mit ausladender Geste auf die Staffelei.

Caroline war ... ratlos.

»Na, wie findest du es?« Caspar sah sie neugierig an.

Oje, was sollte sie nur sagen? Es war eine besondere Ehre, dass er ihr, seiner Frau, das Bild als Erste zeigte, denn normalerweise besprach er seine Bilder mit den Kollegen. Offenbar wollte er dieses Mal ihre Meinung hören. Das freute Caroline, nicht jedoch das, was sie als »Hochzeitsbild« zu sehen bekam. Das Gemälde zeigte nicht sie beide als repräsentatives Hochzeitspaar, wie sie es sich gewünscht hätte. Stattdessen handelte es sich um ein ungewöhnliches Landschaftsbild der Kreidefelsen mit drei Personen im Vordergrund, zwei Männern und einer Frau. Was für eine eigentümliche Szene!

Caroline hatte angespannt die Luft angehalten. Jetzt trat sie ein paar Schritte von der Leinwand zurück, um das Bild im Ganzen besser erfassen zu können. Ihr war klar, dass Caspar eine Antwort von ihr erwartete, sie aber konnte erst einmal gar nichts sagen. Zu viele Fragen stürmten auf sie ein. Um wen handelte es sich bei diesen Menschen auf dem schmalen, grasbewachsenen Vordergrund an den Kreidefelsen am Meer? Sollten das etwa Caspar und sie sein? Die Frau mit dem roten Kleid, die man nur von der Seite sah, erinnerte von der Statur und der Frisur her an sie, auch wenn keine Gesichtszüge zu erkennen waren. Wenigstens auf dem Hochzeitbild wäre das doch angebracht gewesen! Auch hatte Caroline an jenem Ausflugstag kein rotes Gewand getragen. Diese Frau, die sich an einem dürren Strauch festhielt, wies auf den tiefen Abgrund und gleichzeitig auf die Blumen vor ihr. War das symbolisch gemeint? Und warum stand der Gatte nicht, wie es auf einem Hochzeitsbild üblich war, direkt neben seiner Frau? Von den zwei Männern auf dem Bild ähnelte keiner ihrem Caspar. Der eine war zu jung, der andere zu alt. Wer also waren sie? Hatte Caspar den Schwager mit ihm aufs Bild gemalt? Dazu stimmte das Alter nicht, waren beide doch ähnliche Jahrgänge. Der Ältere hatte auf dem Bild Hut und Stock abgelegt und kroch über den Boden, wo er sich gerade noch abstützen konnte, um nicht tief in den Abgrund zu stürzen. Da gefiel Caroline der attraktive Jüngling besser, der gelassen an einem Baum lehnte und, die Arme vor der Brust gekreuzt, weit in die Ferne auf das Meer schaute. Er wirkte nicht so unsicher, sondern unerschrocken und voller Zuversicht. Ihr fiel auf, dass er die Altdeutsche Tracht der Patrioten trug. War die nicht verboten worden?

Caroline überlegte fieberhaft, was sie zu dem Gemälde sagen sollte, denn sie empfand das Hochzeitsbild als äußerst rätselhaft. Die dargestellte Szene zeigte die gigantische Steilküste, an die sie ihren Ausflug gemacht hatten. Allerdings hatten sie alle nie so nah am Abgrund gestanden wie die Personen auf Caspars Werk. Das wäre viel zu gefährlich gewesen! Die Bäume ragten pittoresk von beiden Seiten ins Bild und berührten sich am oberen Rand, sie erkannte die auf Rügen reichlich vorhandenen Buchen. Sie rahmten die dargestellte Szene ein, und dieser Rahmen war doch herzförmig, oder? Ob Caspar das bewusst so gemalt hatte? Caroline warf ihm einen kurzen Blick zu. Er war ja doch romantisch, ihr oft so nüchtern wirkender Mann!

Die Ansicht der weißen Klippen, die bis nach unten hin zum Wasser reichten, gefiel Caroline gut. Unter dem blassweißen Himmel schaukelten auf der ruhigen See zwei Segelboote. Caspar hatte die sommerliche Atmosphäre und das blaue Meer in seinen vielen Farbabstufungen treffend eingefangen. Tatsächlich war an jenem Ausflugstag solch angenehmes Wetter gewesen, anders als auf der tristen Überfahrt. Caroline schluckte bei der Erinnerung daran.

Caspar räusperte sich und warf ihr einen fragenden Blick zu. Er merkte sicherlich, dass ihr das »Hochzeitsbild« nicht besonders gefiel oder ihr zumindest recht merkwürdig erschien und sie etwas anderes erwartet hatte. Denn nun begann er, sein Werk zu erklären. »Unser Hochzeitsgemälde ist ein Bild des Lebens«, sagte er feierlich. »Es vereint die Vergangenheit, die Gegenwart und die Zukunft.«

»Wie meinst du das?«, fragte Caroline nach, konnte aber ihre Enttäuschung nicht ganz verhehlen. Hochzeitsbilder sahen eigentlich ganz anders aus! Sie wandte sich dem anderen Bild zu, das an der Wand lehnte und ebenfalls von ihrer Hochzeitsreise zeugte. O ja, dieses Gemälde gefiel ihr gleich viel besser! Es zeigte ein Segelboot, das in flottem Tempo über das Wasser glitt. Vorn am Bug saßen zwei Personen nebeneinander, die sich zärtlich an den Händen hielten. Dieses Paar erinnerte an sie beide, das könnten sie auf der Rückfahrt von Rügen nach Stralsund gewesen sein, auch wenn sie sich nie so nah an die Bootskante gesetzt hätte und die angedeutete Stadt nicht unbedingt der Ansicht von Stralsund entsprach. Auch auf diesem Bild präsentierte Caspar die Frauenfigur in einem roten Kleid mit weißem Spitzenkragen. Der streng frisierte Haarknoten, den er gemalt hatte, täuschte darüber hinweg, wie sich die Haarsträhnen auf der windigen Fahrt aus Carolines Frisur gelöst hatten. Der Mann auf dem Bild trug abermals die Altdeutsche Tracht. Caroline wusste, dass Caspar damit seine politische Gesinnung – nämlich antifranzösisch und national-patriotisch – betonte, die mittlerweile bei vielen verpönt war.

Sie deutete auf das Bild. »Schau, hier sehe ich uns als verliebtes Paar, das hoffnungsfroh auf ihr helles Ziel, eine Stadtsilhouette, schaut. Die beiden blicken weit in die Ferne und zugleich in den sicheren Hafen, auf den sie gemeinsam zusteuern.« Sie sah zu Caspar hoch und nickte ihm erfreut zu. »Genau wie auf diesem Bild hast du mich auf der

Bootsfahrt mehrmals an den Händen gefasst. Und wie diese beiden Figuren haben wir optimistisch in unsere Zukunft geblickt. Auch wenn das Ziel, auf das wir zusteuerten, nicht so aussah«, wagte Caroline einzuwenden.

Caspar lächelte und wiegte leicht den Kopf.

Caroline beharrte: »Also, ich konnte vom Boot aus keine Kirchtürme sehen, nur den Hafen!«

Ihr Mann schmunzelte und erklärte: »Dieses Bild will viel mehr als nur die Realität widerspiegeln. Es ist das Sinnbild einer Schicksalsgemeinschaft von zwei Menschen, ein Gleichnis für eine gemeinsame Lebensfahrt. Auch ich kann mir die beiden als du und ich vorstellen, und wir beide legen von diesem Moment an unseren Lebensweg zusammen zurück.«

Caroline sann seinen Worten nach und nickte langsam. Sie glaubte, ihn verstanden zu haben und seine Gedanken nachvollziehen zu können. Wie die Frau auf dem Bild griff sie nach der Hand ihres Mannes. Zärtlich drückte sie seine Finger. »Das Bild ist wunderschön, Caspar«, flüsterte sie ihm zu.

Kapitel 3: Glück und Leid im Alltagsleben

»*Aber Glaube und Liebe sieht Freude und Licht jenseits dem Grabe.*« (C. D. Friedrich)

Ein Künstler als Ehemann

Das Alltagsleben mit Caspar im ersten Ehejahr war für Caroline im Großen und Ganzen recht unkompliziert. Was den Haushalt anbelangte, ließ ihr Mann ihr weitgehend freie Hand, und sie konnte ihnen beiden ein schönes Heim schaffen. Nur litt Caroline im Laufe der Zeit darunter, dass Caspar sie mehr und mehr alleine ließ. Zwar versuchte sie sich damit zu trösten, dass dies zwangsläufig das Los der Ehefrauen war, denn bei ihren Eltern war das früher nicht anders gewesen. Dennoch hatte Caroline sich ein anderes Leben mit ihrem Ehemann gewünscht und gehofft, viel mehr mit Caspar zu unternehmen.

Sie fühlte sich allein, wenn er unterwegs war, aber immer häufiger auch, wenn er zu Hause war, sich in seinem Atelier verschanzte und für sie nicht zu sprechen war. Wie oft lief sie an der geschlossenen Ateliertür vorbei, hinter der sie ihn bei der Arbeit wusste, und grollte ihm und seiner Kunst. Nie hätte Caroline gedacht, dass sie auf ein Arbeitszimmer eifersüchtig sein könnte! Ihr Mann verbrachte darin mehr Zeit als mit ihr. Tag und Nacht arbeitete Caspar im Atelier und empfing dort Besucher. Selbst dann war die Anwesenheit von Caroline meist nicht erwünscht. Sie hatte gewusst, dass sie einen Maler heiratete, aber nicht geahnt, dass der längst schon mit seiner Kunst »verheiratet« war.

Sie kannte viele Frauen, die froh waren, wenn ihr Gatte beschäftigt war und sie nicht behelligte. Vielleicht würde es ihr auch einmal so gehen, aber jetzt, zu Beginn ihrer Ehe, wollte sie so oft wie möglich mit Caspar zusammen sein. Ihm nah sein und ihn richtig kennenlernen. Doch

Caspar entpuppte sich immer mehr als ein zurückhaltender, schweigsamer Mensch. Caroline musste einen guten Moment erwischen, dass er mehr von sich erzählte. Oder ihr mitteilte, was ihn bewegte.

Wenn sie Caspar nach seinen neuen Werken fragte, winkte er meist ab. Sie ahnte, dass er ihr diesbezüglich nur wenig Kenntnis und Sachverstand zutraute. Sie war keine ausgesprochene Kunstkennerin, das stimmte, doch sie hatte sich seit ihrer Jugend viel mit Gemälden beschäftigt und Ausstellungen besucht. Zudem las sie Bücher und Magazine und interessierte sich, anders als die meisten ihrer Freundinnen, brennend für Geschichte. Sie hätte sich gern mit Caspar über solche Themen ausgetauscht, wie sie es in den zwei Jahren ihrer Verlobungszeit gemacht hatten. Und gern hätte sie mit ihm über ihre Lieblingsbilder gesprochen. Dazu gehörte das »Schokoladenmädchen« von Jean-Étienne Liotard, ein bedeutendes Werk aus dem Rokoko, das sie sich hin und wieder im Dresdner Johanneum im Pastellkabinett angesehen hatte. Leider hatte sie Caspar bisher nicht dazu bewegen können, mit ihr zusammen dorthin zu gehen. Immerhin nahm er sie öfter mit zu Kulturabenden, zu Konzerten, Lesungen oder Kunstbesprechungen. Nur in die Oper oder ins Theater mochte er nicht.

Caroline wusste, dass viele Künstler gerade wegen der Gemäldegalerien nach Dresden kamen, um dort die Bilder zu studieren und zu kopieren. Letzteres gehörte zur Ausbildung eines Malers unbedingt dazu, um die Motive und die unterschiedlichen Kunsttechniken zu verstehen.

Caroline sah sich durchaus als kunstinteressiert. Sie ging offenen Herzens an die Werke heran. Auch an die von Caspar. Sie sagte ihm mittlerweile frei heraus, was ihr daran gefiel und was nicht. Ob sie ihn neulich mit ihren Bemerkungen über das Hochzeitsbild verärgert hatte? Er war so stolz auf sein Werk »Kreidefelsen auf Rügen« gewesen, und sie konnte das nur schwer verstehen. Caspar hatte sicherlich gespürt, dass sie sich ein ganz anderes Hochzeitsbild von ihm gewünscht hätte. Den Wunsch, dass er einmal ein richtiges Porträt von ihr anfertigte, teilte sie ihm noch immer hin und wieder mit.

»Ich habe dich doch schon gemalt, Caroline«, war alles, was er dazu sagte.

Ja, zumindest meinen Rücken, und das nicht nur einmal, dachte sie resigniert. Vor allem meinte Caspar das Bild, wo er sie in ihrem grünen Kleid in seinem Atelier am Fenster gemalt hatte. Ein Porträt konnte man das jedoch nicht nennen, fand Caroline. Und dann noch als »Frau auf der Treppe«, wo sie nicht nur von hinten, sondern immerhin seitlich zu sehen war. Das Bild zeigte sie im dunklen Treppenhaus. Da hatte Caspar eine ganz besondere Lichtstimmung eingefangen, das musste sie zugeben. Aber es war eben auch kein angemessenes Bildnis von ihr! In diesem Werk gefiel sie sich gar nicht und wünschte sich sogar, dass niemand sie erkannte. Anders als für »Frau am Fenster« sollte sie sich nicht extra umziehen. Deshalb trug sie ihre tägliche Hauskleidung, ein einfaches Kleid, ihre Haube und eine Schürze. Damit sah sie wie ein Dienstmädchen aus!

Nur ungern erinnerte sie sich daran, wie sie lange im zugigen, kalten Treppenhaus gestanden hatte, obwohl das fertige Bild dem Betrachter suggerieren sollte, sie befände sich mitten in der Bewegung. Caspar faszinierte bei diesem Motiv selbstverständlich weniger die Figur als die besondere Atmosphäre, in der das Licht warmgolden von oben auf sie fiel, ihr Gesicht jedoch im Schatten lag.

»Bei deinem ›Schokoladenmädchen‹ ist das Gesicht doch auch zweitrangig und man weiß den Namen nicht«, hatte Caspar sie mit Hinweis auf ihr Lieblingsbild zu beschwichtigen versucht.

Als könnte man die beiden Kunstwerke miteinander vergleichen! »Das ist auch nur ein Stubenmädchen, das Kakao serviert. Ich dagegen bin deine Frau!«

Caspar hatte den Einwand ignoriert. »Schau, wie schön hier die Lichtstimmung ist!« Er hatte ganz begeistert geklungen und sie von seinem Gemälde überzeugen wollen. Und wieder einmal hatte er ihr bedeutungsvoll erklärt: »Es geht in meiner Kunst um so viel mehr als nur um die Natur …« Dabei hatte er sie angesehen, als wüsste er, dass sie das ohnehin nicht verstand.

Caroline hatte die Lippen zusammengepresst und sich wie so oft nicht ernst genommen gefühlt. Das war mit der Malerin aus dem Harz, dieser Caroline Bardua, anders gewesen, dachte sie grimmig. Caspar selbst hatte ihr kaum etwas von dieser Frau erzählt, auf die sie ein wenig eifersüchtig war. Sie hatte genug Lobendes über sie ihr gehört und wusste, dass sie längere Zeit in Dresden bei den Kügelgens gewohnt hatte, um sich als Künstlerin weiterzubilden. Caspar hatte diese talentierte Malerin, die zu Carolines Verdruss denselben Vornamen trug wie sie, sehr bewundert und gemocht. Wenn da nicht sogar mehr zwischen ihnen gewesen war. Vielleicht hatte ihr Caspar die Bardua geliebt? Und sie hatte ihn nicht zum Ehemann nehmen wollen? Hatte er sich deshalb später mit ihr, der kleinen Bommer, begnügt, obwohl die bewunderte Bardua weiter in seinem Herzen wohnte?

Die Eifersucht quälte Caroline sehr, fragen mochte sie Caspar diesbezüglich jedoch nicht. Da hatte sie ihren Stolz –

auch wenn diese Ungewissheit sie manchmal rasend machte. Vielleicht fürchtete sie sich auch einfach vor der Antwort. Die Bardua war fast zwölf Jahre älter als sie, demnach eine reife Frau, außerdem welterfahren und bestimmt viel selbstbewusster, dazu eine gefragte Malerin. Das machte Eindruck auf andere Künstler, auch auf Caspar. Dass die Bardua mit ihren französisch-hugenottischen Vorfahren lediglich die Tochter eines Kammerdieners war, spielte da keine Rolle.

Caspar hatte sie kennengelernt, als sie zusammen mit der Weimarerin Louise Seidler in den Jahren 1808 bis 1811 von seinem Freund, dem Maler Gerhard von Kügelgen, unterrichtet worden war. Es war für eine Frau schon recht ungewöhnlich, sich als freie Künstlerin den Lebensunterhalt selbst zu verdienen. Einem Maler wie Caspar hatte das besonders imponiert. In ihrer Zeit in Dresden mussten sich die beiden oft gesehen haben. Wie nah hatte diese Frau ihrem Mann gestanden? Seit diesem Jahr lebte die Bardua nach mehreren Jahren auf Reisen mit ihrer Schwester wohl in Berlin.

Alleinstehende Damen, die Künstlerinnen wurden, hätte es früher nicht gegeben, dachte Caroline, aber die Zeiten änderten sich. Seit der Französischen Revolution hörte man von vielen Frauen, die ehrgeizige Pläne verfolgten und sich nicht länger mit der Eheschließung und dem Kinderkriegen als einzig denkbares Ziel zufriedengaben. Und das war gut so, fand Caroline. Doch es gelang nicht allen. Lore, eine Freundin von ihr, hatte auch danach gestrebt, Künstlerin zu werden, war jedoch gescheitert. Als Frau mit der eigenen Kunst in der Öffentlichkeit wahr- und ernst genommen zu werden, war alles andere als leicht.

Die Bardua und die Seidler waren auf Empfehlung vom großen Goethe nach Dresden gekommen, ins Hause Kügelgen, wo man sehr weltoffen und großzügig war. Caroline war damals noch sehr jung gewesen, erinnerte sich aber gut daran, dass viel über diese beiden Künstlerinnen geredet worden war. Neben dem Getuschel auch viel Gutes. Nach dem Vorbild ihrer männlichen Kollegen hatten sie exzellente Kopien von Kunstwerken angefertigt. Vor allem aber malten sie eigene Porträts und religiöse Bilder. Und waren seitdem erfolgreich damit.

Nachdem die Bardua in ihr Elternhaus nach Ballenstedt in den Harz zurückgekehrt war, hatte Caspar sie 1811 auf einer seiner Wanderreisen für ein paar Tage besucht. Gut, er war nicht allein dort gewesen, sondern zusammen mit seinem Freund Christian Gottlieb Kühn. Laut Caspar hatte es nie ein Techtelmechtel zwischen ihm und der Bardua gegeben. Aber wenn es doch anders gewesen war, würde er ihr das erzählen? Nur widerstrebend hatte er auf ihre Nachfrage hin vom Besuch bei der Bardua berichtet. »Das war kein richtiger Besuch, Line!«, hatte er behauptet und weiter nichts gesagt. Doch er war nervös geworden, das hatte Caroline genau gemerkt. Und jedes Mal, wenn die Sprache irgendwo auf die Bardua kam, leuchteten seine Augen auf. Angeblich sei diese trotz ihrer dunklen Locken gar nicht so hübsch, hatten andere ihr erzählt. Aber Schönheit lag immer im Auge des Betrachters. Und die Bardua hatte als Künstlerin bestimmt Qualitäten, die Caspar sehr an ihr schätzte.

Warum sie nur immer wieder an dieses Weibsbild dachte? Die Künstlerin stellte längst keine Gefahr mehr für sie und ihre Ehe dar, wohnte sie doch mittlerweile nicht mehr in Dresden, sondern in Berlin.

Caspar hatte die Bardua auch mal auf einem Gemälde verewigt, das den Titel »Gartenterrasse« trug. Ein außergewöhnliches Bild, ganz anders als die mysteriösen Landschaften, die er sonst so malte. Dafür hatte er viel hellere, harmonische Farben verwendet, es wirkte sehr bunt und fast heiter. Sagte das etwas über Caspars damalige positive Stimmung aus? Auch hatte er ausnahmsweise eine sehr geordnete, idyllische grüne Gartenlandschaft mit Ausblick auf die bläulichen Hügel im Harz gewählt. Zumindest war auch dieses Bild kein Porträt, was Caroline ein wenig milder stimmte. Die Bardua war nur als kleine Figur im dunklen Kleid zu sehen, die in einem Park an einen Stamm gelehnt auf einem Baumstumpf saß und in einem Buch las.

Wenn Caroline nicht gerade eifersüchtig auf die Bardua oder Caspars Atelier war und Caspar nicht allzu wortkarg und in sich zurückgezogen, verstanden sie sich Carolines Meinung nach für ein Ehepaar recht gut. Ihr Mann war dann gutmütig, fantasievoll und manchmal sogar albern. Vor allem beim Aufstehen schäkerten sie gern miteinander. Und abends im Bett erzählten sie sich immer noch etwas vom Tag, auch wenn meistens sie es war, die redete. Allerdings liebte er es, sie zu necken – bisweilen war es auch umgekehrt. Gründe dafür gab es genug, diese fanden sich in ihrer unterschiedlichen Herkunft, ihrer Sprache und ihren besonderen Vorlieben. Sie mochte es, wenn sie es schaffte, dass er nicht nur leise über sie schmunzelte, sondern dröhnend laut lachte. Er wiederum kitzelte sie oft, weil er ihr Kichern so liebte. Solche Tändeleien gab es jedoch nur, wenn sie allein waren. Dann konnte Caspar sehr zärtlich sein, was Caroline ungemein genoss.

An solch einem Abend im beginnenden Jahr 1819 überbrachte sie Caspar auch endlich die frohe Botschaft. Kurz nach ihrer Hochzeitsreise hatte sie schon einmal gedacht, dass sie schwanger sei, was sich letztlich als falsch herausgestellt hatte. Zum Glück hatte sie ihm damals noch nichts von ihrer Vermutung erzählt. Nun war sie sich aber sicher. »Caspar, wir werden Eltern!«

Dresden 1819. Die Geburt von Emma

Die Schwangerschaft verlief recht reibungslos. Carolines Mutter war in den letzten Wochen öfter als sonst bei ihnen, um sich um sie zu kümmern. Caspar fragte Caroline manchmal, ob es ihr gut gehe, und blickte zunehmend besorgt auf ihren stetig wachsenden Bauch. Ansonsten hielt er sich von allem fern, was so eine Schwangerschaft mit sich brachte. Er wusste Caroline mit ihren Fragen über die Geburt und die Säuglingspflege bei seiner Schwiegermutter in guten Händen.

Mutter und Tochter bereiteten alles für das Kind vor. Sie strickten, nähten und bestickten Tücher und Hauben. Sie schlugen einen kleinen Weidenkorb mit einer wärmenden Decke aus, der als erstes Bett für den Säugling dienen sollte.

Caspar verschwand meist schnell in seinem Atelier, wenn sich seine Schwiegermutter vor der Tür ankündigte. Ob es die Aussicht auf das kommende Kind war, die ihn so in seiner Arbeit beflügelte?

Ihre Mutter brachte auch immer reichlich zu essen mit. Zum Glück war Caroline nur in den ersten Wochen morgens übel gewesen, seither überwog ein guter Appetit.

»Greif zu, Kind, du musst jetzt für zwei essen«, erklärte die Mutter resolut.

Die für sie vorgesehenen Portionen waren so großzügig bemessen, dass auch der Schwiegersohn noch satt davon wurde, was Caroline häufig das Kochen und damit auch das Einkaufen ersparte. Sie war ihrer Mutter dankbar dafür. Caspar war ebenfalls zufrieden, denn er mochte die reichhaltigen Speisen seiner Schwiegermama gern, wobei er, was das Essen anbelangte, sowieso recht anspruchslos war. Hauptsache, es gab gute Hausmannskost. Normalerweise rauchte er nach dem Essen seine Pfeife. Da Caroline der Tabakgeruch während ihrer Schwangerschaft zuwider war, berücksichtigte Caspar das ohne Klagen. Nach dem Essen stand er deshalb meist schnell vom Tisch auf und qualmte in seinem Atelier.

Als Caroline beglückt die ersten Bewegungen des Kindes in ihrem Bauch spürte, nahm sie Caspars Hand und führte sie an die Stelle, damit er sie auch fühlen konnte. Verschämt lächelte der werdende Vater sie an und zog schnell die Finger weg. Caroline wunderte sich darüber, denn eine Schwangerschaft dürfte ihm in seiner großen Familie nicht unbekannt sein, dachte sie, fragte aber nicht nach.

Die Monate gingen dahin, es wurde bald Sommer und heißer, Caroline immer dicker und schwerfälliger. Das bekümmerte die ansonsten so agile Frau sehr, denn sie war es nicht gewohnt, dass sie sich so schlecht bewegen konnte. Besonders die enge Treppe zur Wohnung hinauf wurde ein ungeahntes Hindernis, das sie bald nur noch langsam und schnaufend bewältigen konnte. Hatte sie es geschafft, ließ sie sich in der Küche erschöpft auf einen Schemel sinken. Zum Glück war Anni meist zur Stelle und half ihr, wo sie nur konnte. Caroline würde das Mädchen erst recht brauchen, wenn das Kind da war. Auch wenn Caspar die Lohnkosten für Anni am liebsten noch immer einsparen wollte – in dieser Frage würde sie hart bleiben.

Langsam schlich sich bei Caroline ein wenig Angst vor der Geburt ein. Mit Caspar konnte sie darüber nicht sprechen, und sie wollte auch nicht, dass er sich Sorgen um sie machte. So war sie froh, dass ihre Mutter da war, um sie zu beruhigen.

»Keine Bange, meine liebe Caroline, das wird schon«, sagte sie stets. »Ich habe das mit dem Kinderkriegen auch geschafft, dann schaffst du es erst recht. Es tut weh, aber es geht vorbei.«

Am Abend des 30. August war es so weit. Es war ein herrlicher Spätsommertag mit viel Sonne gewesen, doch Caroline hatte schon ab dem Mittag eine merkwürdige Unruhe erfasst. Als der Tag sich dem Ende neigte, setzte sie sich mit einer Handarbeit ins Wohnzimmer. Plötzlich wurde es warm und feucht zwischen ihren Beinen. Das musste die geplatzte Fruchtblase sein – ihre Mutter hatte ihr erzählt, dass sich auf diese Weise die Geburt ankündigte. Caroline legte den Strickstrumpf neben sich und atmete tief durch. Es ist alles in Ordnung, bleib ruhig und lass dir Zeit, sagte sie sich.

Als Caspar kurz darauf nach ihr sah, bat sie ihn lächelnd: »Caspar, hol die Hebamme. Und bei Anni kannst du auch anklopfen, die weiß dann schon Bescheid.«

Caspar schnappte nach Luft. Natürlich hatten sie darüber gesprochen, was zu tun wäre, wenn die Wehen einsetzten. Aber dass der Fall nun tatsächlich eintrat, schien ihn im ersten Augenblick zu überfordern.

Caroline musste lachen, weil ihr großer, starker Mann so hilflos wirkte. Doch in diesem Moment kam die erste kräftigere Wehe, und sie wimmerte auf. »Nun geh schon!«

Caspar rannte los. Ihm wäre es am liebsten gewesen, wenn sein Freund, der erfahrene Gynäkologe Dr. Carl Gustav Carus, anwesend gewesen wäre. Doch der weilte ausgerechnet jetzt auf Rügen und konnte Caroline nicht behilflich sein. Sie vertraute jedoch der Hebamme Ottilie Uhlig, die in vielen Jahren etlichen Kindern auf die Welt geholfen hatte.

Wie lange dauerte das denn noch? Die Wehen wurden rasch stärker und kamen nun in immer kürzeren Abständen. Und die Uhlig war noch immer nicht da!

Caroline schrie bei der nächsten Wehe schmerzerfüllt auf. Immerhin war Anni bei ihr und hielt ihre Hand. Waren da nicht Geräusche im Treppenhaus? Das mussten Caspar und die Hebamme sein. Kaum hatte Caroline den Gedanken zu Ende gedacht, durchfuhr sie eine erneute Schmerzwelle. Im selben Augenblick wurde die Tür zum Wohnzimmer aufgestoßen.

Die Hebamme erfasste die Situation sofort und scheuchte den beim Anblick seiner Frau zutiefst erschrockenen Caspar aus dem Raum. »Wir brauchen hier keine Männer, wir brauchen mehr Platz!«, erklärte sie forsch. Nach einer kurzen Untersuchung führte sie Caroline ins Schlafzimmer, während Anni in der Küche den Wasserkessel auf den Ofen setzen sollte.

Caspar streckte seinen Kopf herein, doch die Hebamme sprang schnell zur Schlafzimmertür und zog sie zu. Ein paar Minuten später kam Anni mit dem georderten heißen Wasser und einigen frischen Leinentüchern.

Zum Glück ging alles gut und schneller als gedacht. Schon um halb zehn desselben Abends vernahm Caspar nebenan leises Kindergeschrei gefolgt von mehrmaligem Niesen. Das sicher nicht von Caroline stammte.

Langsam wagte er sich aus seinem Atelier heraus und öffnete die Schlafzimmertür. Caroline entdeckte ihn und lächelte ihn beglückt an. Sie war erschöpft, lag mit verschwitztem Haarschopf auf den weißen Kissen in ihrem Bett und hielt das Neugeborene im Arm.

»Caspar«, brachte sie mühsam heraus und hielt ihm mit glänzenden Augen das Kind entgegen. »Komm her! Das ist deine Tochter Emma Johanna.«

Caroline sah gerührt, wie er ihre Tochter zärtlich auf den Arm nahm und ihm die Augen feucht wurden. Nun waren sie eine richtige Familie.

Caspar war selig über den Familienzuwachs. Er teilte die frohe Botschaft in einem ausführlichen Brief stolz seinen Verwandten in Greifswald mit, denn sein ältester Bruder Adolf sollte einer der Paten werden. Caspar berichtete allen von der raschen, unkomplizierten Geburt und seiner tapferen Frau. Und davon, was für ein stattliches Kind ihre Emma war. Denn als die Hebamme dem Säugling die ihm zugedachte Haube aufsetzen wollte, war diese zu klein gewesen. Da musste flugs eine größere hergeschafft werden. Auch berichtete der verzauberte Vater, dass das kleine

Wesen kurz nach seiner Geburt so oft geniest hatte, zwölf Mal!

Durch Emmas Geburt änderte sich ihr Dasein, denn jetzt war viel mehr Leben im Haus. Caspar nahm das mit gemischten Gefühlen auf. Einerseits war der stolze Vater sehr angetan von seiner vitalen Tochter, andererseits fühlte er sich durch ihr häufiges Geschrei bei seiner Arbeit gestört. Er kam nun öfter aus seinem Atelier in die Stube gelaufen und klagte: »Bei solch einem Lärm kann ich mich nicht konzentrieren!«

»Ein Säugling schreit nun mal ab und zu, das ist nicht zu ändern!«, sagte Caroline resolut. Doch nahm sie auch Rücksicht und legte Emma hin und wieder in den Wagen, um sie in der Wohnung herumzuschieben. Das half meistens – Vater und Tochter beruhigten sich. Manchmal erklärte sich auch ein Nachbarsjunge dazu bereit, Emma durch die Gasse zu fahren, und als Caroline sich wieder gut fühlte, lustwandelte sie vergnügt mit dem Kind im Sonnenschein. Caspar schrieb das erfreut seinem Bruder Christian nach Greifswald.

Wenn Emma satt, gewickelt und zufrieden in ihrem Körbchen lag, präsentierte der Vater den Nachwuchs auch gerne seinen Atelierbesuchern. Wenn sie anfing zu schreien, schob er den Wagen lieber schnell zu Caroline.

Sein Blick blieb dennoch oft über dem Körbchen hängen, und es wärmte ihm das Herz, wenn die kleine Emma ihm freudig die Ärmchen aus dem Kinderbettchen entgegenstreckte und ihn aus ihren großen Augen ansah. Bald schon reagierte sie mit glucksenden Freudenlauten, wenn er nach seinen ausgedehnten Frühwanderungen zurückkehrte und sie seine Schritte auf der Treppe hörte.

Caspar war ein guter Vater, der den Verwandten regelmäßig in seinen Briefen von Emmas Fortschritten erzählte.

Wiederholt schwärmte er von seiner Emma als »lebhaftem, munterem Ding«, sie erfuhren von Emmas erstem Zahn, vom zweiten, auch von den ersten Worten und davon, dass sie im Juni 1820 allein sitzen konnte, sowie von den ersten Schritten.

Auch Caroline schrieb in ihren Briefen regelmäßig über das aufgeweckte Mädchen. Am 21. August 1820 berichtete sie ihrer Schwägerin Elisabeth, dass Emma besonders außer Rand und Band gerate, wenn sie Pferde zu Gesicht bekam. Dann lasse sie sich kaum noch auf dem Arm halten. Ende Dezember 1820 verkündete Caroline in ihrem Brief an ihre Schwager Heinrich und Christian, dass »die kleine Emma bald allein laufen wird, sie geht allein um Tisch und Stühle herum, und kommt mir so in die Küche nach, hat nun 6 Zähne und ist immer sehr gesund. Will sie in den Vater seine Stube, pocht sie an der Thür an …«

Trauer um einen guten Freund

Etwa ein halbes Jahr nach Emmas Geburt, Ende März 1820, erhielt Caspar eine schreckliche Nachricht, die mit einem traurigen Abschied verbunden war und den Künstler ziemlich aus der Bahn warf.

Caroline war in der Küche, als sie hörte, wie Caspar nach einem seiner ausgiebigen einsamen Morgenspaziergänge eilig die Treppe heraufkam. Anders als sonst begrüßte er jedoch weder sie noch Emma, sondern rauschte in sein Atelier und warf heftig die Tür zu. Sie wechselte einen erschrockenen Blick mit Anni, ging zum Atelier und klopfte vorsichtig an.

»Caspar, mach auf, was ist los?«

Erst tat sich nichts, doch dann öffnete Caspar langsam die Tür und trat heraus. Er war sehr blass. »Lass uns in die Stube gehen, Line.« Seine Stimme klang ungewöhnlich rau.

Caroline fragte sich besorgt, was ihn so erregt haben könnte. Er zog die Ateliertür hinter sich zu, leise dieses Mal, und bewegte sich so vorsichtig, als wollte er noch etwas Zeit schinden, ehe er sie mit seiner Nachricht konfrontierte.

Caroline folgte ihm ins Wohnzimmer und ließ sich mit bangem Herzen auf dem Sofa nieder. Ihr Mann blieb stehen, und sie sah ihm an, dass er nichts Gutes zu berichten hatte.

»Unser Freund Gerhard von Kügelgen ist tot!«, platzte Caspar ohne weitere Umstände heraus, ließ sich nun schwerfällig neben ihr aufs Polster sinken und verbarg bekümmert sein Gesicht in den Händen.

Caroline starrte ihren Mann entsetzt an. »Was ... Wieso denn ...«, stotterte sie hilflos. »War es das Herz?«

Es war ein offenes Geheimnis, dass der sinnenfrohe gebürtige Rheinländer von Kügelgen kein Kostverächter war. Der Arzt hatte ihn gewarnt, dass er der Gesundheit wegen weniger Fettes essen und nicht so viel Alkohol trinken sollte.

Caspar schüttelte verneinend den Kopf. Düster berichtete er: »Stell dir vor, er starb keines natürlichen Todes. Man hat ihn umgebracht! Ein Raubmörder war's. Ist das zu fassen?«

Im letzten Herbst hatte Caspars Malerfreund Gerhard von Kügelgen in Loschwitz, etwa eine Stunde von der Stadt entfernt, ein Weinberghaus als »Sommerpläsir« gekauft.

Kügelgen war nicht nur als Maler angesehen, sondern auch gut im Geschäft, zudem seit einiger Zeit ein gut bezahlter Professor an der Dresdner Akademie, der sich so was leisten konnte.

Er hatte Caspar das 40 Magdeburger Morgen große Anwesen bereits einmal vorgestellt. Caspar, der von solch einem Besitz nur träumen konnte, neidete dem Freund das neue »goldene Haus« auf dem Weinberg nicht, sondern freute sich über dessen Begeisterung. Kügelgen hatte große Pläne für die Zukunft. Er wollte dort roten Wein und im dazugehörigen Garten viel Obst ernten. Zur Ergötzung sollte ein Brunnen im Innenhof des Anwesens angelegt werden. Von dessen Fenstern hatte man einen schönen Blick auf das jenseitige Elbufer sowie in Richtung der böhmischen Landschaft mit ihren Bergen. Auf diesem idyllischen Landsitz sollte Kügelgens kranke Frau Helene wieder gesunden, zudem erhoffte der Künstler sich neue Inspiration für seine Bilder. Er hatte Caspar eingeladen, ihn dort zum Malen zu besuchen, sobald die Umbauarbeiten abgeschlossen wären.

Im Frühjahr war mit der Renovierung begonnen worden. Um bei den Handwerkern nach dem Rechten zu sehen, lief Kügelgen jeden Morgen von der Dresdner Neustadt aus dorthin und abends wieder zurück. Am 27. März war er jedoch nicht nach Hause zurückgekehrt, worüber sich seine Frau Helene Sorgen gemacht hatte. Der 17-jährige Sohn Wilhelm hatte daraufhin vergeblich nach dem Vater gesucht, und die Familie hatte am folgenden Tag die Polizei informiert. Die Gendarmen hatten Spürhunde eingesetzt und schließlich auf halbem Wege seine Leiche gefunden. Der arme Mann hatte entkleidet in einer Ackerfurche gelegen und war durch Hieb- und Stichwunden entsetzlich zugerichtet worden. Sein linkes

Auge, der linke Unterkiefer und das linke Schläfenbein waren zerschmettert. Für alle ein großer Schock! Später konnte als Mörder der Soldat Johann Gottfried Kaltofen ermittelt werden, dem ein weiteres Tötungsdelikt aus Habgier nachgewiesen wurde. Am 11. Juni 1821 wurde er in Dresden durch das Schwert hingerichtet.

Der gewaltsame Tod Kügelgens traf Caspar hart. Er war einer seiner besten Freunde in Dresden gewesen und hatte zeitlebens viele Maler, Dichter und Musiker um sich geschart. Sein Haus galt seit Jahren in Dresden als bedeutender Treffpunkt vieler Persönlichkeiten, besonders der Künstler, die wie Caspar eine subjektive Geisteshaltung in ihrer Kunst vertraten.

Kügelgen selbst hatte hervorragende Historienbilder und Porträts geschaffen, Letztere waren meist Auftragsarbeiten gewesen. Einmal hatte er aber aus eigenem Interesse Caspar porträtiert. Vornehmlich jedoch war dem Katholiken Kügelgen die religiöse Malerei am Herzen gelegen, für ihn ein unerschöpfliches Thema, das Caspar als Protestant mit ihm teilte. Kügelgen war ihm immer ein wichtiger Ansprechpartner gewesen und hatte ihm viele Kunstinteressenten und Bilderkäufer geschickt.

Die beiden gegensätzlichen Freunde, der eine ein spröder Norddeutscher, der andere ein munterer Rheinländer, hatte eine lange gemeinsame Zeit nicht nur als Künstler verbunden. Wie oft hatte Caspar das Wohnhaus der Kügelgens besucht, das den Namen »Gottessegen« trug. Seit ihrer Hochzeit hatte Caspar Caroline oft mitgenommen, und auch sie schätzte die Familie.

Der Tod des Freundes war deshalb auch für sie kaum zu fassen. Was er erst für Caspar bedeuten mochte? Er kannte die Familie schon so lange, hatte Kügelgens Kinder aufwachsen sehen und mit ihnen gespielt und achtete auch Helene sehr. Und nun sollte dieser großherzigen Familie solch ein Leid zugestoßen sein? Der unerwartete Verlust und die sinnlose Grausamkeit trafen sie alle schwer.

Nachdem Caspar seiner Frau stockend vom Tod des Freundes berichtet hatte, zog er sich in sein Atelier zurück und öffnete die Tür trotz ihres Klopfens nicht mehr. Nicht einmal zum Essen kam er heraus, und auch ihr selbst mochte die Suppe heute nicht schmecken.

Am Nachmittag hörte sie ihn im Flur. Doch bevor sie bei ihm war, verschwand er ohne ein Wort nach draußen. Wohin ging er? Noch nie hatte Caspar sie ohne Abschiedsgruß verlassen. Caroline sah aus dem Fenster, konnte ihn aber nirgendwo mehr entdecken.

Als Caspar am späten Abend noch immer nicht zurückgekehrt war, machte sie sich große Sorgen. Sie hatte lange vergeblich mit dem Essen auf ihn gewartet. Sie hatte Emma ins Bett gelegt und ihr ein Schlaflied gesungen, bis sie eingeschlummert war. Seither lief Caroline unruhig durch die Wohnung und schaute immer wieder nach draußen. So musste es Helene Kügelgen ergangen sein. Caroline wurde starr vor Angst. Wo war ihr Mann?

Als sie es nicht mehr aushielt, stieg sie die Treppe hinunter und ging vor dem Haus an der Straße entlang. Bald bibberte sie in der Kälte, doch hatte sie keine Ruhe und musste ständig daran denken, was ihrem Freund Kügelgen geschehen war. Hier draußen streunte ein Mörder umher, dachte sie und malte sich die schlimmsten Szenarien aus. Was, wenn Caspar ihm in die Arme gelaufen war?

Endlich! In weiter Ferne entdeckte sie die hochgewachsene Gestalt Caspars. Erleichtert rannte sie auf ihn zu.
»Was machst du zu dieser Zeit hier draußen?« Caspar sah sie vorwurfsvoll an. »Warum bist du nicht oben bei Emma?«
Caroline umarmte ihn und stieß schluchzend hervor: »Bin ich froh, dass du wieder da bist! Wo warst du nur?« Sie drückte ihr tränennasses Gesicht an seinen Mantel.
»Was soll das, Caroline? Ich gehe oft spazieren. Auch am Abend. Das weißt du doch.«
»Aber nie so lange! Und nie, ohne mir vorher Bescheid zu geben.«
Caspar antwortete müde: »Es hat mir keine Ruhe gelassen, was unserem Freund geschehen ist. Ich bin den ganzen Weg abgelaufen, den er immer zu seinem Sommerhaus genommen hat.«
»Bis nach Loschwitz?« Caroline sah ihn ungläubig an.
Caspars Wangen waren blass, die Augen ein wenig gerötet. Er nickte und schwieg.
»Und wenn dir auch etwas passiert wäre? Was hätte ich dann machen sollen? Und unsere Emma?«
Caspar zuckte die Achseln. »Ich pass schon gut auf mich auf.«
Caroline zog ihn am Arm. »Komm hoch, ich mach dir einen Grog. Du bist ja ganz kalt.«
Er zeigte sein schiefes Lächeln. »Mach gleich zwei Gläser und spare nicht mit dem Rum. Du kommst mir auch ziemlich durchgefroren vor.«

Am nächsten Morgen gingen sie gemeinsam zu Fuß in die Neustadt zum Haus »Gottessegen«, um der Familie Kügelgen zu kondolieren. Emma hatten sie bei Anni in der Nachbarwohnung gelassen.

Vorsichtig tastete Caroline unterwegs nach Caspars Hand, die er bis zur Haustür der Kügelgens festhielt.

Helene öffnete ihnen bleich und verweint, an ihrer Seite der 13-jährige Gerhard und die elfjährige Adelheid. Caroline und Caspar fanden keine Worte und nahmen sie deshalb in den Arm. Kügelgens ältester Sohn Wilhelm kam hinzu. Der 17-Jährige schien von einem Tag auf den anderen erwachsen geworden zu sein. Stumm drückten sie ihm die Hand.

Am Abend des 30. März trugen die Familie, Freunde, Kollegen, Studenten und Staatsvertreter Gerhard von Kügelgen mit einem langen Fackelzug zu Grabe. Er wurde auf dem Katholischen Friedhof in Dresden beigesetzt. Auf offizielle Anordnung ging der Trauerzug auch am königlichen Schloss vorbei und durch die Altstadt. So viele Mittrauernde! Es waren um die 10.000 Menschen zur Beerdigung gekommen. Und dabei waren das längst nicht alle seiner Bekannten und Verehrer, denn viele hatte die Nachricht zu spät erreicht.

Die Begegnung mit Caroline Bardua

Zu ihnen gehörte auch Caroline Bardua, die Malerin aus dem Harz. Sie kam ein paar Tage nach der Beisetzung in Dresden an, denn nichtsdestotrotz wollte sie ihrem Lehrer die letzte Ehre erweisen, sein frisches Grab besuchen und der Familie ihr Beileid aussprechen, bei der sie ein paar Jahre zu Gast gewesen war.

Aufgrund ihrer guten Bekanntschaft mit Caspar klopfte sie daher auch bei ihm an die Tür, ohne sich vorher anzukündigen.

Caroline öffnete.

»Mein Name ist Caroline Bardua«, stellte sich die schmale, dunkelhaarige Frau in eleganter Garderobe mit sanfter Stimme vor und reichte Caroline die Hand. »Bin ich hier richtig bei Caspar David Friedrich?«

Caroline war nicht wenig erstaunt, als die Künstlerin so unerwartet vor ihr stand, und sie erstarrte. Das ist sie also, dachte sie. Vor Überraschung bekam sie kein Wort heraus, sondern nickte nur.

»Ich bin aufgrund des Todes von Gerhard von Kügelgen nach Dresden gekommen«, erklärte die Bardua. »Ich habe vor vielen Jahren bei seiner Familie gewohnt, denn er war mein Lehrer.« Sie stockte. »Ich weiß nicht, ob Caspar Ihnen von mir erzählt hat?«

Und ob, dachte Caroline missmutig. Sie nennt ihn sogar beim Vornamen, sagt nicht einfach »Friedrich« wie die meisten Bekannten. Carolines Augen blitzten. Scheinbar gleichmütig antwortete sie: »Ja, natürlich hat er von Ihnen erzählt. Mein Mann arbeitet gerade an einem Bild, da sollte man ihn nicht stören.« Caroline war selbst erstaunt, wie schnell ihr diese unhöflichen, abfertigenden Worte herausgerutscht waren.

Die Bardua zog indigniert ihre Augenbrauen hoch.

Einen Moment lang herrschte eine ungute Stille. Just in diesem Augenblick ging die Ateliertür auf und Caspar kam heraus. Als er erkannte, mit wem Caroline an der Wohnungstür stand, eilte er freudig auf sie zu.

»Was für eine Überraschung! Wertes Fräulein Bardua, kommen Sie doch herein. Ich freue mich sehr über Ihren Besuch. Meine Frau haben Sie schon kennengelernt?«

Die Bardua maß Caroline mit einem Blick, der ihr triumphierend vorkam. »Ja, wir hatten gerade das Vergnügen. Was haben Sie für eine entzückende junge Frau!«

In Carolines Ohren klang das ziemlich ironisch.

Caspar bemerkte den Unterton nicht, sondern nickte zustimmend. Er bat die Bardua in die Wohnung.

Caroline hätte ihr die Tür am liebsten wieder vor der Nase zugeknallt.

»Und eine kleine Tochter habe ich auch.« Caspar wirkte plötzlich gar nicht mehr so still und deprimiert wie in den letzten Tagen, sondern schien darauf zu brennen, mit der Bardua zu plaudern und ihr sein Kind vorzustellen. Er bot ihr höflich seinen Arm und führte sie auf der Suche nach Emma durch die Wohnung.

Wenn er vorhin mit mir geredet hätte, wüsste er, dass meine Mutter sie auf der Gasse spazieren fährt, dachte Caroline bitter. »Emma ist nicht da. Sie ist mit meiner Mutter unterwegs«, klärte sie ihn auf.

»Ach so, ja dann …« Caspar überlegte kurz. »Dann gehen wir doch in mein Atelier. Ich zeige Ihnen meine neuen Bilder. Und meine Pläne für …«, er senkte betreten die Stimme, »für ein Gemälde vom Grab unseres verstorbenen Freundes.«

Die Bardua sagte bekümmert: »Es ist so furchtbar, was da geschehen ist! Ich bin noch ganz bestürzt. Solch eine grausame Tat! Die arme Helene und ihre Kinder.« Sie wirkte, als würde sie gleich in Tränen ausbrechen.

Caspar drückte ihren Arm. Dann wandte er sich an Caroline. »Koch uns Kaffee! Und bring ihn ins Atelier.«

Gekränkt beobachtete Caroline, wie Caspar, der so lange kaum mit ihr gesprochen hatte, recht redselig mit dieser Frau in seinem kleinen Atelier verschwand. Keine Spur mehr von seinem einsilbigen Verhalten, das er ihr gegenüber in den letzten Tagen gezeigt hatte. Und seine Ehefrau ließ er einfach stehen und behandelte sie wie ein Dienstmädchen, das zum Kaffeekochen gut war. Was für ein Verhalten ihr gegenüber! Am liebsten hätte sie seine Aufforderung ignoriert. Letztlich siegte aber ihre Vernunft. Die Bardua konnte nichts dafür, wie Caspar war. Außerdem hatte sie einen langen Weg aus Berlin hinter sich und trauerte wie sie alle.

Also eilte Caroline in die Küche und mahlte die Kaffeebohnen. Danach deckte sie in der Stube mit besonderer Sorgfalt den Tisch. Sogar das gute Porzellangeschirr nahm sie aus dem Schrank. Die Bardua sollte nur nicht denken, sie sei hier bei armen Leuten und die Malerfamilie Friedrich wisse nicht, was sich gehörte.

Als der Kaffee fertig war, klopfte Caroline zaghaft an die Ateliertür, wartete jedoch nicht ab, sondern öffnete sie. Ein Fehler, denn nun sah sie, wie Caspar vertraulich den Arm um die Bardua gelegt hatte, während er mit ihr vor der Staffelei stand und ihr seine neue Bildidee erklärte.

Als er Caroline bemerkte, nahm er den Arm schnell weg und wirkte ertappt. Auch die Bardua wurde verlegen und trat einen großen Schritt zur Seite.

Caroline schluckte einen Kommentar hinunter. »Der Kaffee ist bereit«, sagte sie stattdessen. »Wir trinken ihn im Wohnzimmer, hier im Atelier ist dafür kein Platz.« Auffordernd, die Hände in die Hüften gestützt, blieb sie im Türrahmen stehen.

Caspar sah Caroline streng an. »Geh schon mal vor, wir kommen gleich. Ich erkläre meiner Kollegin noch ein Bild.« Das Wort »Kollegin« betonte er besonders deutlich.

Seine abweisenden Worte waren wie eine Ohrfeige für Caroline. Wie konnte er sie nur so kalt vor dieser Frau zurechtweisen?

Doch die Bardua schien Caroline zu verstehen. Um die Situation zu entschärfen, sagte sie: »Ich freue mich sehr auf eine Tasse Kaffee. Wir können auch in der Stube weiterreden.« Sie kam auf Caroline zu. »Danke für Ihre Mühe! Ich wollte Ihnen wirklich keine Umstände bereiten.« Und an Caspar gewandt: »Wir wollen Ihre Frau nicht warten lassen!«

Caroline war beeindruckt. Plötzlich war die Bardua ihr viel sympathischer. Und sie war ja wirklich eine Kollegin von Caspar. Wenn er diese Frau so mochte, die ihm offensichtlich guttat, dann würde auch sie versuchen, sie zu mögen. Caroline gab sich einen Ruck. »Sie müssen sehr erschöpft von der Fahrt sein, da hilft Kaffee. Sie mögen hoffentlich starken Kaffee?« Augenzwinkernd fügte sie hinzu: »Bei mir gibt's nämlich keinen Bliemchenkaffee.«

Die Bardua lachte laut auf. »Oh, wie lange habe ich das Wort nicht gehört! Und wie habe ich diese wundervolle Sprache vermisst!«

Und mit einem Mal war es gar nicht mehr schwer für Caroline, diese Frau zu mögen. Sie war froh, dass die Bardua Caspar durch ihren Besuch aus seinem Schneckenhaus herausholte. Im Umgang mit der Malerin erlebte sie ihn aufgeräumt und liebenswürdig wie lange nicht. Und die Bardua war sensibel genug, um auch Caroline in die Gespräche mit einzubeziehen. Nachdem Caspar ausführlich von

Kügelgens brutalem Tod und von der großen Beisetzung erzählt hatte, weinte die Bardua haltlos in ihr Taschentuch. Da war es Caroline, die sie tröstend in den Arm nahm, während Caspar wie versteinert auf den Tisch starrte.

Caroline holte die Likörgläser aus dem Schrank. Sie brauchten jetzt etwas Stärkeres als Kaffee. Während Caspar wieder in sein Schweigen verfallen war, saßen die beiden Frauen mit geröteten Augen auf dem Sofa und sprachen über andere Themen. Die Bardua erkundigte sich nach ihrer Hochzeit, die auch sie verwundert zur Kenntnis genommen hatte, weil sie Caspar nur als einsamen Junggesellen kannte. Caroline erzählte daraufhin von ihrer Reise in Caspars Heimat in den Norden und von ihrem Kind, der kleinen Emma. Und jetzt begann auch Caspar wieder zu sprechen und gab einige Anekdoten zum Besten. Die Bardua wiederum wusste interessant von ihren Reisen ins Ausland und von ihrem jetzigen Wohnort Berlin zu berichten. Dort erlebte sie offenbar gerade den Höhepunkt ihrer Laufbahn und bekam viele renommierte Porträtaufträge.

Caspar nickte zufrieden, denn er war damals schon, in der Dresdener Zeit der Malerin, von ihrem Talent überzeugt gewesen. Caroline verspürte zwar noch einmal einen Stich, als sie sah, wie diese Künstlerin ihren Mann beeindruckte. Allerdings versuchte sie tapfer, ihre aufkeimende Eifersucht zurückzudrängen.

»Und Sie malen nicht?«, fragte die Bardua.

Caroline verneinte und bedauerte das zum ersten Mal, weil sie sich dadurch ausgeschlossen fühlte.

Ein neues Heim

Der Besuch hatte Caspar zwar kurz aufgemuntert, dennoch verfiel er danach wieder in Schweigsamkeit. Er zog sich in sich zurück, nicht einmal die fröhliche Emma konnte ihn aufheitern.

Für Caroline war es schwer zu ertragen, wie ihr Mann litt und dass er sich nicht von ihr trösten lassen wollte. Hatte ihn der Tod seines Freundes in eine tiefe Depression gestürzt?

»Rede doch mit mir!«, bat sie ihn inständig, als er wieder einmal schweigend am Esstisch saß und appetitlos in der Suppe rührte.

Stumm starrte Caspar vor sich hin und hob bei ihren Worten nur müde den Blick. Er sah Caroline zwar an, aber dennoch durch sie hindurch und sagte weiterhin nichts. Das zerriss ihr fast das Herz.

»Ich muss arbeiten«, brachte er nach weiteren stillen Minuten hervor, schob den fast unberührten Teller von sich und stand auf. Er strich Emma kurz übers Haar und schleppte sich zurück in sein Atelier.

Caroline fühlte sich Caspars Schwermut gegenüber völlig hilflos. Sie versuchte, möglichst viel an seiner Seite zu sein und ihm zu signalisieren, dass sie für ihn da war. Oder ihn mit Gesprächen abzulenken. So befragte sie ihn wieder öfter nach Greifswald, denn normalerweise lebte Caspar auf, wenn er von seiner Familie sprach. Ob ihm eine Reise zu den Verwandten helfen würde? Sie machte ihm den Vorschlag, zu seinen Brüdern in den Norden zu fahren und ihnen Emma vorzustellen.

»Nach Pommern kommen wir gewiss nie wieder«, lautete seine düstere Antwort.

Caroline verstand ihn nicht und fing bitterlich an zu weinen. »Warum sagst du so etwas Schreckliches?«, schluchzte sie.

Caspar drückte ihren Arm, vermutlich taten ihm seine Worte leid. Aber letztlich sollten sie sich bewahrheiten.

An jenem Abend öffnete er ihr endlich sein Herz. Sie lagen im Bett und es war schon spät, als Caspar ihr leise zuraunte: »Ich habe so viele geliebte Menschen an den Tod verloren …«

Caroline versuchte, im Dunkeln sein Gesicht zu sehen. Vorsichtig legte sie ihre Hand an seine Wange. »Aber ich bin hier«, flüsterte sie ihm zu, »und Emma auch. Wir sind bei dir!«

Er seufzte tief, rückte näher und umarmte sie dankbar.

Danach wurde Caspars Stimmung langsam besser. Und bald darauf lenkte ein anderes Ereignis ihn von seinem Kummer ab: Im Herbst würde die Familie umziehen. In ihrem jetzigen Zuhause war zu wenig Platz für drei Personen, was ihnen schon nach der Hochzeit klar gewesen war. Daher hatte er sich aufgerafft und Ausschau nach einer geeigneten neuen Bleibe gehalten. Leider lange ohne Erfolg, denn beide hatten bestimmte Vorstellungen bezüglich der Lage und Größe einer neuen Wohnung. Auch der Mietzins musste bezahlbar sein. Nun endlich war Caspar fündig geworden!

Die Wohnung lag ganz in ihrer Nähe und war neu, eigentlich noch gar nicht fertig, erst im Herbst sollte sie bezugsreif sein. Caspar beabsichtigte, die komplette Etage im ersten Stock des Neubaus direkt an der Elbe zu beziehen. Diese

Zukunftsaussichten gaben ihm ein wenig Auftrieb, nach längerer Zeit war er endlich positiv gestimmt.

»Stell dir vor, unsere neue Adresse wird wieder ›An der Elbe‹ lauten, diesmal ›An der Elbe 33‹. Wie findest du das, Line?« Gut gelaunt hatte er die Arme ausgebreitet, als er ihr die Neuigkeit erzählt hatte. »Es ist ein stattliches Haus mit mehreren Etagen und einer breiten Toreinfahrt zu den Hintergebäuden. Es ist alles viel moderner und größer als hier, wir werden viel Platz für uns haben!«

Caroline hatte sich erfreut in seine offenen Arme geschmiegt und überrascht aufgejuchzt. »Wie schön, wir werden weiterhin am Wasser wohnen, dazu mehr Zimmer haben und alles ist ganz neu«, hatte sie gemurmelt.

»Mein Atelier wird wieder einen Ausblick auf die Elbe haben.«

Für Caspar war sein Arbeitsraum das Wichtigste, das wusste Caroline nach zwei Jahren Ehe. Ob sie genügend Platz für Stühle und Betten oder ob sie eine Speisekammer hatten, war zweitrangig für ihn. Aber egal, endlich eine größere Wohnung!

Nach der ersten Freude waren ihr Bedenken gekommen. »Können wir uns eine so große Wohnung überhaupt leisten?«, hatte sie Caspar gefragt.

»Es sind acht Thaler mehr, die wir bezahlen müssen. Ich denke, das ist machbar, und ich hoffe, dass es weiterhin zahlreiche Käufer für meine Bilder gibt. Auch gebe ich ja jetzt Privatunterricht. Außerdem hoffe ich noch immer auf die Professorenstelle.« Ungewöhnlich zuversichtlich hatte er hinzugefügt: »Gott, der bis jetzt für uns gesorgt hat, wird auch künftig helfen.«

Wirtschaftlich lief es momentan tatsächlich ganz gut. Caspar stellte seine Werke nicht nur in Dresden aus, sondern schickte sie auch nach Hamburg, Königsberg und Prag. Es gab wohlwollende Kritiken und einige lukrative Verkäufe. Sogar die Adelshöfe von Sachsen, Weimar und Preußen kauften Bilder von ihm an.

Dazu hatte Caspar durch den russischen Dichter Wassili Schukowski, der seine Bilder »Der Mönch am Meer« und »Abtei im Eichwald« in der Königlichen Kunstsammlung in Berlin bewundert hatte, vor Kurzem Kontakt zum russischen Hof bekommen. Es war eine besondere Ehre für Caspar gewesen, als Schukowski ihn mit dem Großfürsten Nikolai Pawlowitsch, dem späteren Zaren Nikolaus I., und seiner Gemahlin Alexandra Fjodorowna, einer geborenen Prinzessin aus dem Hause Preußen, in seinem Atelier besucht hatte. Die hohen Gäste hatten die Gemälde »Auf dem Segler« sowie »Die Schwestern auf dem Söller am Hafen« erworben. Caroline war zwar traurig, dass Caspar ausgerechnet ihr Lieblingsbild verkauft hatte, das für sie viel mehr für ihre Hochzeit stand als das andere mit den Kreidefelsen. Allerdings machte sie es auch stolz, dass es nun im fernen Russland bewundert werden konnte.

Der Dichter Schukowski war voll des Lobes für ihren Mann. Er nannte ihn seinen »geistigen Bruder« und einen »Malerpoeten«, weil Caspar in seinen Augen lyrische Stimmungslandschaften kreierte und darüber hinaus »mit Farbe zu dichten vermochte«. Als Schukowski das noch unvollendete Bild »Mondaufgang über dem Meer« gesehen hatte, war er davon so begeistert gewesen, dass er es nach der Fertigstellung ebenfalls für die Sammlung der Zarenfamilie erworben hatte.

Caspar fühlte sich mit seinem künstlerischen Werk geschätzt und schrieb das voller Stolz seinen Brüdern. Sie hatten ihn früher, wie Caroline von ihrer Schwägerin Wilhelmine gehört hatte, manches Mal finanziell unterstützt und waren als Handwerker und Kaufleute lange Zeit skeptisch gegenüber der »brodtlosen Kunst« eingestellt gewesen. Endlich konnte er optimistisch in die Zukunft blicken und seiner Familie ein besseres Zuhause bieten, doch fürchtete er schon jetzt die Umstände, die ein solcher Umzug mit sich bringen würde.

Im Oktober 1820 war es so weit. Das Ein- und Auspacken von Hausrat und Möbeln hinderte Caspar einige Zeit daran, an seinen Bildern zu arbeiten, und das machte ihn gereizt. Auch war er mit all der Organisation restlos überfordert. Caroline dagegen war glücklich und voll in ihrem Element. Sie kümmerte sich allein um das meiste, und mit feurig roten Backen scheuchte sie die jungen Kerle umher, die die Familie beim Umzug unterstützten. Der Pferdekarren bewegte sich den ganzen Tag zwischen den beiden Wohnungen hin und her, bis der gesamte Besitz der Friedrichs am neuen Ort angelangt war.

Die neue Wohnung in dem mehrstöckigen Haus war, auch wenn sie ebenso aus Wohn- und Schlafzimmer, Küche, Kammer und Atelier bestand, viel geräumiger als ihr altes Heim. Zu Carolines Freude gehörte zur Küche eine große Speisekammer, die sie gleich für sich beanspruchte.

»Diesmal kommen Lebensmittel in diesen Raum, nicht wieder deine Farben, Leinwände und Pinsel«, forderte sie entschlossen und war erleichtert, als Caspar nickte.

»Einverstanden, Line. Etwas habe ich dir übrigens noch

nicht verraten: Zur Wohnung gehört unten ein kleines Stück Garten, das du bewirtschaften kannst. Stell dir nur vor: Wir haben bald eigenes Obst und Gemüse! Das ist gesund und viel billiger, als wenn wir alles kaufen müssen. Unsere Emma braucht viele Vitamine.«

»Nicht nur unsere Emma, wir beide auch, mein lieber Caspar. Und …«, bedeutungsvoll blickte sie ihn an, »unsere weiteren Kinder, denn Emma soll kein Einzelkind bleiben.«

Caroline war glücklich über die neue Wohnung. Das lag nicht nur an der Größe. Das neue Haus war mit dichten Fenstern und guten Öfen ausgestattet. Das würde sich im nahenden Winter bemerkbar machen, hatten sie in der alten Wohnung doch oft genug gefroren und unter Zugluft gelitten. Außerdem hegte sie die Hoffnung, neue Möbel anzuschaffen, denn jetzt gab es genügend Platz dafür.

»Die alten sind doch alle noch in Ordnung, Caroline. Und reichen völlig für uns«, befand Caspar – Widerspruch war zwecklos.

In die Wohnstube zimmerte er immerhin einen Pfeilertisch an die Wand, doch in der Raummitte wurde wieder der kleine Tisch aus Nussbaumholz mit den vier Stühlen aufgestellt. Eine große runde Tafel blieb weiterhin Carolines Traum.

Nach und nach konnte sie ihn aber doch von einigen Neuanschaffungen überzeugen. So wurde die Wohnstube mit einem Sekretär für Caspar, einer großen Standuhr, einem kunstvollen Spiegel an der Wand und ein paar bequemen Stühlen zum Sofa eingerichtet.

Besonders zufrieden war sie mit der guten Ausstattung der Küche. Neben dem einfachen Tisch, an dem sie arbeitete und die Familie alltags ihr Essen einnahm, stand nun eine rustikale Küchenbank. Zur Aufbewahrung der Küchenutensilien gab es jetzt einen geräumigen Schrank, dazu an der Wand ein Topfbrett für das mittlerweile recht umfangreiche Geschirr, die je sechs flachen und tiefen Teller aus Porzellan und Steingut. Eine besondere Kostbarkeit waren die Löffel und die Suppenkelle aus Silber, die aus dem Besitz von Carolines Familie stammten. Licht in der Wohnung spendeten weiterhin ihre vier lackierten Leuchter – Öllampen, die schon in der alten Wohnung gehangen hatten.

Vor den Augen von Caspar und denen der staunenden Emma auf seinem Arm tanzte Caroline glücklich durch die Wohnung. Es war geschafft! So viel mehr Platz gab es hier, und alles roch so wunderbar neu!

Caspars Atelier blieb karg wie eh und je. Caroline hatte es aufgegeben, ihn darauf hinzuweisen und Vorschläge zur Einrichtung zu machen. Da konnte sie mit Engelszungen reden, ihr Mann blieb stur, was seinen Arbeitsraum betraf. Weiterhin standen darin nur die Staffelei, der Malertisch und das Stehpult. Caspar hatte sogar die alten Holzläden aus ihrer ehemaligen Wohnung mitgenommen, um sie an den Fenstern im neuen Atelier wieder anzubringen. Für seine Malutensilien nutzte er ein Kabuff im Flur, beschwerte sich aber ständig, dass dies viel zu klein sei. Caroline reagierte nicht darauf. Die Speisekammer würde sie ihm dafür nicht mehr zur Verfügung stellen!

Im November erreichte sie eine weitere traurige Nachricht: Margarethe, die Ehefrau von Caspars ältestem Bruder Adolf, war gestorben. Caspar verfiel wieder in seine traurige Stimmung, und auch Caroline konnte sich eine Weile lang über nichts freuen, denn sie hatte die Schwägerin bei ihrem Besuch sehr ins Herz geschlossen und konnte nicht glauben, dass es sie nicht mehr gab.

Die Weihnachtszeit half ihnen beiden aus der Trauer heraus. Großzügige Pakete erreichten die neue Wohnung. Diesmal kamen sie nicht nur von Caspars Angehörigen aus Greifswald. Carolines Verwandtschaft aus dem Erzgebirge schickte der Familie eine große Krippe mit geschnitzten Figuren.

Am Heiligen Abend baute Caspar sie im Wohnzimmer auf, wobei die kleine Emma neben ihm hockte und beim Zuschauen mehrfach begeistert in die Hände klatschte. Caroline, die in der Küche zu tun hatte, sah zwischendurch gerührt durch die Tür, um den geduldigen Vater mit seiner Tochter zu betrachten, und freute sich über das traute Gespann. Ihr war feierlich zumute, und in der Wohnung duftete es nach Bratäpfeln, die auf dem Kamin schmorten, nach »Brotbäben«, einer Leckerei aus Brotkrumen, Rosinen und Butter, und ganz traditionell nach Christstollen. Die versandten sie als Weihnachtsgeschenk nach Greifswald und Neubrandenburg. Gern hätte sie gesehen, wie die norddeutschen Verwandten sich die mit Puderzucker bestäubte Dresdner Delikatesse schmecken ließen.

Caroline hingegen schmeckte der Stollen in diesem Jahr überhaupt nicht. Sogar von ihrem geliebten Kaffee wurde ihr übel.

»Was ist los mit dir?«, wunderte sich Caspar. »Hast du dir den Magen verdorben? Bestimmt hast du heimlich genascht!« Scherzhaft mahnte er sie mit dem Finger.

Caroline schüttelte den Kopf und grinste ihn an.

Da ahnte Caspar, was los war. »Du bist doch nicht etwa ... Bekommen wir ...«, stotterte er.

Caroline nahm seine Hand. »Ja, Caspar, ich glaube, dass wir wieder ein Kind bekommen.«

Er umarmte sie und drückte sie fest. »Das ist mein schönstes Weihnachtsgeschenk!«

Es wurde ein schönes Weihnachten in der neuen Wohnung. Die Decke in der Stube schmückte eine kunstvolle Holzkrone mit Lichtern, die von der kleinen Tochter mit großen Augen bestaunt wurden. Gerade begann Emma zum Entzücken der Eltern ihre ersten Worte zu sprechen. Caspar versuchte, ihr ein paar Ausdrücke auf Platt beizubringen. Als das Mädchen ihn nachahmte, war das zu drollig, und die Eltern mussten herzlich lachen. Letztlich lernte Emma aber viel schneller das Sächsische von Mutter und Großmutter.

Eine große Freude machte Heinrich seinem Bruder, als er aus Greifswald einen grauen Pelzmantel als Geschenk schickte. Caspar trug ihn von da an nicht nur draußen, sondern als Hauspelz auch im Atelier.

»Der ist so schön warm und gemütlich«, verteidigte er sein neues Kleidungsstück gegenüber Caroline, die darüber wenig begeistert den Kopf schüttelte.

Dass Caspar ihn bei seinen stundenlangen Wanderungen in aller Frühe gerne anzog, konnte sie nachvollziehen. Denn ihr Mann ging selbst bei minus 20 Grad nach draußen und kam manchmal mit Eiszapfen im Bart zurück. Einmal waren ihm sogar die Wimpern zugefroren. Während er darüber gelacht hatte, war Caroline sehr erschrocken gewesen. »Setz dich an den warmen Ofen«, hatte sie streng angeordnet. »Was für ein Leichtsinn!«

In dieser Hinsicht war sie froh, dass Caspar nun dank Heinrich warm in einen dicken Pelz eingepackt war. So musste sie sich wenigstens nicht darüber sorgen, dass er erfror, wenn er mal wieder vergaß, rechtzeitig den Heimweg anzutreten. Aber im Haus brauchte er den Mantel doch nicht! Vor allem nicht, wenn Gäste kamen!

Heinrich hatte mit seinem Geschenk auch einen Besuch bei ihnen angekündigt, doch es wurde Sommer, bis er kam. Er reiste Ende Juni 1821 in die Elbestadt und blieb für drei Wochen. Er lernte seine kleine Nichte kennen und bewunderte die neue Wohnung sowie die schöne Stadt Dresden, die voller Geschäftigkeit war und sich mittlerweile von den Kriegszerstörungen erholt hatte. Caspar machte mit Heinrich Spaziergänge, besuchte mit ihm die Terrassen der Kaffeehäuser und die Gemäldegalerie mit ihren mehr als 1.500 Bildern. Über ihre Eindrücke dort diskutierten sie noch lange. Heinrich amüsierte sich zudem bei einer Gondelfahrt auf der Elbe. Auf der Brühlschen Terrasse erlebte er mit Caspar an einem Abend sogar ein Feuerwerk. Wie gerne wäre auch Caroline bei diesen Aktivitäten dabei gewesen, aber mittlerweile war sie hochschwanger und musste sich schonen.

Caspar war nicht dazu zu bewegen, mit Heinrich ins Theater oder in die Oper zu gehen. Da blieb er weiterhin stur, das war nichts für ihn. Stattdessen machten die Brüder noch Ausflüge in die Sächsische Schweiz, von denen besonders Heinrich erfüllt zurückkehrte. Bislang hatte auch Caspar solche Wanderungen genossen, doch diesmal zeigte er nur gedämpfte Freude.

Caspar wirkte in dieser Zeit sehr nachdenklich, als ahne er, dass bald düstere Zeiten auf ihn zukämen. Er wusste selbst nicht, was der Grund für seine schlechte Stimmung war, denn eigentlich genoss er die Wochen mit seinem Bruder sehr. Caroline fragte sich, ob er von Zukunftsängsten geplagt wurde, kurz vor der Geburt ihres zweiten Kindes. Denn auf die Professorenstelle wartete er immer noch. Und solange er diese nicht hatte, waren sie abhängig von seinen Bildverkäufen.

Allein mit dem Schmerz

Nach Heinrichs Besuch zog sich Caspar erneut sehr zurück. War es immer noch der tragische Verlust seines Freundes Kügelgen und seiner Schwägerin Margarethe, der Ehefrau seines ältesten Bruders Adolf, der Caspar so schwermütig werden ließ? Caroline musste weiterhin betrübt feststellen, dass ihr Mann sich sehr verändert hatte. Innerlich schien er weit von ihr entfernt zu sein, sprach kaum noch, schäkerte immer seltener mit ihr und war hauptsächlich mit sich selbst und seinen Gedanken beschäftigt. Offenbar interessierte ihn ihre zweite Schwangerschaft nicht besonders, was Caroline sehr bekümmerte. Er nahm sie kaum wahr, obwohl er sich an Weihnachten so darüber gefreut hatte.

Manchmal versuchte sie, eine Reaktion aus ihm hervorzulocken, indem sie zu ihm sagte, wie sehr sie sich auf das nächste Kind freute. Wenn überhaupt, rang er sich höchstens ein flüchtiges Lächeln ab.

»Was betrübt dich denn so?«, wollte sie wissen. »Ist es noch immer Kügelgens Tod?«

»Jaja«, antwortete er nur.

»Oder macht dir das Gemälde, das du zu seinem Gedenken anfertigst, solch Kopfzerbrechen?«

»Jaja.«

Caspar merkte nicht einmal, wie sehr er sie mit dieser gleichgültigen, abweisenden Reaktion verletzte. Dabei sehnte Caroline sich gerade jetzt so sehr nach seiner Zuwendung. Zwar hatte sie Verständnis für seine Trauer, aber sie war der Meinung, dass man an der Vergangenheit nichts mehr ändern konnte und sich stattdessen auf die Zukunft freuen sollte, besonders wenn sie in absehbarer Zeit ein Kind versprach. Sie schmollte in seiner Gegenwart, aber selbst das schien Caspar nicht weiter aufzufallen, oder er ignorierte es einfach.

Daher fühlte sich Caroline ziemlich unglücklich. Hinzu kam, dass es auch ihr nicht gut ging. Die zweite Schwangerschaft war von Anfang an bedeutend anstrengender als die erste. Vielleicht lag es auch daran, dass sie sich gleichzeitig um ein Kleinkind kümmern musste und nicht die Füße hochlegen konnte, wenn ihr danach war. Die lebhafte Emma machte gerade ihre ersten Schritte, und je unbeweglicher Caroline aufgrund der Schwangerschaft wurde, umso schwerer fiel es ihr, das vitale Kind zu bändigen. Gott sei Dank gab es Anni. Von Caspar war auch in dieser Hinsicht keine Hilfe zu erwarten, er merkte gar nichts davon. Und wenn sie doch einmal etwas zu ihm sagte, drangen ihre Worte nicht zu ihm durch. Auch dass ihr Bauch viel schneller wuchs als beim ersten Mal, bekam er nicht mit.

»Es werden doch nicht etwa Zwillinge?«, fragte Caroline die Hebamme, als die sie untersuchte und mit gefurchter Stirn an ihrem Bauch horchte.

Nach einer, wie ihr schien, endlosen Minute schüttelte die erfahrene Frau den Kopf. »Ich kann nur einen Herzschlag hören, und der ist sehr kräftig.«

»Wird es diesmal vielleicht ein Junge?«, fragte Caroline gespannt. Caspar wäre von einem Stammhalter sicherlich angetan. Eventuell könnte sie ihn mit einer solchen Nachricht aus seiner Lethargie reißen. Er hatte, anders als die meisten Männer, den Wunsch nach einem Sohn zwar nie ausdrücklich geäußert, sondern immer gesagt, dass er es so nehme, wie es komme. Über die Ankunft von Emma hatte er sich damals so gefreut, dass die Frage, ob er lieber einen Sohn gehabt hätte, sich gar nicht gestellt hatte. Und sein kleines Mädchen liebte der Vater wirklich sehr, das merkte Caroline jeden Tag. Ein Junge, so hoffte die werdende Mutter, wäre jedoch eine Neuigkeit. Schwangerschaft und Mädchen kannte er ja schon. Vielleicht würde das seine Vorfreude wecken – und damit auch seine Zärtlichkeit ihr gegenüber.

Doch die Hebamme konnte ihr zum Geschlecht des Kindes keine Auskunft geben.

Caroline haderte daher immer mehr mit ihrem beschwerlichen Zustand und wartete unruhig auf die Geburt.

Eines Tages saß Caroline in der Küche und ließ Anni das Mittagessen vorbereiten, weil sie sich so elend fühlte. Plötzlich durchfuhr sie ein heftiger Schmerz und sie stöhnte laut auf.

»Soll ich die Hebamme holen?«, fragte Anni erschrocken und brachte Caroline schnell ins Schlafzimmer.

»Noch zu früh«, presste Caroline zwischen den Zähnen hervor, denn schon wieder wurde sie von diesem scharfen Schmerz überrollt. Sind das Wehen, überlegte sie. Es fühlte sich so anders an als bei der Niederkunft von Emma. Nun gut, jede Geburt mag ihren eigenen Verlauf haben, versuchte sie sich zu beruhigen.

Als sie sich jedoch vor Schmerz krümmte und sich Flüssigkeit unter ihr ausbreitete, wartete Anni nicht länger. »Ich hole die Hebamme!«, sagte sie und lief aus der Schlafkammer.

Caroline hörte, wie Anni, bevor sie die Wohnung verließ, bei Caspar an die Ateliertür klopfte. Das Mädchen wusste doch, dass er nicht gern bei der Arbeit gestört wurde! Aber Anni ließ nicht nach, und kurz darauf wurde die Tür aufgerissen. Caroline vernahm erregtes Stimmengewirr, konnte sich jedoch nicht darauf konzentrieren, denn mit einem Mal war es, als würde es sie innerlich zerreißen. Ein Schmerzstrudel erfasste sie, in dem schließlich alles unterging.

Kurz darauf war die Hebamme da, und Caroline hörte Getuschel auf dem Flur, ob man besser den Arzt holen sollte. Doch viel mehr bekam sie wegen des unbändigen Schmerzes nicht mehr mit.

Irgendwann ließ dieser elende Druck nach und sie fiel in einen tiefen Schlaf mit wirren Träumen.

Als sie erwachte, lag sie allein im dunklen Schlafzimmer. Es war ruhig. Viel zu ruhig. Beunruhigend ruhig.

»Caspar?«, rief sie. »Anni?«

Kurz darauf öffnete sich die Tür. Nicht ihr Mann, sondern ihre Mutter kam herein, eilte zu ihr ans Bett und strich ihr übers Haar.

»Caroline, Liebes«, sagte sie sanft.

Caroline meinte, Mitleid herauszuhören. »Mama, was ist geschehen? Wo ist mein Kind?«, krächzte sie mit rauem Hals.

Die Mutter setzte sich zu ihr aufs Bett, sah Caroline aber nicht an. Sie knetete ihre Finger und suchte offenbar nach Worten.

In Caroline machte sich ein ungutes Gefühl breit. Nichtsdestotrotz fragte sie schnell: »Ist es ein Junge?«

Die Mutter räusperte sich. »Du musst jetzt stark sein. Es gab Komplikationen ...« Sie hob den Blick und schaute Caroline nun traurig in die Augen. »Das Kind hat leider nicht mehr gelebt, als es zur Welt kam.«

Caroline hörte die Worte ihrer Mutter, doch drangen sie nicht bis in ihren Verstand. Sie begriff nicht, was die Mutter gesagt hatte, und fühlte – nichts.

Die Mutter nahm sie fest in den Arm. »Aber dir geht es gut, das ist das Wichtigste!«

Erst jetzt, in den Armen ihrer Mutter, verstand Caroline. Ein unvorstellbares Entsetzen packte sie und sie begann zu wimmern. »Wo ist Caspar?«

»In seinem Atelier«, antwortete die Mutter erbittert. »Er malt. Wie immer.« Verständnislos schüttelte sie den Kopf.

In den folgenden Wochen kam Carolines Mutter wieder häufiger, um sich um ihre Tochter zu kümmern. Über Caspars gleichgültiges Verhalten seiner Frau und der Situation gegenüber war sie sehr erbost.

»Ich sage meinem Schwiegersohn jetzt endlich meine Meinung«, drohte sie nach ein paar Tagen.

»Er trauert auch, Mutter«, verteidigte Caroline ihren Mann. »Für sich.«

»Trotzdem könnte er sich um dich kümmern! Er muss doch sehen, dass es dir nicht gut geht!«

Stand es vorher schon schlecht um Caspars Stimmung, so war es jetzt noch viel schlimmer. Er sprach gar nicht mehr und arbeitete wie besessen an seinen Bildern, die jetzt noch düsterer wirkten als vorher. In seinem neuen Gemäldezyklus über die vier Tageszeiten mit den Werken »Der Morgen«, »Der Mittag«, »Der Nachmittag« und »Der Abend« dominierte eine diffuse Stimmung, die auch sein Gemüt überzogen hatte. Bei diesen Motiven der Natur war nie die Sonne zu sehen, dafür überwogen Nebel und Dunkelheit. Caspar betonte in seinen Werken besonders die Zeiten der Übergänge von der Morgen- bis zur Abenddämmerung. Als Caroline ihn einmal fragte, was er damit ausdrücken wolle, gab er ihr überraschenderweise eine Antwort. Er sehe darin den Lebenszyklus mit Kindheit, Jugend, Reife und Alter im Rahmen des Kreislaufes der Natur. Der Tageszyklus stehe für Werden und Vergehen, für Geburt und Tod.

Scheinbar waren nicht nur Caroline Caspars neue Werke zu schwermütig. Mittlerweile kamen immer seltener Kaufinteressenten in sein Atelier. Die wenigen, die noch Interesse hatten, gingen meist wieder, ohne etwas zu kaufen. Caroline beobachtete manchmal vom Küchenfenster aus, wie einige von ihnen kopfschüttelnd und offenbar enttäuscht das Haus verließen. Es wurde allgemein gemunkelt, dass die Bilder zu fremdartig und malerisch zu »monoton« seien. Caroline machte sich Sorgen über diese Entwicklung, aber Caspar ließ sich in dieser Hinsicht nicht unterkriegen.

»Meine Zeit kommt noch!«, prophezeite er. »Dann werden sie meine Bilder kaufen wollen. Alle!«

Wenn Caspar nicht da war, ging Caroline hin und wieder heimlich in sein Atelier. So auch heute. Wahrscheinlich lief er gerade allein an der Elbe entlang und grübelte vor sich hin. Auf der Staffelei entdeckte sie ein angefangenes Gemälde, das ihr die Tränen in die Augen trieb. Es zeigte eine dunkle Szene mit diffusem Nebel auf einem Friedhof. Ein Mann und eine Frau standen an einem Grab, offenbar ein Kindergrab, denn der frische Erdhügel war sehr klein.

»Was tust du hier?«, tönte plötzlich Caspars Stimme hinter ihr.

Erschrocken zuckte Caroline zusammen und drehte sich zu ihm um.

Caspar stand in seinem Pelz im Türrahmen und schaute sie wütend an. »Du hast hier nichts verloren!«

»Ich habe dich gesucht«, stotterte Caroline.

Caspar rauschte an ihr vorbei auf seine Staffelei zu und baute sich davor auf, als wollte er das Bild verdecken. »Geh raus!«, herrschte er sie an.

»Caspar …« Caroline kämpfte mit den Tränen.

Doch sein Gesicht blieb undurchdringlich. »Lass mich allein. Ich muss arbeiten.«

Caroline verließ bestürzt das Atelier und ging in die Küche. Anni hatte sich dankbarerweise in letzter Zeit um alles gekümmert. Auch jetzt war sie mit Emma im Kinderwagen unterwegs, wahrscheinlich kaufte sie auf dem Markt ein. Also könnte heute sie, Caroline, das Kochen übernehmen, das würde sie vielleicht von dem Verhalten ihres Mannes, vor allem aber von dem traurigen Bild ablenken.

Aber was sollte sie zubereiten? Großen Appetit hatte sie nicht, ihr Mann jedoch würde nachher Hunger haben, redete sie sich gut zu. Und über ein leckeres Essen im

Magen fand sich vielleicht ein Weg zu seinem Herzen. Sie öffnete die Speisekammer, doch ihr Blick irrte über die Vorräte, ohne dass ihr etwas einfallen wollte. Vielleicht etwas Süßes, das ihn besänftigte? Er mochte fluffige Plinsen, also Eierkuchen. Sie könnte »Greifswalder Eyerkuchen von Rokenmehl« zubereiten, ein altes Lieblingsrezept von ihm aus seiner Heimat.

Plötzlich verschwamm alles vor ihren Augen, und Caroline fing an zu weinen. Schluchzend kauerte sie sich auf einen der Küchenstühle. Ach, es war so furchtbar! Nie würden sie ihr Kind aufwachsen sehen! Beiden zerriss es das Herz vor Kummer, doch beide trauerten für sich und fanden nicht zueinander. Caroline fühlte sich elend, unverstanden und allein.

Da hörte sie, wie sich die Tür des Ateliers öffnete und Caspar heraustappte. Caroline versuchte, ihr Schluchzen zu unterdrücken, doch es gelang ihr nicht. Er kam in die Küche und sah sie bestürzt an. Sein vorheriger kühler Blick war tiefer Reue gewichen.

»Ach, meine liebe Line«, jammerte er und kniete vor ihr nieder. »Es tut mir so leid! Alles! Verzeih mir!« Mit dem Ärmel seiner flauschigen Kluft strich er sich fahrig durchs Gesicht, denn auch er konnte die Tränen nun nicht mehr zurückhalten.

Verzweifelt schlang Caroline ihre Arme um seinen Hals, und dann weinten sie beide um ihr Kind, dieses verlorene Kind, das nicht leben konnte.

Nur wenig später begann Caspar in seinem Atelier ein weiteres Bild, das den Titel »Friedhofseingang« bekam. Dieses Werk vollendete er jedoch nie.

Kapitel 4: Freundschaften, Kümmernisse und Konflikte

»*Von Friedrich muss einmal ausführlich schreiben, über ihm hängt seit ein paar Jahren eine dicke trübe Wolke geistig unklarer Zustände dieweil sie ihn zu schroffen Ungerechtigkeiten gegen die Seinigen verleiten...*« (Carl Gustav Carus)

Einladung nach Meißen

Mittlerweile war ein knappes Jahr vergangen, und der Sommer 1822 hatte Einzug gehalten. Trotz dieses innigen Moments damals in der Küche, wo sie beide ihren Kummer miteinander geteilt hatten, hatte sich Caspar seither wieder von Caroline entfernt. Er vergrub sich in seinem Atelier, und sie verbrachten nur wenig Zeit miteinander.

Caroline hielt es nicht länger aus. So lud sie ihre Freundin Agnes zu sich ein, um dieser ihr Herz auszuschütten. Agnes war die Ehefrau des Malers Georg Friedrich Kersting, mit dem Caroline weitläufig verwandt war. Gleichzeitig war er ein enger Freund ihres Mannes. Kersting stammte ursprünglich wie Caspar aus dem Norden, allerdings aus dem mecklenburgischen Güstrow. Und wie Caspar hatte auch er an der Akademie in Kopenhagen studiert und beide gehörten seit über 15 Jahren zum Dresdner Künstlerkreis. Die zwei Männer hatten früher mehrere große Wanderungen unternommen, von denen sie noch heute gern ihren Frauen erzählten. Kersting hatte Caspar auf einer dieser Exkursionen in der Zeichnung »Caspar David Friedrich auf der Wanderung im Riesengebirge« künstlerisch festgehalten. Damals war Caspar noch ein junger Mann gewesen, und auf der Zeichnung sah er ungewohnt verwegen und abenteuerlustig aus, fand Caroline. Zwar hatte Kersting ihn darauf nur von hinten gemalt, doch man konnte ihn an seiner typischen Haltung gut identifizieren. Lässig hatte er sich seinen Ranzen über die Schulter geworfen und ging seines Weges. Caroline musste stets schmunzeln, wenn sie diese flotte Zeichnung sah, die ihren Mann so jugendlich unbekümmert in einer ausgebeulten Hose zeigte. Später hatte Freund Kersting mehrere Ölgemälde von Caspar angefertigt und ihn detailliert bei der Arbeit im Atelier gemalt.

Seit Kersting Agnes im selben Jahr wie Caspar seine Caroline geheiratet hatte, waren auch die beiden Ehefrauen miteinander befreundet. Bei der Trauung in der Stadtkirche von Meißen im November 1818 waren Caspar und Caroline dabei gewesen. Caroline erinnerte sich gern an die schöne, ebenfalls kleine Hochzeit. Da war ihre eigene noch kein Jahr her gewesen, und sie hatte die Aufregung der jungen Braut gut nachvollziehen können. Agnes war damals erst 17 Jahre alt gewesen, doch die beiden künftigen Eheleute hatten sich schon länger gekannt und sehnlichst auf diesen Moment gewartet. Agnes war die Tochter des Oberpostmeisters Sergel in Dresden, der es rigoros abgelehnt hatte, sein Kind einem mittellosen Maler zur Frau zu geben. Kersting hatte sich daher auf mehrere Stellen beworben, jedoch ohne Erfolg. Deshalb war er von Dresden weggegangen und Hofmaler und Zeichenlehrer bei einer Fürstin in Warschau geworden. Letztendlich aber wollte Kersting zu Agnes zurück. Und er hatte Glück gehabt, denn er hatte die Stelle als Malereivorsteher der Königlich-Sächsischen Porzellanmanufaktur in Meißen erhalten, was mit einem guten Einkommen verbunden war. Dort sollte er das Design der berühmten Manufaktur auffrischen und neue Motive sowie die Vergoldung entwickeln. Noch im Jahr seiner Berufung hatte er seine Agnes geheiratet, die mittlerweile Waise geworden war, und war mit ihr nach Meißen gezogen.

Wie freuten sich beide Frauen nun, als sie sich nach so langer Zeit in Dresden wiedersahen! Kaum war Agnes aus der Kutsche gestiegen, fielen sie sich in die Arme. Caroline musterte ihre hübsche Freundin wohlwollend. Agnes hatte dunkle Haare und dunkle Augen und war sehr schlank und grazil. Das würde sich bald ändern, verriet sie Caroline mit blitzenden Augen, denn sie sei erneut schwanger. Die Kerstings hatten bereits zwei Söhne und wünschten sich endlich eine Tochter. Sie liebe ihre Jungs sehr, versicherte Agnes, und doch beneide sie Caroline um ihre Emma. Plötzlich hielt Agnes inne und schaute Caroline mitfühlend an. Caroline hatte ihr von der Totgeburt berichtet, doch darüber sprechen wollte sie jetzt nicht. Agnes schien das zu bemerken und drückte sie nur fest.

Als sie sich in die Wohnstube gesetzt hatten, erzählte Agnes ausführlich von den kleinen Söhnen Ernst und Richard, auf die während ihrer Abwesenheit die Köchin aufpasste. Caroline wurde bei den lebhaften Erzählungen immer trauriger. Waren sie, Caspar und Emma nicht auch einmal eine so glückliche Familie gewesen?

Irgendwann merkte Agnes, dass Caroline sehr still war und noch gar nichts von der Dresdner Eierschecke gegessen hatte, während sie bereits ein zweites Stück von dem saftigen Kuchen verspeiste. Abrupt unterbrach sie ihren Redefluss, sah Caroline ernst an und fragte einfühlsam: »Wie geht es dir denn? Wieder besser? Und was macht dein Mann?«

Caroline seufzte auf. »Ehrlich gesagt, ich weiß es nicht. Caspar ist dauernd nur in seinem Atelier oder außer Haus wie heute, und wenn er bei mir am Tisch sitzt, brütet er schweigend vor sich hin. Manchmal glaube ich, er kann Emma und mich nicht mehr ertragen.«

Agnes widersprach vehement: »Das kann doch nicht sein, Caroline! Das kann ich nicht glauben!«

Caroline seufzte noch einmal. »Mein Mann lebt nur noch für seine Arbeit. Wir stören ihn dabei nur. Ich denke, er wäre lieber wieder allein.«

Agnes schwieg.

Caroline mochte an ihr, dass sie nie vorschnell urteilte, sondern sorgfältig nachdachte, ehe sie jemandem mit Rat und Tat beiseitestand. Dabei war sie einige Jahre jünger als Caroline, und dennoch erschien sie ihr oft so weise. Caroline konnte nicht verhindern, dass ihr die Tränen kamen. Sie nestelte ein spitzenbesetztes Taschentuch hervor und tupfte sich damit über die Augen, ehe sie murmelte: »Ich weiß einfach nicht mehr, was ich machen soll.«

Es war still im Raum, nur die Uhr tickte. Der Kaffee wurde kalt und der Kuchen nicht mehr angerührt.

»Ach, Caroline«, begann Agnes. »Ihr habt in letzter Zeit schlimme Dinge erlebt. Der Tod eures Kindes, eurer Schwägerin, eures Freundes Kügelgen … Da lebt es sich nicht einfach weiter wie vorher, das muss erst einmal verarbeitet werden.«

Caroline schluchzte und nickte gequält.

Agnes nahm ihre Hand und bestimmte energisch: »Weißt du was? Du kommst mit Emma demnächst zu uns. Wir verbringen den Sommer zusammen. Du und die Kleine mit mir und den Jungs.« Agnes hatte ihre Kuchengabel wie ein Zepter erhoben und fuchtelte damit schwungvoll in der Luft herum, um ihre Idee zu unterstreichen.

»Aber ich kann meinen Mann doch nicht allein lassen!«, erwiderte Caroline entsetzt. Auch weil sie sich eine so lange Zeit ohne Caspar nicht vorstellen konnte.

»Doch, das kannst du.« Agnes nickte ernst. »Und das solltest du auch. Caspar soll ruhig merken, wie still es ohne dich und Emma zu Hause ist. Da wird er sich wundern! Und euch schnell vermissen. Er nimmt euer Familienleben für zu selbstverständlich. So kann das nicht weitergehen!«

»Aber wer soll für ihn kochen?«

»Na, vor eurer Hochzeit ist er auch nicht verhungert. Oder Anni übernimmt das, die hat doch von dir gelernt.« Agnes lächelte die Freundin verschwörerisch an. »Dennoch wird sie es nicht so gut machen wie du. Das wird Caspar schnell merken und dich noch mehr vermissen.«

Caroline überlegte. »Aber was wird dein Mann sagen, wenn ich mit meinem Kind so lange bei euch bin?«

Agnes winkte ab. »Du kennst ihn doch, Georg hat gerne Gäste. Und er mag dich sehr. Wir brauchen ihm von euren Problemen nichts zu erzählen. Davon wollen Männer sowieso nichts hören. Ich sage ihm einfach, dass du mit Emma aus dem heißen, stickigen Dresden zu uns aufs Land in die Sommerfrische kommst.«

Caroline dachte über Agnes' Worte nach. Sie tupfte sich noch einmal mit dem Taschentuch über die Augen, dann stimmte sie zu. »Ja, so werden wir es machen.«

Noch am selben Abend sprach Caroline das Thema beim Essen an. »Caspar, ich möchte mit Emma die Kerstings in Meißen besuchen.«

Er hob den Kopf und sagte einsilbig: »Aha. Ist gut. Wann?«

Caroline schluckte ihre Enttäuschung hinunter. Sie hatte erwartet, dass er zumindest verwundert wäre, vielleicht sogar dagegen aufbegehrte. Ihm war es wohl tatsächlich egal, dass sie wegfuhren und er alleine war. »Bald«, antwortete sie daher schmallippig. Dann zuckte sie die Achseln und schlug vor: »Anfang nächster Woche?«

Als Caspar auch das ohne Widerspruch hinnahm, fügte sie hinzu: »Anni wird sich um dich und dein Essen kümmern.«

Caspar winkte ab. »Ich komme schon zurecht, das war früher auch nicht anders. Das Mädchen kann wiederkommen, wenn ihr zurück seid.«

Caroline konnte es nicht fassen, dass er alles so emotionslos hinnahm. Caspar fragte sie nicht einmal, wie lange sie bleiben wollten!

Schweren Herzens packte sie ein paar Tage später einen Koffer für sich und Emma, wobei ihr die Dreijährige Gesellschaft leistete. Eine Hilfe war sie ihr noch nicht, aber die Kleine sah interessiert zu, wie sie die Kleidung aus dem Schrank nahm, zusammenfaltete und in den Koffer legte. Caroline dachte wehmütig an ihre letzte große Fahrt, als sie für ihre Hochzeitsreise gepackt hatte. Das war schon vier Jahre her. Wie fröhlich sie damals gewesen war!

Emma deutete auf Caspars Kleidung. »Und Papa?«

»Der kommt nicht mit«, erklärte Caroline kurz. »Aber du wirst sehen: Es wird eine richtig schöne Zeit!« Es hörte sich an, als müsste sie sich selbst überzeugen. »Da gibt es zwei kleine Jungen, mit denen du spielen kannst. Und einen großen Garten!«

Emma schaute sie skeptisch an, denn ihren Papa hatte sie noch nie verlassen.

»Grüß mir Freund Kersting! Lebt wohl«, verabschiedete Caspar sie am Morgen des Abreisetages. Eine kurze Umarmung, dann wuschelte er Emma zärtlich durchs Haar und ging ins Haus zurück, ohne sich noch einmal umzudrehen.

Sicherlich verschwand er sofort in seinem Atelier. Caroline hatte ihm angesehen, dass er in Gedanken bei seinem nächsten Bild war. Immerhin wusste sie, dass er nicht zu anderen Frauen ging, so etwas gab es ja auch. Nein, ihr lieber Mann war ihr treu, dafür würde sie ihre Hand ins Feuer legen. Caroline verkniff sich die Abschiedstränen und hoffte sehr, dass Agnes recht hatte und er sie in ihrer Abwesenheit vermissen würde. Sie tat es trotz allem jetzt schon!

Sie ging mit Emma zur Kutsche, die zuerst die schnaubenden Pferde bestaunte, dann stiegen sie ein, und es ging los. Es war ein herrlicher Sommertag, die Sonne schien vom wolkenlosen Himmel, und für Juni war es bereits recht heiß. Emma saß auf Carolines Schoß und schaute neugierig durchs Kutschfenster in die Welt hinaus. Dabei summte sie leise vor sich hin, was anzeigte, dass sie sich wohlfühlte. Caroline küsste den Scheitel des Kindes und atmete tief Emmas Duft ein.

Ja, Agnes hatte recht, dachte sie. Es wird uns guttun, aufs Land zu fahren.

Kurz vor Meißen wurde ihr endlich leichter ums Herz. Sie freute sich auf die Familie Kersting, wo es meist heiter und unbeschwert zuging. Sie mochte auch Agnes' Mann Georg gern, der gut zehn Jahre jünger als Caspar war. Von seiner norddeutschen Herkunft zeugten neben der ihr längst vertrauten Mundart auch die hellen Haare und Augen. Trotzdem war er sowohl äußerlich als auch charakterlich das genaue Gegenteil von ihrem Mann. Kersting war klein und schmächtig, dabei voller Schwung und Elan. Er sprühte vor Energie und Ideen. Manchmal irritierte seine ungebändigte Art Caroline etwas, andererseits freute sie sich, wenn er ihren bedächtigen Mann mitriss.

Kersting war, anders als Caspar, vor seiner Ehe im Krieg gewesen. Er hatte sich 1813 als Freiwilliger gemeldet und im Korps Lützow als Oberjäger gekämpft. Von dieser abenteuerlichen Zeit redete er heute noch oft, auch davon, dass ihm der Malerfreund Kügelgen seine Kugelbüchse geschenkt und ihn täglich im Schießen ausgebildet hatte. Solche kriegerischen Aktionen konnte sich Caroline bei Caspar nicht vorstellen, auch wenn er die politische Überzeugung mit Kersting geteilt hatte. Als die Sachsen sich 1806 mit Frankreich verbündet hatten, hatte das Caspar überhaupt nicht gefallen. Schon davor hatte er zu einer nationalen Befreiungsbewegung gehört, deren Gesinnung bis zum Franzosenhass reichte. Zu der Bewegung in Dresden hatten auch Ernst Moritz Arndt, Heinrich von Kleist und Theodor Körner gezählt. Sie hatten sich häufig in Caspars Atelier getroffen, das zeitweise zu einem Zentrum patriotischer Männer geworden war. Bilder wie »Chasseur im Walde« von 1814 zeugten davon.

Caroline war damals noch ein Kind gewesen und hatte die fürchterlichen Ereignisse nur am Rande miterlebt. Dresden war mehrfach Kriegsschauplatz und von den Franzosen, Preußen und Russen besetzt gewesen. Eine schwierige Zeit, deren Nachwirkungen jetzt noch zu spüren waren und auf die sie Caspar möglichst nicht ansprach.

Aufgrund seiner besonderen Kühnheit war Kersting im Krieg sogar mit dem Eisernen Kreuz ausgezeichnet worden und bis zum Offizier aufgestiegen. Auf den ersten Blick wollte das dem schmächtigen Mann, der bekannt dafür war, dass er Goethe und Shakespeare verehrte und las, keiner zutrauen. Doch Kersting war flink und gewandt, ein zäher, durchsetzungsstarker Kämpfer. Was er sich einmal in den Kopf gesetzt hatte, führte er auch durch. Das beste Beispiel dafür war seine Verbindung mit Agnes. Trotz aller Widrigkeiten, den fehlenden finanziellen Mitteln und den vielen Absagen hatte er nicht aufgegeben, bis er sein Ziel erreicht hatte. Nach der Hochzeit hatte das Paar ein komfortables Haus auf dem Schlossberg in Neudörfchen im Süden von Meißen bezogen, wo es sogar einen Weinberg gab. Und dorthin war Caroline mit Emma nun unterwegs.

Caroline mochte nicht nur den Maler, sondern auch seine Gemälde. Anders als Caspar malte er seine Ölbilder meist auf kleinem Format, manchmal sogar auf Holztafeln statt auf Leinwand. In seinen Werken standen nicht Landschaften im Mittelpunkt, sondern stimmungsvolle Interieurs mit zeitgenössischen Personen, die in alltägliche Tätigkeiten wie Sticken, Nähen oder Lesen versunken waren. Oder eben ins Malen, so hatte Kersting Caspar und Kügelgen in ihren jeweiligen Ateliers festgehalten. Oft waren auch Frauen in ihren feinen Garderoben zu sehen, wie in »Paar am Fenster«, das um 1815 entstanden war und auf dem ein heller Hut das Gesicht der eleganten Dame geheimnisvoll verbarg. Von der »Stickerin am Fenster« hatte Kersting wie auch von anderen Motiven mehrere Versionen angefertigt. Auf diesem Bild hatte er die Malerin Louise Seidler im Haus der Kügelgens dargestellt, als sie dort zusammen mit der Bardua als Schülerin zu Gast gewesen war. Eigenartig fand Caroline allerdings, dass er sie mit einer Handarbeit und nicht in ihrer Eigenschaft als Künstlerin gemalt hatte. Typisch Mann! Ob Caspar sie, Caroline, damals in seinem Atelier am Fenster nach Kerstings Vorbild gemalt hatte?

Jedenfalls waren drei von Kerstings Werken durch die Vermittlung der Seidler bis nach Weimar gelangt, denn sie kannte Goethe sehr gut. Auch Caspar hatte durch sie Kontakt zu dem berühmten Dichter bekommen und ihm immer wieder Gemälde geschickt. Inzwischen war der Geheimrat nicht mehr gut auf Caspar zu sprechen, unter anderem, weil der ihm keine naturwissenschaftliche Darstellung von Cumulus- und Stratuswolken hatte malen wollen. Keiner konnte Luft, wie der Himmel bezeichnet wurde, und Wolken so gut malen wie Caspar, das hatte Goethe richtig erkannt. Aber bestimmt nicht als Objekt einer naturwissenschaftlichen Betrachtung!

Während sie noch darüber nachsann, hielt die Kutsche am Haus der Kerstings.

Agnes kam herausgerannt, und die beiden kleinen Söhne stolperten hinter ihr her. »Wie schön, dass ihr da seid«, sprudelte es aus ihr heraus, und sie schloss Caroline und Emma liebevoll in ihre Arme.

Danach begrüßte Caroline die Knaben. »Seid ihr aber groß geworden!«

Ein Hausknecht kam auf Agnes' Ruf herbei und trug die Koffer ins Haus. Dort gab es nicht nur ein geräumiges Gästezimmer für sie, sondern sogar ein Badezimmer mit einer großen Wanne.

»Du kannst jederzeit baden, liebe Caroline«, bot Agnes ihr an. »Aber jetzt setzen wir uns erst mal zum Kaffeetrinken ins Wohnzimmer. Und die Kinder können dort spielen.«

Die beiden Frauen verbrachten herrliche Tage zusammen, unternahmen viel in der Umgebung oder saßen mit den Kindern im Garten, um zu plaudern. Die Köchin zauberte täglich köstliche Gerichte auf den Tisch, und Caroline genoss ab und zu ein ausgiebiges Bad. Entspannt lag sie im heißen, edel parfümierten Wasser, während Agnes die Kinder hütete. Bald vergaß Caroline ihren Kummer, und nachdem der erste Brief von Caspar eingetrudelt war, in dem er schrieb, dass er die Stille kaum ertrage und sie beide sehr vermisse, war sie sogar seit Langem wieder einmal glücklich.

»Hab ich es dir nicht gesagt?«, freute sich Agnes, als Caroline, die bei ihr im Gras saß, den Brief gelesen hatte, der gerade mit dem Postkurier angekommen war. Carolines Lächeln verriet alles. »Was hat Caspar geschrieben? Vermisst er euch arg? Sag schon!«, wollte Agnes dennoch wissen.

»Er spricht davon, dass er sich für seine Arbeit zwar Ruhe gewünscht habe. Jetzt allerdings komme sie ihm vor wie eine ›Grabesstille‹. Und ohne uns werde der Tag ihm recht lang.«

»Wunderbar!«, triumphierte Agnes. Sie half dem kleinen Richard auf, der neben ihr hingefallen war und vergeblich versuchte, sich wieder aufzurappeln.

»Außerdem schreibt er, dass er sich über mein Wohlbefinden auf dem Lande freue und ich ruhig oft baden solle. Aber – jetzt kommt's – bitte nicht mit vollem Magen. ›Nicht mit vollem Magen‹, genau das schreibt er!«

Beide Frauen kicherten.

»Ja, so ist er, mein Caspar. Immer muss er mahnen und erziehen.« Caroline verzog genervt das Gesicht. »Aber er hat ein gutes Herz. Weiter erzählt er, dass sich eine Schwalbe in sein Atelier verirrt und nicht wieder hinausgefunden habe. In der Küche habe er sie endlich greifen können und ihr anschließend die Freiheit geschenkt.«

»Das ist doch rührend«, meinte Agnes. »Ein Mann mit solchen Geschichten, der sich so fürsorglich verhält, kann gar nicht gefühllos sein.«

»Das ist er auch nicht«, verteidigte ihn Caroline. »Manchmal wirkt er nur so kühl. Seine Kunst ist ihm immer das Wichtigste. Dabei vergisst er uns schon mal.«

Caroline schrieb ihrem Mann fast täglich lange Briefe, in denen sie ihm ausführlich schilderte, was sie zusammen unternahmen. Sehnsüchtig wartete sie stets auf seine Antwort. Jedoch fielen seine Briefe wesentlich kürzer aus, was er damit begründete, dass es um ihn herum nichts gebe, wovon er schreiben könnte, »nur Stille, Stille, Stille«. Caspar meinte zwar, dass ihm die Stille wohltue, aber dass er sie nicht dauerhaft »in einem so hohen Grade« um sich haben möchte. Er verzehre allein sein Frühstück, ebenso sein Mittagessen und das Abendbrot. Hin und wieder gehe er von Kammer zu Kammer, überall allein.

Seit Caroline das gelesen hatte, war sie voller Mitleid. Am liebsten hätte sie ihre Sachen gepackt und wäre zu ihm geeilt.

»Nichts da«, befand Agnes streng. »Du musst ihn noch ein wenig auf euch warten lassen. Sonst hilft es nichts. Er wüsste dann, dass er sich keine große Mühe geben muss, weil du sofort springst, wenn er ein Unbehagen verspürt. Und ihr würdet viel zu schnell im alten Trott landen.«

Im nächsten Brief betonte Caspar wieder, wie gut ihm die Stille tue, dass er das aber nicht immer so haben wollte.

»Er vermisst uns doch«, seufzte Caroline erleichtert.

Mehrmals berichtete Caspar in seinen Briefen von heftigen Gewittern und Blitzeinschlägen, die Feuer verursacht hätten, und sorgte sich um Carolines und Emmas Wohlergehen. Auch konnte er durchaus lustig sein. Caroline musste herzhaft lachen, als sie las, wie er morgens nach dem Aufstehen als Erstes einen »Menschenquäler« getötet habe und damit einen Floh meinte, der ihn in der Nacht gebissen hatte. Und immer wieder Wetterberichte aus Dresden: »Gestern Nachmittag hat es hier etwas geregnet und diese Nacht soll es stark geregnet haben.« Auch von den alltäglichen Vorkommnissen zu Hause schrieb er, dass am 10. Juli eine Bierbestellung angekommen und die Wäschefrau da gewesen sei. Sowie von den brütenden Tauben im Garten, dass der Feigenbaum zwei Früchte trage und das Basilikum blühe.

Caroline beruhigten seine Zeilen, die folgendermaßen endeten: »Ich bin gesund und guter Dinge, sei du es auch und bade dich und die Emma fleißig und schreibe bald und oft.«

Mitte Juli war Carolines Geburtstag und sie hoffte darauf, dass Caspar sie an ihrem Ehrentag besuchen käme. Leider sagte er jedoch ein paar Tage vorher ab, weil er an einem großen Bild pinsele, einer Auftragsarbeit mit dem Titel »Gescheitertes Schiff auf Grönlands Küste«. Er sandte ihr deshalb nur einen schriftlichen Glückwunsch.

»Da hast du es wieder«, ärgerte sich Caroline. »Die Kunst ist ihm immer wichtiger als alles andere!«

Glückliche Rückkehr und Familienzuwachs

Eigentlich hatte Caspar Caroline und Emma am 26. Juli aus Meißen abholen wollen, bat aber aufgrund der Arbeit an seinem Bild um acht Tage Aufschub. Doch bereits drei Tage später erreichte Caroline ein weiterer Brief von ihm, in dem sie zwischen den Zeilen herauslas, dass er es erstens nicht mehr so lange aushalte und es zweitens es mit seinem Bild nicht rechtzeitig schaffen würde. Deshalb beschloss sie, nicht länger zu warten, und reiste mit Emma zurück nach Dresden.

Die Wiedersehensfreude war groß, als sie nach Wochen nach Hause kamen.

Caspar presste Caroline lange an sich. »Wie schön, dass ihr wieder hier seid! Es war viel zu still ohne euch.«

Emma, die ebenfalls eine Umarmung von ihrem Papa erwartete, zupfte aufgeregt an seinem Hausmantel und rief freudig: »Papa, Papa!«

Caspar staunte darüber, wie sehr Emma in der kurzen Zeit gewachsen war. »Und gut seht ihr aus! So erholt!«

»Es war auch sehr schön bei den Kerstings. Wir haben oft draußen im Garten gesessen«, sie lächelte spitzbübisch, »und auch viel gebadet.«

Caroline machte große Augen, als sie die Wohnung betrat. Ihr Zuhause war fein aufgeräumt, sogar der Kaffeetisch gedeckt.

»Heute Morgen habe ich Anni geholt, damit sie alles für euch vorbereitet«, gestand Caspar. »Es sah recht unaufgeräumt aus ...«

Und als Caroline die Sandtörtchen aus der Konditorei auf dem Tisch entdeckte, die es normalerweise nur an ganz besonderen Festtagen gab, jubelte sie auf. »Sandtörtchen, heute?«

»Heute ist ein besonderer Tag! Ihr seid endlich wieder hier«, brummelte Caspar.

Caroline freute sich sehr über die Überraschung, die ihr zeigte, dass er sich Gedanken über sie gemacht hatte.

»Außerdem habe ich deinen Geburtstag versäumt«, sagte er. »Den holen wir jetzt nach.«

Caroline kochte Kaffee und stellte Emma ein Glas frische Milch auf den Tisch. Sandtörtchen mochten sie alle. Ach, es war so schön, wieder gemeinsam zu speisen!

»Ich bin so froh, dass ihr zurück seid«, murmelte Caspar noch mal und schaute seine Liebsten verzückt an.

Nachdem sie ihren Kuchen aufgegessen hatten, blieb Caspar sitzen. Normalerweise sprang er gleich auf, um ins Atelier zu gehen, doch heute nahm er sich Zeit für sie und hörte ihr aufmerksam zu, als sie von dem Aufenthalt bei den Kerstings erzählte. Wenn das doch immer so wäre, dachte Caroline.

Caspars Aufmerksamkeit hielt tatsächlich eine Weile an. Trotz seiner Arbeit versuchte er, mehr für sie und Emma da zu sein. Alles war eine Zeit lang sehr harmonisch – und ein halbes Jahr später war Caroline erneut schwanger.

Am 2. September 1823 brachte sie – diesmal ohne Komplikationen – noch ein Mädchen zur Welt, das sie nach ihrer Freundin Agnes benannten, Agnes Adelheid. Caspar hatte mehr Anteil an Carolines Schwangerschaft genommen als bei der letzten, doch bald danach wirkte er mit den Gedanken wieder recht fern und arbeitete fieberhaft in seinem Atelier. Caroline ahnte, was ihn umtrieb: Bald stand die Nachfolge des Akademielehrers Johann Christian Klengel an der Kunstakademie an. Caspar hoffte noch immer auf eine Professorenstelle und schwankte nun zwischen Optimismus und Unsicherheit, ob man ihn berufen würde.

Emma war mittlerweile vier Jahre alt und schon sehr verständig. Caroline beobachtete gerührt, wie ihre Älteste an der Wiege der kleinen Schwester stand und sie aufmerksam betrachtete. Emma legte ihren Finger in die Hand von Agnes, die sofort fest danach griff. Emma gluckste vergnügt.

Zufällig kam Caspar gerade aus seinem Atelier, und Caroline zeigte ihm die zwei Mädchen. Nur kurz umspielte ein leichtes Lächeln seine Lippen, als er sie so sah.

»Willst du deine beiden Töchter nicht mal malen?«, schlug Caroline vor. »Das wäre doch ein schönes Motiv für ein Gemälde.«

Caspar starrte sie nur stumm an und ging nicht weiter auf ihre Worte ein. Im Gehen sagte er: »Gleich kommt Carl Carus zu Besuch, um sich mein neues Werk anzusehen. Wir wollen dann nicht gestört werden.«

Die künstlerische Hausgemeinschaft

Caroline lauschte in den Flur. War das auf der Treppe endlich Caspar? Es war spätabends, und ihre kleinen Töchter Emma und Agnes schliefen längst. Caroline wartete auf ihren Mann. Sie saß in der Wohnstube beim Licht der Lampe und nähte. Caspar war auf einer Abendgesellschaft mit Malerkollegen gewesen und kehrte nun zurück, sie hörte es an den Schritten. Auch konnte Caroline daran immer erkennen, wie seine Laune war. Heute musste er fröhlich sein, denn seine Bewegungen klangen ungewohnt schwungvoll. Und tatsächlich, als Caspar zur Tür hereinkam, lächelte er sie geheimnisvoll an.

»Line, du ahnst nicht, wer bald zu uns ins Haus ziehen wird!«

Die Wohnung über ihnen stand seit einiger Zeit leer und sollte bald wieder vermietet werden.

»Wer denn?«, fragte sie nuschelnd, denn sie hatte ein paar Nähnadeln zwischen die Lippen geklemmt. Egal, wer es sein würde, allein Caspars positive Reaktion darauf machte ihr die Leute sympathisch. Neugierig geworden, nahm sie die Nadeln aus dem Mund und legte ihre Handarbeit auf den Tisch.

Caspar kam zu ihr und legte ihre Hände in seine. »Unsere lieben Freunde, die Dahls. Sie haben das zweite und dritte Obergeschoss sowie das Dachstübchen als Atelier gemietet. Ich konnte ein wenig vermitteln.«

Caroline klatschte vor Freude in die Hände. »Das ist wirklich wunderbar! Wir werden eine schöne Hausgemeinschaft sein!«

Caspar hatte Johan Christian Clausen Dahl Ende August 1818, kurz nachdem sie von ihrer Hochzeitsreise aus Greifswald zurückgekehrt waren, kennengelernt. Von der Begegnung mit dem 14 Jahre jüngeren Künstler hatte er Caroline gleich begeistert erzählt. Der heitere Norweger hatte damals kaum Deutsch gesprochen, die Sprache aber – ehrgeizig, wie er war – schnell gelernt. Wie Caspar konzentrierte sich auch Dahl auf stimmungsvolle Landschaften. Und auch er hatte die Kopenhagener Akademie besucht. Mit 30 Jahren hatte Dahl dort sein Studium beendet und eine Europareise angetreten. Im Jahr 1818 war er mit einem Empfehlungsschreiben von Berlin nach Dresden gekommen. Die beiden Männer hatten sich aufgrund ihrer Gemeinsamkeiten in der Kunstauffassung sofort verstanden. Caspar hatte dem Kollegen geholfen, sich in Dresden und in den Künstlerkreisen zurechtzufinden. Beide waren seither in intensivem künstlerischem Austausch und einander eng verbunden. Gleich zu Beginn seiner Zeit in Dresden hatte sich Dahl Hals über Kopf in die hübsche Emilie verliebt, die Tochter des Konservators Heinrich von Block, der seit 1816 wegen Unterschlagung in Festungshaft saß. Die junge Frau war aufgrund der familiären Verfehlungen gesellschaftlich geächtet gewesen und hatte keine Mitgift besessen, was den gutherzigen Norweger jedoch nicht gestört hatte. Wegen Emilie war er in Dresden geblieben, wo er seither viele Kunstfreunde um sich scharte und Mitglied an der Kunstakademie geworden war. Wie Caspar wartete auch er auf seine Berufung als Professor. Inzwischen hatten die Dahls Nachwuchs bekommen, eine Tochter mit dem Namen Caroline Elisabeth, und ihr Dachstübchen in der Dresdner Altstadt war zu klein geworden. Dort war weder Platz für die Familie und ihre stets zahlreichen Gäste noch für ein großes Atelier, in dem Dahl auch unterrichten konnte.

In Caroline keimte große Freude auf. Es war gut, dass Caspar demnächst einen Freund in seiner Nähe haben würde. Vielleicht machte ihn das wieder ausgeglichener. Mit Johan Dahl fühlte Caspar sich auf Augenhöhe, anders als mit seinen Schülern, denen er als ein älterer Lehrer galt, oder seinem guten Freund Carl Carus, für den er ebenfalls Mentor war. Außerdem, dachte Caroline, würden sich die zwei Männer die Kunstinteressenten und potenziellen Käufer gegenseitig in ihre Wohnungen schicken, vielleicht sogar zusammen ausstellen und gemeinsame Aufträge annehmen. »Dann wirst du noch viel öfter mit ihm über deine Bilder sprechen können!«

Caspar strahlte. »Und du, liebe Line, kannst mehr mit Emilie zusammen sein, die jetzt auch Mutter ist. Du wirst eine gute Freundin im Haus haben.«

Caroline mochte Johans Gattin Emilie sehr. Sie hatte sich um sie gekümmert, als ihr Ehemann gleich nach der Hochzeit eine längere Italienreise antreten musste. Die Einladung war von dem dänischen Kronprinzen Christian Friedrich gekommen, und Johan hatte nicht ablehnen können, weil das dänische Königshaus ihn seit 1815 großzügig finanziell unterstützte. Er hatte damals Caspar um Rat gefragt, wie er das Emilie beibringen sollte, und ihn um Hilfe gebeten. Der hatte ihm gut zugeredet und gemeint, er solle die Reise für seine Kunst nutzen. Und er hatte Dahl versprochen, sich während seiner Abwesenheit um Emilie zu kümmern, gemeinsam mit Caroline, die sofort zugestimmt hatte.

Schließlich hatte Dahl seine Frau schweren Herzens einen Tag nach der Hochzeit für zehn lange Monate verlassen. Er war über München nach Florenz, Rom und schließlich nach Neapel gereist. Dort hatte er ab August 1820 in der Villa Quisisana gastiert, wo einige Bilder entstanden waren, darunter am 16. August 1820 das Ölgemälde »Blick von der Terrasse der Villa Quisisana über den Golf von Neapel auf den Vesuv«.

Währenddessen hatte Emilie Caroline häufig zum Nachmittagskaffee eingeladen, und die beiden Frauen hatten gemeinsame Ausflüge unternommen. Oft waren sie mit Emma durch Dresdens Parks spaziert, hatten sich über allerlei Themen unterhalten und Rezepte ausgetauscht. In dieser Zeit waren sie gute Freundinnen geworden und hatten bald auch über ihre Männer geredet. Caroline hatte Emilie verraten, dass sie sich eine so lange Zeit ohne ihren Caspar nicht vorstellen könnte.

Caspar liebte seine Reisen zwar auch sehr, die jedoch führten ihn nach Rügen, in den Harz und ins böhmische Randgebirge. Im Gegensatz zu den meisten seiner Kollegen lehnte er Studienreisen in den sonnigen Süden ab, worüber Caroline nicht unglücklich war.

Emilie hatte immer wieder sehnsüchtig auf die kleine Emma geblickt und Caroline anvertraut, wie sehr sie sich bald ein Kind wünsche. Caroline hatte ihr den einen oder anderen Rat dazu geben können.

Als Dahl von Eindrücken erfüllt und äußerst inspiriert aus Italien zurückgekehrt war, war der freundschaftliche Kontakt zwischen den Paaren bestehen geblieben. Sie hatten sich weiterhin besucht und manch schönen Nachmittag oder Abend zusammen verbracht. Während die Männer meist über die Kunst gesprochen hatten, hatten die beiden Frauen darüber gelacht, dass sie das gleiche Schicksal teilten, nämlich mit einem passionierten Künstler verheiratet zu sein.

Die Dahls als neue Nachbarn waren ein wahrer Glücksfall. Caspar taute auf und wurde zugänglicher. Johan kam abends oft zu ihm herunter, um den Tag mit Caspar ausklingen zu lassen, manchmal setzten sich auch die Frauen dazu. Die beiden Familien wurden eine enge Gemeinschaft. Sie besuchten sich oft, tranken gemeinsam Kaffee, Tee oder Punsch, feierten zusammen allerlei Feste. Die Männer tauschten sich über ihre Bilder, die Frauen über ihren Alltag mit den Kindern aus.

Der jüngere Maler mit seiner heiteren, offenen Art lockte Caspar, wie von Caroline erhofft, öfter aus seinem Atelier heraus. Die beiden Männer diskutierten mit Herzblut über ihre Arbeit und schickten sich gegenseitig ihre Kunstinteressenten und Gäste. Auch hatten sie beide mehr Privatschüler, wobei Caspar besonders Johann August Heinrich schätzte, der ein Jahr jünger war als Caroline und an der Dresdner und an der Wiener Akademie studiert hatte.

Caroline freute sich über einen weiteren neuen Schüler Caspars: Ihr Bruder Christoph Wilhelm Bommer nahm bei ihm Unterricht.

Ein fremder Gast

Die Dahls führten einen großzügigen Haushalt und luden häufig neue Malschüler zu sich ein. Manche kamen von weit her, hatten Empfehlungsschreiben dabei und wohnten meist auch bei ihnen.

An einem Nachmittag stand ein Maler bei den Friedrichs vor der Tür, der eigentlich zu den Dahls wollte. Weil ihm dort niemand geöffnet hatte, hatte er an der Wohnungstür im Stockwerk darunter angeklopft, um sich nach dem Verbleib der Dahls zu erkundigen.

Caroline betrachtete den jungen Mann mit dem dunklen, wirren Lockenkopf. Er war etwas größer und vermutlich auch etwas jünger als sie und hatte ungewöhnliche schwarze Augen. Sein intensiver, brennender Blick irritierte sie. »Ja bitte, was wünschen Sie?«

»Mein Name ist Carl Blechen und ich bin Maler«, stellte er sich höflich vor, während er sich vor ihr verbeugte. »Ich komme aus Berlin und bin auf Studienreise. Man hat mir gesagt, wenn ich in Dresden bin, soll ich unbedingt den norwegischen Künstler Johan Christian Dahl besuchen.« Mit einem Zettel in seiner Hand, wohl einem Empfehlungsschreiben, wedelte er vor ihrer Nase herum und ergänzte bedauernd: »Aber es ist niemand zu Hause.« Unschlüssig kratzte er sich mit der freien Hand am Kopf. »Wissen Sie vielleicht, wann die Familie wiederkommt?«

Caroline warf einen Blick auf das staubige Gepäck, das neben dem Mann stand. Er hatte sicherlich eine lange, anstrengende Reise hinter sich. Auch wirkte er müde und ein wenig enttäuscht. »Die Dahls sind nie lange außer Haus.

Bestimmt sind sie bis zum frühen Abend wieder da«, versicherte sie ihm.

Resigniert ließ Blechen die Schultern sinken und sah noch unglücklicher aus, denn es war erst früher Nachmittag. Schwerfällig nahm er seine Tasche auf, verabschiedete sich und wollte sich umdrehen.

In Caroline regte sich Mitgefühl. »Kommen Sie doch herein und warten Sie hier bei uns auf die Dahls«, lud sie den Fremden ein.

Blechen schien erleichtert und trat vorsichtig näher. »Das ist wirklich sehr freundlich von Ihnen. Ich bin ziemlich erschöpft von der Fahrt.« Dann fragte er interessiert: »Ihr Mann ist der Maler Caspar David Friedrich, nicht wahr?« Er sprach den Namen sehr respektvoll aus.

»Ja«, bestätigte Caroline. »Er ist auch hier, aber in seinem Atelier bei der Arbeit und möchte nicht gestört werden.« Verschwörerisch fügte sie leise hinzu: »An Tagen, wo *er Luft malt,* darf man nicht mit ihm reden …«

Carl Blechen nickte verständnisvoll und meinte voller Hoffnung: »Ich habe vor, länger in Dresden zu bleiben, und denke, dass ich noch ausreichend Gelegenheit haben werde, ihn zu sprechen. Ich habe schon viel von ihm gehört. Ich will selbst Landschaftsmaler werden, und es wäre mir eine große Ehre, Ihren Mann kennenzulernen. Und natürlich seine Bilder!« Wieder verbeugte er sich vor ihr. »Aber es ist mir ebenso eine Ehre, Bekanntschaft mit seiner bezaubernden Frau zu machen.« Er trat geschmeidig einen Schritt auf sie zu und blitzte sie funkelnd mit seinen dunklen Augen an.

Caroline fühlte sich geschmeichelt, gab sich aber unbeeindruckt und wandte sich schnell um. »Dann kommen Sie herein, Herr Blechen! Möchten Sie einen Kaffee?«

»Ja, danke, das wäre wunderbar.« Blechen folgte Caroline durch den dunklen Flur in den Salon.

Dort bat sie ihn, sich aufs Sofa zu setzen, und verschwand in die Küche, um Kaffee zuzubereiten. Ausgerechnet heute war Anni nicht da, die ihr das hätte abnehmen können. Caroline überlegte kurz, ob sie Caspar nicht doch Bescheid geben sollte. Vielleicht wusste er, dass die Dahls den jungen Künstler erwarteten. Er sprach schließlich häufig mit Johan über dessen Schüler, auch über die Gäste. Doch sie entschied sich dagegen, weil sie wusste, wie unleidlich Caspar werden konnte, wenn sie ihn entgegen seiner Anordnung bei der Arbeit störte. Sie würde einfach allein mit dem Fremden Kaffee trinken und auf die Rückkehr der Dahls warten. Immerhin brachte der unerwartete Gast etwas Abwechslung in ihren Alltag. Sie freute sich auf das Gespräch mit dem jungen Mann, der ihr vielleicht etwas von Berlin erzählen würde. Oder von seiner Reise. Sehnsüchtig dachte sie an ihre eigene Fahrt nach Rügen, die mittlerweile schon so lange her war.

Als Caroline mit dem Tablett, auf dem die Kaffeekanne, zwei Tassen, das Zuckerdöschen und ein Milchkännchen sowie eine Schale mit Gebäck standen, zu dem Gast in die Stube kam, fand sie ihn am Fenster vor.

»Was für eine wunderbare Aussicht auf die Elbe«, schwärmte Blechen und mochte sich kaum von dem Ausblick lösen.

»Ja, das stimmt. Das Atelier meines Mannes ist ebenfalls auf dieser Seite des Hauses. Er findet das sehr inspirierend.«

Blechen nickte. »Das kann ich gut nachvollziehen. Als Landschaftsmaler hätte ich auch gern ein Atelier mit Blick in die Natur. Und das mitten in der Stadt! Ihr Mann malt ausschließlich Landschaften?«, fragte er interessiert.

»Meistens. Einmal hat er auch mich gemalt, wie ich, genau wie Sie gerade, am Fenster stehe und hinaus in die Ferne schaue.« Caroline merkte, wie stolz sie klang. Sie musste dem Fremden ja nicht erzählen, dass Caspar sie dazu aufgefordert hatte, sich mit dem Rücken zu ihm ans Fenster zu stellen. Ihre geschönte Version, dass er sie zufällig am Fenster stehend entdeckt hatte und sie so malen wollte, gefiel ihr weitaus besser. Ja, so würde sie es am besten allen erzählen. Sie glaubte selbst schon fast daran.

Der junge Maler setzte sich zu ihr an den Tisch, wo sie den Kaffee eingoss, und meinte: »Ja, solch ein Anblick würde mir auch gefallen!«

Caroline wusste nicht, was genau er mit »solch ein Anblick« meinte – die Aussicht auf die Elbe oder sie, wie sie am Fenster stand? Flirtete er etwa mit ihr? Blechen lachte sie unbefangen an, und Caroline senkte hastig den Blick.

»Ich studiere Malerei an der Berliner Akademie«, sagte er und kehrte damit in sichere Gefilde zurück.

Caroline sah wieder auf. »Oh, wie interessant! Was genau machen Sie da?«

Bevor Blechen antworten konnte, wurde die Stubentür geöffnet und Caspar kam herein. Er blieb jedoch nahe der Tür stehen und starrte den fremden Mann misstrauisch und gar nicht erfreut an.

»Caspar!« Caroline erhob sich und sprang auf ihren Mann zu. »Wir haben einen Gast.«

»Das sehe ich«, knurrte er. »Was will er hier bei dir?«

Caroline zuckte wegen Caspars barschem Ton zusammen. Wieso war ihr Mann so unhöflich? Sie hatten doch oft Gäste. Auch junge Maler.

Einen Moment lang war es so still im Raum, dass man eine Stecknadel hätte fallen hören können. Keiner sagte etwas. Caroline wurde es heiß. Was für eine peinliche Situation!

Der junge Blechen aber stand auf und ging mit ausgestreckter Hand auf Caspar zu. »Herr Friedrich, es ist mir eine Ehre …«, begann er.

Caspar sah durch ihn hindurch, als ob er Luft wäre, missachtete auch dessen Hand. Zornig presste er die Lippen zusammen und wirkte, als wollte er gleich explodieren.

Caroline war bestürzt über seine völlig unangemessene Reaktion.

»Caspar, das ist ein Kollege von dir, der Maler Carl Blechen aus Berlin«, stellte sie den Gast vor und erklärte: »Er möchte zu den Dahls und wartet hier bei uns auf sie. Hat Johan dir nicht von ihm erzählt?«

Einen Moment lang herrschte weiter eine ungute Stille, dann fasste Caspar sich und versuchte sich an einem Lächeln. Schließlich streckte er seinerseits die Hand aus und wirkte wie verwandelt, als er sagte: »Herzlich willkommen! Das konnte ich nicht wissen!«

Caspar setzte sich, ließ sich von Caroline auch eine Tasse Kaffee geben und unterhielt sich angeregt mit dem Maler. Generös lud er den jungen Mann ein, ihn in den nächsten Tagen in seinem Atelier zu besuchen, heute sei er leider nicht darauf eingerichtet. Ganz entspannt steckte er sich seine Pfeife an.

Caroline konnte sich keinen Reim auf seine heftige Reaktion machen, als er hereingekommen war. War er eifersüchtig gewesen, weil ein fremder Mann bei ihr saß? Caspars Verhalten hatte sie äußerst befremdet.

Einige Zeit später hörten sie Schritte auf der Treppe. Die Dahls kehrten zurück, und Blechen verabschiedete sich. Als er weg war, sprach Caroline Caspar auf sein merkwürdiges Benehmen an, aber er tat so, als ob er nicht wüsste, wovon sie redete.

Bruch mit dem Freund

Caspars irrationales Verhalten bereitete Caroline immer mehr Sorgen. Zwar hatte ihr Mann auch früher wechselhafte Stimmungen gezeigt, doch nun wurde es mit seinen Launen immer schlimmer. Hatte sie ihn ansonsten meist schnell wieder beruhigen können, wurde Caroline jetzt oft selbst zur Zielscheibe seines Unmutes. Was waren das für unberechenbare Gefühle, die in Caspar tobten und so unkontrolliert hervorbrachen?

Anfangs schob Caroline seinen Groll auf seine große Enttäuschung darüber, dass er an der Dresdner Kunstakademie nicht wie erwartet die Nachfolge von Akademieprofessor Klengel antreten konnte. Er hatte eine eindeutige Absage bekommen, die ihn sehr empörte. Klengel war wie Caspar ein Landschaftsmaler gewesen, hatte aber im Gegensatz zu ihm noch sogenannte »ideale Landschaften« und idyllische Kompositionen im alten Stil gemalt. Dennoch war Caspar sicher gewesen, dass er nach dem Ausscheiden Klengels auf dessen Stelle nachrücken würde. Stattdessen hatte man ihn am 17. Januar 1824 zum Außerordentlichen Professor der Kunstakademie ernannt, womit eine leichte Erhöhung seines Einkommens einherging, doch es war eben nicht die vakante Professorenstelle für Landschaftsmalerei mit hohem Renommee und entsprechendem Gehalt. Beides bliebe ihm mit der Außerordentlichen Professur versagt. Was für ein schlimmer Schlag für ihn! Selbst nach Tagen hatte er sich davon noch nicht erholt.

Nachdem ihn die Botschaft erreicht hatte, war er unstet in der Wohnung hin und her gelaufen und hatte wiederholt ausgerufen: »Das kann nicht sein, das darf nicht sein!«

»Beruhige dich doch, Caspar«, hatte Caroline versucht ihn zu besänftigen und ihm beschwichtigend die Hand auf den Arm gelegt, die er jedoch unwirsch abgeschüttelt hatte.

Abrupt hatte er sich auf dem Absatz umgedreht und war türenknallend im Atelier verschwunden.

Caroline war zusammengezuckt, denn so hochgradig erregt hatte sie Caspar noch nie erlebt. Mit einem schiefen Lächeln hatte sie sich ihren beiden Töchtern zugewandt, die vor Schreck ihr Spiel unterbrochen und aus großen Augen ihrem Vater nachgesehen hatten.

»Papa muss arbeiten«, hatte Caroline hilflos gesagt.

In der Folgezeit war Caspar zwar zwischenzeitlich so liebenswürdig wie früher, dann aber wieder unerklärlich launisch. Oder er zog sich gänzlich von der Familie zurück. Caroline war ratlos, ihr geliebter Mann wurde ihr fremd. Bisweilen verspürte sie sogar ein wenig Angst vor ihm und seinen Wutanfällen. Caspar konnte sich grundlos über

Nichtigkeiten aufregen, und manche seiner Gedanken entwickelten sich zu fixen Ideen.

Caroline hätte auch nie gedacht, dass sie bei ihm in den Verdacht der Untreue geraten könnte, hatte sie ihrem Mann doch nie den geringsten Anlass für solche Anschuldigungen gegeben. Ausgerechnet mit dem engen Freund Carl Gustav Carus kam es zu einem Eklat, weil Caspar ihm und Caroline ungerechtfertigterweise ein Techtelmechtel oder zumindest gemeinsamen Verrat unterstellte. Caroline war entsetzt über das Verhalten ihres Mannes! Nicht nur dass er schlecht von ihr dachte, bekümmerte sie, sondern auch, dass er deshalb mit seinem alten Freund Carus brach. Das war doch alles absurd!

Mit dem angesehenen Arzt, Psychologen und Naturphilosophen war Caspar seit 1816, kurz bevor er Caroline wiedergetroffen hatte, befreundet. Er hatte den Gynäkologen und damaligen Leiter der Königlichen Hebammenschule auf einer Ausstellung kennengelernt. Mittlerweile war Carus Professor für Geburtshilfe und gehörte zu den Mitbegründern der Medizinischen Akademie zu Dresden. Mit ihm hatte Caspar seither eine besondere Beziehung verbunden, obwohl der 15 Jahre jüngere Carus charakterlich ein ganz anderer Typ war, sehr extrovertiert und offen. Vor allem die Malerei hatte ihre Freundschaft geprägt.

Carus war im Hauptberuf Mediziner, hatte jedoch schon lange ehrgeizige Kunstambitionen. Er hatte den Kontakt zu Caspar gesucht, der ihm, dem Autodidakten – Carus hatte nie Kunst studiert –, ein wichtiges Vorbild geworden war. Die beiden hatten Malausflüge zusammen unternommen, die sie bis in die Sächsische Schweiz geführt hatten. 1819 war Carus sogar auf den Spuren seines Mentors auf Rügen gewandert und sehr beeindruckt von der Ostseeinsel gewesen.

Zwischen den beiden Männern hatte von Anfang an jedoch nicht nur eine künstlerische, sondern auch eine seelische Übereinstimmung geherrscht. Mit Carus hatte Caspar unbefangen seine mystischen Bildideen besprechen können. Carus hatte stets bewundernd und aufmerksam an Caspars Lippen gehangen, um seine Werke zu verstehen. Er eiferte ihm als Künstler stilistisch nach und bevorzugte als Bildmotive wie Caspar Bäume, Vollmondnächte und Ruinen. Unter Caspars Anleitung hatte er versucht, das Geheimnis von Licht und Dunkel in den Landschaftsbildern zu erfassen.

Caroline hatte sich manches Mal gefragt, woher Carus neben seinem anspruchsvollen Beruf, seinen Büchern, den Forschungen und seiner großen Familie die Zeit für die Malerei nahm. Von Caspar wusste sie, dass er immer versuchte, all seine Interessen unter einen Hut zu kriegen. Carus sei von Anfang an ein Wunderkind, ein Ausnahmetalent auf vielen Gebieten und schon immer ein Tausendsassa gewesen. Irgendwie schaffe dieser Mann sich dafür genügend Freiräume. Caspar war, als er dies gesagt hatte, kurz still geworden und hatte wohl darüber nachgedacht, ob er sich auch wieder mehr Freiräume schaffen sollte. So schön das Familienleben war, so sehr engte es ihn anscheinend doch ein.

Von Caspar wusste Caroline auch, dass Carus fast an einer schlimmen Typhuserkrankung gestorben wäre, zu einem Zeitpunkt, als er schon eine glänzende Mediziner-Karriere in Leipzig vor sich gehabt hatte. Sein Leben hatte auf Messers Schneide gestanden, denn drei Wochen lang hatte ihn so hohes Fieber geplagt, dass keiner mehr an sein Überleben geglaubt hatte. Aber Carus war schon immer ein Kämpfer gewesen, und wohl auch ein Glückspilz. Er war wieder ganz gesund und ein anderer Mensch geworden. Er hatte überlegt, was ihm im Leben wirklich wichtig war. Neben seinem Beruf als Arzt liebte er die Kunst und wollte Maler sein. Dafür hatte er dann auch alles getan.

Caspar hatte sich jedenfalls immer sehr geehrt gefühlt, dass Carus seine Bilder gefielen und er sie auch verstand.

Und Caroline hatte des Öfteren mitleidig an Carus' Familie gedacht, seine Frau Karoline und die vielen Kinder, und sich gefragt, wann dieser Mann neben seinen vielen Aktivitäten noch Zeit für seine Familie fand. Karoline war fünf Jahre älter als er, was ungewöhnlich war. Zudem munkelte man, dass sie eine Verwandte von ihm sei. Als Caroline Caspar gefragt hatte, ob das stimmte, hatte er ihr mit verschwörerischem Unterton verraten: »Na ja, man sagt, dass Karoline seine Stieftante sei …«

»Oh, wie das?« Caroline war peinlich berührt gewesen.

Caspar hatte nur mit den Achseln gezuckt. »Er hat wohl die Tochter seines Großvaters aus einer späteren Ehe geheiratet. Oder war es dessen Stieftochter? Aber, ach, das geht doch eigentlich niemanden etwas an. Hauptsache, die beiden sind glücklich«, hatte er damals gemeint. »Bei der großen Kinderzahl sieht es ganz danach aus …« Caspar hatte sich aus dem Gerede nie etwas gemacht und sich stets schützend vor seinen Freund gestellt.

Umso weniger nachvollziehbar war es für Caroline, dass diese Freundschaft nun zerbrach – und das ohne stichhaltigen Grund. Möglicherweise war das Verhältnis, das er ihr und Carus andichtete, auch nur ein Vorwand. Denn Carus hatte ebenfalls längst bemerkt, dass Caspar sich zu seinem Nachteil verändert hatte. Er hatte den Freund darauf angesprochen und ihm auch gesagt, dass er sich Sorgen um seinen Seelenzustand mache. Caspar war wütend geworden. Er sei eben ein empfindsamer Mann mit impulsivem Charakter. Er wolle seine Einmischung nicht und schon gar keinen ärztlichen Rat!

Caroline litt zunehmend unter Caspars Launen, doch war sie überzeugt davon, dass es nicht nur glückliche Zeiten in einer Ehe gab. Diese galt es erst recht zu meistern, indem man dem anderen gegenüber nachsichtig war. Und ihr Mann war eben manchmal schwierig. Wenn sie Anzeichen für solch eine dunkle Phase bemerkte, ließ sie ihn möglichst in Ruhe. Ohnehin war sie mit dem Haushalt und den Kindern sehr beschäftigt und sie redeten nicht mehr so häufig miteinander wie früher. Zu ihrem Bedauern waren auch die Zärtlichkeiten seltener geworden. Oft kam Caspar erst aus seinem Atelier, wenn sie bereits schlief, und sie hörte nicht mehr, wie er zu ihr ins Ehebett schlich. Morgens stand er vor ihr wieder auf. Caroline hatte den Verdacht, dass er gar nicht mehr zu ihr ins Bett kam, sondern die ganze Nacht in seinem Atelier blieb.

Manchmal versuchte Caroline, meist vergeblich, ihn zu mehr gemeinsamen Aktivitäten zu animieren. »Lass uns mal wieder einen Spaziergang machen«, schlug sie ihm vor. »Wie früher. Das war immer so schön. Und das täte dir gut. Du hockst zu viel in diesem Öldunst im Atelier. Wir könnten die Mädchen mitnehmen.«

Doch Caspar lehnte ihren Vorschlag mit verschlossenem Gesicht ab.

»Was ist nur mit dir, Caspar?«, fragte Caroline verzweifelt.

»Ich bin so, wie ich bin«, antwortete er entschieden.

»Nein, du bist nicht nur so! Ich mache mir Sorgen um dich! Carus hatte recht, du solltest einen Arzt aufsuchen.«

»Ich will nichts mehr von Carus hören – und auch nichts von einem Arzt!« Er schlug die Ateliertür hinter sich zu und ließ sich nicht mehr blicken.

Caroline hatte seinen wunden Punkt getroffen. Ja, Carus und sie hatten über Caspar gesprochen. Weil sie sich um ihn sorgten. Und Caspar hatte sie dabei ertappt.

Carus hatte sich bei seinem letzten Besuch direkt an Caroline gewandt und ihr schonungslos erklärt, dass ihm Caspar krank, wohl depressiv vorkomme. »Die Melancholie ist eine ernst zu nehmende Krankheit«, hatte er eindringlich gesagt.

Caroline hatte versucht, ihren Mann zu verteidigen. »Caspar hat einige unschöne Dinge erlebt, die ihn bis heute quälen. Und dann kam neulich die Nachricht, dass man ihn nicht an die Kunstakademie berufen wird. Da ist sein schlechter Seelenzustand doch kein Wunder! Das geht bestimmt vorbei.« Sie hatte viel Zuversicht in ihre Stimme gelegt, die sie jedoch längst nicht mehr empfand.

Carus hatte bedenklich den Kopf gewiegt. »Ganz egal, was er erlebt hat, Caspar scheint mir krank zu sein, und dagegen muss man bald etwas unternehmen, sonst wird es immer schlimmer.«

»Was kann ich machen?«, hatte Caroline mit gedämpfter Stimme gefragt, denn sie hatte befürchtet, dass Caspar jeden Moment auftauchen könnte. Solch ein Gespräch würde ihm gar nicht gefallen. Er würde sich sehr aufregen, und es wäre nicht das erste Mal, dass er grob reagierte.

Carus hatte nachdenklich die Stirn gerunzelt. »Es wird nicht leicht, Caspar zu helfen. Aber wir dürfen nicht ignorieren, was da passiert. Er wird immer eigentümlicher, seine Stimmung immer dunkler. Kann es sein, dass er manchmal richtig jähzornig ist?«

Caroline hatte nervös an ihrer Schürze genestelt. Wie konnte der Arzt das wissen? Bei solchen Ausbrüchen war Carus nie dabei gewesen.

Ihr Gesichtsausdruck war Carus Antwort genug gewesen. Ernst hatte er gefragt: »Wird er auch gewalttätig?«

Caroline hatte vehement verneint. »Caspar doch nicht! Ganz gewiss nicht!« Aber sie hatte sich selbst schon gefragt, wohin sich Caspars Verhalten noch entwickeln würde.

Mitfühlend war er fortgefahren: »Caroline, eine solche Gemütsart könnte auch Vorläufer eines Hirnleidens sein ...«

Caroline hatte ihn entsetzt angesehen. »So schlimm?«

»Es wäre gut, wenn er demnächst zur Kur führe, um sich zu erholen. Vielleicht wieder einmal nach Rügen? Solch ein Aufenthalt könnte eventuell helfen.«

In diesem Augenblick war Caspar aus seinem Atelier gekommen und hatte Caroline traulich mit Carus im Flur stehen und tuscheln gesehen. »Was ist hier los?«

Caroline hatte ihn unsicher angelächelt, und Carus hatte beschwichtigend die Hand gehoben.

Aber Caspar hatte sich so schnell nicht beruhigen lassen. Den guten Freund ignorierend, hatte er sich mit kaltem Blick seiner Frau zugewandt. »Ich bin nicht blind! Ich sehe, was ihr hinter meinem Rücken treibt!« Er hatte die beiden grob auseinandergeschoben und Carus gegen seinen Protest gleich zur Tür hinaus. »Du gehst jetzt besser und brauchst nicht mehr wiederzukommen«, hatte er ihm böse zugerufen. »Mir erzählen, ich sei krank, und mir gleichzeitig die Frau ausspannen! Das könnte euch so passen!«

»Das ist doch gar nicht wahr, Caspar, was denkst du denn von mir!« Caroline war den Tränen nahe gewesen und hatte sich vor Carus geschämt.

Der hatte im dunklen Hausflur gestanden und nur den Kopf geschüttelt. Weitere Erklärungen hatte er, wie es schien, jedoch für zwecklos gehalten Mit eisigem Blick hatte er sich empfohlen.

»Caroline, was tust du mir an? Du bist so treulos! Warum hintergehst du mich?«

»Das sind ungeheuerliche Unterstellungen!«, hatte sie nun ihrerseits geschrien, obwohl das überhaupt nicht ihre Art war. Sie hatte es in diesem Moment so sattgehabt, immer wieder Verständnis für seine Launen aufzubringen. »Er ist dein Freund und ein verheirateter Mann, dazu Vater mehrerer Kinder!«

Caspar hatte verächtlich geschnauft. »So was hat die Männer, die Ehebruch begehen, bislang noch nie gestört. Carus ist jung und attraktiv. Das gefällt dir wohl, was? Und im Gegensatz zu mir ist er sehr erfolgreich.«

Aha, Minderwertigkeitskomplexe hatte er. Das tat ihr zwar leid, aber deshalb ließ sie sich von Caspar nicht so behandeln! Sie hatte heftig seinen Arm abgeschüttelt, mit dem er sie gepackt hatte. »Caspar, wach auf! Ich bin es, deine Frau. Ich liebe dich so, wie du bist, und habe dich noch nie betrogen!«

Caspar hatte auf seine erregte Frau gesehen und ein wenig gewankt. Er hatte geblinzelt, und es war, als erwachte er aus einem bösen Traum.

»Das sind alles fixe Ideen von dir«, hatte sie ihm wütend entgegengeschleudert. »Carus hat recht, du bist krank!« Sie hatte sich abgewandt, war in die Küche gegangen und hatte die Tür hinter sich zugeknallt, wohl wissend, dass Caspar ihr nicht folgen würde. Für ihn zählte nur sein Atelier!

Carus war seither nicht mehr zu Besuch gekommen. Sicherlich hätte er dem Freund gern geholfen, aber die bösen Anschuldigungen und die Härte Caspars hatten ihn zu sehr erschreckt. Auch wollte er Caroline nicht in Misskredit bringen, denn eine Frau litt gesellschaftlich viel mehr unter einem solchen Vorwurf als ein Mann.

Noch ahnte sie nicht, dass Carus später ein Buch über Caspar schreiben und darin auch diesen Vorfall bekunden würde.

Caspar erwähnte Carus nicht mehr. Allein die Nennung seines Namens empfand er als Provokation. Caroline verstand ihn nicht, wie oft hatte sie ihm mittlerweile erklärt, dass der Freund ihnen nur helfen wolle. Ihr war ein wenig bang, wie es mit Caspar weitergehen würde. Die finanzielle Lage war nicht rosig, dennoch hoffte sie, dass sie ihn zu einer Kur auf Rügen überreden konnte.

Sorge um Caspar

»Caspar hat sich sehr verändert.« Caroline sprach endlich mit ihrer Mutter darüber, weil sie hoffte, dass diese einen guten Rat für sie hätte. »Ich mache mir große Sorgen um ihn.« Sie saß in ihrem Elternhaus auf dem Sofa, während die Kinder im Garten spielten.

»Wie meinst du das?« Die Mutter schob Caroline die Schale mit den gezuckerten Sandplätzchen zu, die sie so liebte, und sah sie forschend an.

Caroline griff zu und ließ sich das Gebäck auf der Zunge zergehen. Was für eine Wohltat in all dem Leid! Dann antwortete sie: »Er verbreitet nur noch eine dunkle Stimmung.«

»Ich habe dich gewarnt, mein Kind. Er war schon immer ein schwieriger, melancholischer Typ! Weißt du noch, wie wir vor deiner Hochzeit darüber gesprochen haben?«

»Ja, ich erinnere mich. Dennoch hast du unrecht. Anfangs war er nicht so. Gut, manchmal wirkte er ernst und streng, aber er war auch gesellig und lustig!«

»Und das ist er nun nicht mehr?«

»Nein, ganz und gar nicht.« Caroline standen plötzlich Tränen in den Augen. »Caspar verschanzt sich nur noch in seinem Atelier ...«

»Nun, er ist eben ein Künstler, Kind!«, warf die Mutter ein, klang dabei aber harsch.

»Er sieht und hört mich nicht, redet nicht mehr mit mir, und wenn doch, dann kurz angebunden oder wütend. Er ist schweigsam und wirkt so verbittert«, ergänzte Caroline und kam sich schlecht dabei vor. Es klang wie Verrat an ihrem Mann. »Er unterstellt mir Dinge, die nicht stimmen, sogar ... Untreue.« Das letzte Wort hatte sie geflüstert.

Die Mutter schwieg.

Hätte Caroline damals nach ihrer Verlobung auf die Worte der Mutter hören sollen? In ihrer Verliebtheit und ihrem jugendlichen Überschwang hatte sie alle Bedenken weggewischt. Denn sie hatte Caspar in einer ganz anderen Gemütslage kennengelernt. Und diesen Mann ihrer Anfangszeit wollte sie wiederhaben! Caroline biss sich auf die Lippen. »Was meintest du damals damit, dass er dunkle Stunden erlebt hat?«, fragte sie zaghaft. Inzwischen kannte sie die Vergangenheit ihres Mannes mit den vielen Todesfällen, die er hatte verkraften müssen. Besonders der Tod seines Bruders Christoffer machte ihm noch immer zu schaffen. Doch vielleicht war da noch etwas?

Die Mutter stöhnte leise auf. »Jeder weiß, dass er schon früh einige seiner Liebsten verloren hat«, begann sie langsam. »Nun, dass Familienmitglieder sterben, ist leider nichts Ungewöhnliches, da haben wir alle unser Päckchen zu tragen …« Sie sah plötzlich sehr kummervoll aus. Wahrscheinlich dachte sie an Carolines Vater. »Aber Caspar kam damit viel schwerer zurecht als andere. Und er hatte große Schuldgefühle, weil er seinen Bruder Christoffer nicht retten konnte.«

»Caspar wollte lange nicht darüber reden«, warf Caroline ein. »Aber inzwischen hat er mir gesagt, was damals passiert ist. Christoffer hat Caspar aus dem Wasser gezogen, um ihn vor dem Ertrinken zu retten, und ist dann selbst ertrunken. Diese traurige Geschichte macht Caspar bis heute schwer zu schaffen, da hast du recht.«

»Vielleicht liegt die Schwermut auch in seinem Charakter begründet«, mutmaßte die Mutter. »Ihn drückt die Trauer noch mehr nieder als andere. Dein Vater hat Caspar sehr gemocht und gern mit ihm verkehrt, aber auch immer wieder zu mir gesagt, dass dieser Mann ihm oft so trübsinnig und schwierig erscheine. Ein Eigenbrötler eben. Er hat mir damals bereits erzählt, dass Caspar sich oft zurückziehe. Und einmal hat er wohl auch versucht …« Die Mutter stockte.

»Was? Was hat er versucht?«, hakte Caroline nach.

»Sich das Leben zu nehmen.«

Caroline fuhr erschrocken hoch. »Davon weiß ich nichts!«

Die Mutter sah sie traurig an. »Dann frag ihn mal, warum er diesen dichten, langen Bart hat. Man sagt, dass er damit eine böse Narbe kaschiere.«

Caroline schüttelte vehement den Kopf. »Das kann ich nicht glauben!«

Eine Weile war es still zwischen den Frauen.

»Seit wann hat er sich so drastisch verändert, deiner Meinung nach?«, fragte schließlich die Mutter, griff nach der Kaffeekanne und schenkte beiden nach.

Caroline überlegte, ob sie das an einem bestimmten Zeitpunkt festmachen konnte oder ob es nicht eher schleichend vonstattengegangen war. »Der gewaltsame Tod seines Freundes Kügelgen hat ihn sehr getroffen. Und natürlich, dass unser zweites Kind nicht lebend zur Welt kam. Das hat ihn alles sehr traurig gemacht. Dazu die Enttäuschung über seinen künstlerischen Misserfolg, denn seiner Ansicht nach versteht niemand seine Bilder richtig. Und dann wurde er im Januar nur zum Außerordentlichen Professor an der Dresdner Akademie ernannt. Dass man ihm die ersehnte Anstellung versagt hat, hat ihn endgültig in eine Depression gestürzt«, bekräftigte Caroline.

Die Mutter nickte. »Ja, das kann ich mir gut vorstellen! Auf diese ehrenhafte Berufung hat er schon sehr lange gewartet! Jetzt wird es knapp mit eurem Einkommen, nicht wahr? Verkauft Caspar denn noch Bilder?«

Innerlich verdrehte Caroline die Augen. Hätte sie nur nicht damit angefangen. Die Mutter dachte vor allem wirtschaftlich. »Es geht doch nicht nur ums Geld!«, protestierte sie. »Caspar hat dadurch das Gefühl, dass seine Arbeit verkannt und er in seiner Funktion als Künstler abgelehnt wird. Das ist schlimm für ihn, seine Vorstellungen und sein Selbstbewusstsein.«

»Papperlapapp!« Die Mutter winkte ungeduldig ab. »Es geht im Leben immer ums Geld! Dein Mann hat eine Familie zu versorgen. Wie will er das denn machen, wenn er die Stelle nicht bekommt? Warum wurde er eigentlich nicht berufen?«

Caroline schob verärgert ihr Kinn vor. »So genau wissen wir das nicht. Die Absage klang wenig überzeugend, da haben sie ihn mit fadenscheinigen Ausreden abgespeist. Das hat er mir zumindest erzählt, nachdem er es erfahren hat.«

»Wahrscheinlich liegt es an seinen merkwürdigen Bildern«, mutmaßte die Mutter. »Die sind einfach zu düster. Sag ihm, dass er es mit heiteren Szenen versuchen soll! Er muss sich an den Geschmack der anderen anpassen!«

Caroline schoss vom Sofa hoch. Das wurde ja immer besser! Hätte sie der Mutter bloß nichts von ihren Sorgen erzählt! »Er malt wunderbare Bilder, Mama«, erwiderte sie hitzig. »Das hat man ihm auch schon oft bestätigt. Caspar hat seinen ganz eigenen Stil und malt eben nicht wie alle anderen.«

»Dann braucht er sich auch nicht zu beschweren, wenn die Akademie ihn nicht als Lehrer akzeptieren will. Wer weiß, was er den jungen Leuten beibringen würde!«

Caroline schaute sie entsetzt an. So dachte sie also. »Er hat doch auch deinen Sohn unterrichtet«, wandte sie ein.

»Ja, privat. Und ob Wilhelm ein angesehener Maler wird, sei dahingestellt. Die Herren an der Akademie aber wollen jemanden, mit dessen Werken sie renommieren können. Sie wollen einverstanden sein mit dem, was er macht und was er an die jungen Künstler weitergibt. Dafür brauchen sie keinen künstlerischen Revolutionär! Und seine politische Einstellung ist auch kein Geheimnis und nicht überall gern gesehen ...«

Caroline wandte sich zur Tür. »Ich gehe jetzt besser. Von dir hätte ich mir mehr Verständnis erhofft.«

Die Mutter erhob sich nun ebenfalls. Traurig ließ sie die Schultern sinken. »Ach, Kind, ich meine es nicht böse. Mir tut es leid, was da geschieht. Ich mache mir einfach Sorgen um deine Zukunft. Und um die der Kinder.«

Caroline stand weiterhin zu ihrem Mann, dessen dunkle Stimmungen nicht besser wurden. Caspar sprach nicht mit ihr über seinen großen Schmerz, nicht über die Verweigerung der Professorenstelle, nicht darüber, dass viele Kollegen und Kritiker ihn trotz positiver Stimmen als Landschaftsmaler nicht akzeptierten, weil sie seine Werke nicht verstanden. Dennoch hatte er nicht mit einer solchen Ablehnung gerechnet.

Die Nachfrage bezüglich seiner Werke war in letzter Zeit stetig zurückgegangen. Mittlerweile kam kaum noch jemand bei ihnen vorbei, um seine Bilder anzusehen, geschweige denn, um ihm eins abzukaufen. Caspar hatte die Hoffnung gehegt, dass eine Berufung zum Professor das Interesse an seinen Bildern und den Verkauf wieder ankurbeln würde. Stattdessen drückten ihn erneut Existenzängste. Ein weiterer Grund seiner Enttäuschung wegen der abgelehnten Professorenstelle lag darin, dass er den jungen Malern gern ein wichtiges Vorbild gewesen wäre wie einstmals sein Lehrer Quistorp ihm. Dies alles mochte Caspar seiner Frau gegenüber nicht zugeben. Ihm musste doch klar sein, dass sie sich Sorgen um ihn machte und deshalb ständig um ihn herumschlich und ihn fragend anblickte. Aber statt darüber zu reden, wurde er immer wortkarger.

Caroline machte sich auch Gedanken um ihre finanzielle Situation. Im Sommer wusste sie, dass sie erneut schwanger war. Für eine künftig fünfköpfige Familie war das dürftige Einkommen eine Katastrophe. Mit Caspar konnte sie nicht darüber sprechen, er kam nur noch selten aus seinem Atelier heraus. Caroline vermutete, dass er dort gar nicht malte, sondern tatenlos und deprimiert herumsaß. Wenn sie vorsichtig in ihn drang und ihn fragte, woran er arbeite, reagierte er mürrisch und antwortete, dass sie abwarten solle.

Ob Carus recht hatte und Caspar tatsächlich krank war? Ihrer Meinung nach steigerte er sich viel zu sehr in seine Verbitterung hinein. Statt jetzt erst recht die Ärmel hochzukrempeln, wie sie es ihm anriet, wurde er lethargisch. Auch aß er viel zu wenig, stocherte nur freudlos auf seinem Teller herum. Dabei kochte sie meist seine Lieblingsspeisen. Oft starrte er Löcher in die Luft und nahm sie, ihren wachsenden Bauch und die beiden Mädchen nicht wahr. Wenn es durch die Mädchen mal lebhafter zuging, reagierte er mit gequältem Gesichtsausdruck oder griff sich mit beiden Händen an die Schläfen, murmelte etwas von Kopfschmerzen und verschwand in seinem Atelier.

Einmal fasste Caroline sich ein Herz, bat die bereits verständige Emma, auf die kleine Agnes zu achten, und ging zu ihm. Vorsichtig pochte sie an die Tür, aber es regte sich nichts.

»Caspar«, rief sie leise, dann noch einmal lauter. Schließlich öffnete sie die Tür und sah ihren Mann zusammengesunken vor der Staffelei sitzen.

Müde hob er den Kopf. »Lass mich allein«, sagte er tonlos.

»Was ist denn mit dir?«, fragte sie und ging zu ihm hin. Als sie fast vor ihm stand, hob er den Arm und wedelte mit der Hand, als wollte er ein lästiges Insekt verscheuchen.

»Lass mich«, brummte er noch einmal barsch.

Caroline blieb stehen und war unschlüssig, wie sie sich verhalten sollte. Sie konnte und wollte ihn nicht einfach so sitzen lassen. »Bist du krank? Dann leg dich besser hin!«, sprudelte es aus ihr heraus.

Caspar richtete sich auf, seine Augen blitzten böse. Ungehalten schrie er sie an: »Du sollst mich in Ruhe lassen, Caroline! Geh zu den Kindern!«

Caroline wusste, dass in solch einer Situation kein Reden mit ihm war. Sie rang verzagt die Hände, derweil Caspar erschöpft wieder in sich zusammensackte und sie keines Blickes mehr würdigte. Also zog sie sich zurück, nicht ohne einen traurigen Blick auf seine müde Gestalt zu werfen. Wie lange hatte er sie schon nicht mehr »Line« genannt? Sie machte die Tür leise hinter sich zu und kehrte zu den Kindern zurück.

Mitten in diese schlimme Zeit hinein wurde ihr Sohn geboren. Einen Tag vor Heiligabend 1824 kam Gustav Adolf zur Welt. Doch selbst die Geburt des Jungen konnte Caspar nicht aus seiner Verfassung heraushelfen.

Caroline fühlte sich sehr allein mit ihren Sorgen. Mit wem könnte sie darüber sprechen, ohne ihren Mann in Verruf zu bringen? Agnes wollte sie nicht noch einmal behelligen. Vielleicht mit ihrer Nachbarin Emilie, die ihnen beiden längst eine gute Freundin war? Nein, besser nicht, denn sie würde vielleicht ihrem Mann Johan davon erzählen. Das wäre unangenehm für Caspar und würde ihm gar nicht gefallen, wenn er es erführe. Sie wollte nicht einen weiteren Bruch mit einem Freund riskieren.

Ihre Mutter wollte sie ebenfalls nicht erneut ins Vertrauen ziehen. Ihr letztes Gespräch hatte in einem Krach geendet. Sie hatten sich zwar wieder versöhnt, aber Caroline wusste seither, dass die Mutter ihr in dieser Situation nicht helfen konnte. Sie würde ihr vermutlich nur zu mehr Duldsamkeit raten. Ihrer Meinung nach hielt eine Ehefrau zu ihrem Mann und war ihm eine Stütze. Das sah Caroline genauso, doch wollte sie alles unternehmen, damit es Caspar besser ging.

Ob sie sich vielleicht doch noch einmal an Carus wenden sollte? Immerhin war er Arzt, kannte ihren Mann schon lange und war über die schwierige Situation informiert. Er hatte eine Rügenreise empfohlen. Wie könnte sie Caspar eine Kur dort schmackhaft machen?

Kapitel 5: Träume und Entscheidungen

»Jeder trägt das Gesetz von Recht und Unrecht in sich. Sein Gewissen sagt ihm: dieses zu tun, jenes zu lassen.« (C. D. Friedrich)

Auf dem Dresdner Striezelmarkt

Inzwischen ging es Caspar so schlecht, dass er sich manchmal sogar am helllichten Tag ins Bett legte und sich stundenlang nicht rührte.

»Caspar, willst du nicht arbeiten?«, fragte Caroline dann jedes Mal verzweifelt, aber er zog nur leise grummelnd die Bettdecke hoch. Sie kochte Tee, den sie ihm auf den Nachttisch stellte, wo er jedoch unangetastet blieb und kalt wurde.

Schließlich holte sie gegen seinen Willen einen Arzt. Nicht Dr. Carus, das hätte ihn nur unnötig aufgeregt, sondern ihren alten Hausarzt, der Caroline schon als Kind behandelt hatte. Vertrauensvoll erzählte sie ihm im Flur von Caspars besorgniserregendem Zustand und führte ihn danach ins Schlafzimmer.

Der erfahrene Mediziner untersuchte den teilnahmslos im Bett liegenden Caspar. Er konnte keine organische Krankheit feststellen und murmelte etwas von Melancholie, wie Caroline befürchtet hatte.

»Gibt es da keine Medikamente, damit er sich besser fühlt?«, fragte sie.

Der Arzt verneinte. »Nur die Zeit kann seine Seele heilen. Wir müssen abwarten.« Auf Carolines verzweifelten Blick fügte er hinzu: »Er ist erschöpft vom Leben, sicherlich auch von seiner Arbeit. Er braucht viel Schlaf. Und Zuwendung. Dazu kräftigendes Essen.«

Caroline gab ihr Bestes, kochte würzige Fleischbrühen und süße Milchsuppen, setzte sich zu Caspar auf die Bettkante und redete ihm gut zu. Die Kinder ermahnte sie, nur auf Zehenspitzen durch die Wohnung zu laufen. »Papa ist krank und braucht Ruhe.«

Einige Tage später stand Caspar erstmals wieder auf. Er zog den Vorhang in der Schlafkammer zurück, stellte sich ans Fenster und blickte nachdenklich in den Himmel.
    Caroline trat neben ihn und legte zärtlich ihre Hand auf seinen Arm. »Magst du nicht mehr im Bett liegen?«
    Caspar schüttelte den Kopf. »Ich muss wieder arbeiten. Nur Arbeit hilft. Gleich gehe ich ins Atelier.« Bei diesen Worten wirkte er zwar nicht so enthusiastisch wie früher, aber dennoch entschlossen.
    Und tatsächlich schien Caspar in der Folgezeit seine Schaffenskraft wiedergefunden zu haben. Er malte die Bilder »Abend mit Wolken«, erneut eine Version der »Klosterruine Eldena bei Greifswald« und »Hügel mit Bruchacker bei Dresden«.

Bald darauf, am 2. Oktober 1825, sah Caroline ihn in seinen grauen Pelz gehüllt in der Wohnstube an seinem Schreibpult sitzen, wo er einen Brief an seine Brüder Adolf, Christian und Heinrich nach Greifswald schrieb. Kurz konnte sie zwei Zeilen erhaschen, in denen er mitteilte, dass seine Krankheit auf dem Rückzug begriffen zu sein scheine.
    Caspar bemerkte, dass Caroline ihm über die Schulter schaute, und drehte sich zu ihr um. Endlich lächelte er sie wieder einmal an, und sie wurde zuversichtlicher.

Noch immer wurde er von depressiven Phasen heimgesucht, doch beschäftigte er sich wieder mit seiner Kunst und versuchte, ein guter Vater zu sein. Er ging liebevoll auf die drei Kinder ein, und die freuten sich darüber, wenn er mit ihnen spielte oder laut lachend durch die Wohnung tobte. Caspar genoss diese unbändige Ausgelassenheit, denn bei seinem Vater wäre solch ein Verhalten undenkbar gewesen, hatte er Caroline einmal anvertraut. Der sei sehr streng gewesen und hätte so ein wildes, in seinen Augen undiszipliniertes Verhalten nicht geduldet. Caspar hingegen tolerierte es, wenn sich die Kinder frei gebärdeten und dabei glücklich waren.

Doch dann gab es wieder die Zeiten, in denen ihn der Lärm störte. Wenn es ihm zu wüst wurde, sprach er ein kurzes Machtwort, ehe er in seinem Atelier verschwand. Für die Kinder war dieser manchmal plötzliche Gesinnungswechsel kaum zu verstehen. Die beiden Mädchen liefen dann immer wieder zu seinem Atelier, und der kleine Adolf kroch auf allen vieren neben seinen älteren Schwestern her. Vor dem Atelier lauschten die drei aufmerksam und hofften darauf, dass der Vater zu ihnen herauskam. Caroline befürchtete einen Wutausbruch, wenn Caspar das Plappern und Tuscheln hörte, und mahnte die Kinder, ihren Vater nicht bei der Arbeit zu stören.

Nun war es Dezember geworden, und wieder einmal hatte sich Caspar in seinem Atelier eingeschlossen, angeblich arbeitete er unermüdlich. Möglicherweise hockte er auch nur ratlos vor seiner Staffelei, wer wusste das schon. Er ließ ja niemanden zu sich in den Raum hinein. Dass er in solchen Phasen kaum noch sein Atelier verließ, war Caroline gewohnt, ihre Kinder dagegen nicht. Sie bedrängten die Mutter unzählige Male, dass sie den Vater sehen wollten. Kinder waren uneinsichtig, und Caroline musste sie ständig vertrösten, was mal mehr und mal weniger gut gelang. Manchmal gab es daraufhin bei den Kindern sogar Tränen.

Als kurz nach dem ersten Adventssonntag die Stimmung im Haus zu bedrückend wurde, ließ Caroline den Haushalt ruhen, klatschte in die Hände und rief: »Kommt, Kinder, lasst uns auf den Striezelmarkt gehen!«

Der berühmte Weihnachtsmarkt am Altmarkt wurde seit dem Mittelalter jedes Jahr in Dresden aufgebaut. Im Jahre 1434 hatten der sächsische Kurfürst Friedrich II. und sein Bruder Herzog Sigismund dem Rat der Stadt Dresden das Privileg verliehen, vor Weihnachten einen eintägigen Fleischmarkt abzuhalten, auf dem sich die Dresdner kurz vor Heiligabend ihren Weihnachtsbraten kaufen konnten. Später hatten sich jedoch viele andere Händler und Handwerker aus den benachbarten Ortschaften dazugesellt, sogar aus dem Erzgebirge, der Oberlausitz und aus Böhmen, um auf dem Markt ihre Waren anzubieten. Und mittlerweile standen nicht nur Buden auf dem Striezelmarkt, sondern es traten auch Gaukler, Liedersänger und Wunderdoktoren auf.

Auf dieses außergewöhnliche Ereignis freuten sich die Kleinen wie die Großen – das war schon immer so gewesen. Caroline erinnerte sich gut, wie sie als Kind darum gebettelt hatte, auf den Striezelmarkt gehen zu dürfen. Weil Mutter und Vater keine Zeit für solche Dinge gehabt hatten, hatte sie warten müssen, bis eines der älteren Geschwister sie mitgenommen hatte. Später war sie es dann gewesen, die die Jüngeren begleitet hatte – und sie alle waren auf dem trubeligen Striezelmarkt aus dem Staunen nicht mehr herausgekommen.

Emma jubelte, sie kannte den Markt vom letzten Jahr. Caroline war hochschwanger mit ihr dort gewesen. Agnes hatte bei Anni bleiben müssen, denn in ihrem Zustand war es Caroline zu viel gewesen, den Markt mit beiden Kindern zu besuchen. Mittlerweile war Agnes gut zwei Jahre alt, und in Kürze, einen Tag vor Heiligabend, hatte Adolf seinen ersten Geburtstag. Fast wäre er ein Christkind geworden.

Liebevoll lächelte Caroline ihren blond gelockten Sohn an und beschloss, dass sie ihn im Leiterwagen ziehen würde. Ob sie den Ausflug bei der Kälte alleine mit den Kindern schaffen würde? Caroline schlang sich einen warmen Schal um den Hals. Es wird schon alles gut gehen, dachte sie. Sie brauchten dringend eine Ablenkung von der Atmosphäre zu Hause.

Emma schlüpfte schon selbst in ihren Mantel und hopste freudig auf der Stelle herum. »Striezelmarkt, Striezelmarkt, wir gehen auf den Striezelmarkt«, sang sie laut. Nebenher half sie Caroline, die Kleinen warm zu verpacken, denn draußen, wo es langsam dunkel wurde, herrschten eisige Temperaturen.

Caroline schob die Kinder zur Wohnungstür und zögerte dort kurz. Ob sie Caspar Bescheid geben sollte? Ach nein, sie ließ ihn besser in Ruhe. Er würde, sofern sie in zwei Stunden zum Abendessen zurück wären, ohnehin nichts von ihrer Abwesenheit bemerken. Außerdem würde er sie nur streng ermahnen, bloß nicht unnütz Geld auszugeben. Er selbst machte sich ja nichts aus solchen Lustbarkeiten. Manchmal ärgerte sie sich über seine Knauserigkeit. Ein paar Münzen für eine Leckerei konnten sie durchaus erübrigen. Caroline blickte in ihr Portemonnaie und zählte das Geld.

Draußen war es bitterkalt und alles mit einer dünnen Schneedecke überzogen. Ihr Atem bildete helle Dampfwölkchen in der Luft. Sie hatte den Leiterwagen aus dem Hausflur gezerrt und Adolf hineingepackt, als Emma mit Agnes vorausrannte. Die beiden Mädchen lachten und kicherten und waren ein gutes Stück vor Caroline.

»Emma, pass auf deine Schwester auf!«, rief Caroline ihnen nach.

Emma nahm die Kleine gehorsam an die Hand, ließ sie jedoch kurz darauf wieder los, um geschickt durch die glatte Gasse zu schliddern.

»Halt, nicht so flott!«, mahnte Caroline. »Vorsicht, es ist glatt!«

Auf ihre Worte hin blieb Emma stehen, schaute übermütig grinsend zur Mutter und fasste die Schwester erneut an der Hand.

Wie groß und vernünftig Emma geworden war, staunte Caroline.

Weit war es nicht bis zum Altmarkt, ein Fußweg von etwa einer Viertelstunde, zumindest wenn Caroline allein unterwegs war. Mit den Kleinen dauerte es etwas länger.

Plötzlich vernahm sie hinter sich ein Rufen. »Caroline, warte, wohin geht ihr? Auf den Striezelmarkt? Wir kommen mit!«

Emilie Dahl. Caroline stoppte und drehte sich nach ihrer Freundin um, die ebenfalls in warme Kleidung eingehüllt war und die dreijährige Caroline Elisabeth an der Hand hielt. Als Emilie aufgeholt hatte, ging es gemeinsam weiter.

»Hast du schon für die Weihnachtszeit gebacken?«, fragte Emilie.

Caroline nickte. »Caspar mag meinen Striezel so gern.«

Emilie winkte entsetzt ab. »Du backst den Striezel selbst? Das ist eine unglaubliche Arbeit! Und so gut wie unser Bäcker Uhlig bekommt man ihn ja doch nicht hin. Wir kaufen unseren Striezel bei ihm.« Genießerisch verdrehte sie die Augen und ergänzte: »Der schmeckt wie selbst gebacken.«

Caroline zuckte die Schultern. »Ach, mir macht die Arbeit Freude. Ich backe ihn nach dem alten Familienrezept meiner Großmutter. Meinem Mann und den Kindern schmeckt er!« Dass dies auch kostengünstiger war, mochte sie Emilie nicht sagen. Es ging niemanden etwas an, wie knapp das Geld im Hause Friedrich war.

Am Altmarkt angekommen, mahnten sie die Kinder, dicht bei ihren Müttern zu bleiben, damit sie nicht verloren gingen. Agnes war aufgrund des großen Gedränges ohnehin etwas verängstigt und schmiegte sich eng an den Rock der Mutter. Doch Emma hätte sich am liebsten sofort ins Getümmel gestürzt. Der Jüngste lugte mit großen Augen aus seinem Wagen. Caroline zog die dicke Wolldecke fest um ihn herum und strich sie glatt. Dann ging es los.

Um die 300 Stände waren aufgebaut. Caroline wusste, dass der Dresdner Striezelmarkt neben dem Berliner Weihnachtsmarkt, dem Nürnberger Christkindlesmarkt und dem Frankfurter Christkindchesmarkt zu den bedeutendsten Festmärkten in deutschen Landen gehörte. Der Striezelmarkt war nach dem weihnachtlichen Hefegebäck in länglicher Form benannt, welches später als »Dresdner Stollen« bekannt werden sollte. Man konnte ihn hier in vielen Ausführungen erwerben, ebenso andere Köstlichkeiten, dazu allerlei Töpferwaren und kunstvolles Spielzeug. Es kamen Zeug- und Spitzenhändler, Töpfer, Glashändler und Goldarbeiter, um ihre Waren feilzubieten, und die Pfefferküchler und Maronenverkäufer sorgten für Leckereien, die man gleich vor Ort kosten konnte. Seit etwa 20 Jahren wurden sogar Christbäume für die Wohnstuben verkauft.

Auch Kinder beteiligten sich auf dem Striezelmarkt, um selbst gemachte Puppen, Papierlaternen und »Pflaumentoffel« zu verkaufen. Die essbaren Pflaumentoffel waren kleine Männchen, die aus Backpflaumen mit Holzstäbchen zu Figuren zusammengefügt wurden. Ein für den Dresdener Striezelmarkt typischer Pflaumentoffel sah aus wie ein Schornsteinfeger. Er hatte einen Pappzylinder auf dem Papierkugelkopf, trug einen metallisch glänzenden Papierkragen und dazu eine Leiter. Der Pflaumentoffel sollte an die Waisenknaben erinnern, die früher durch die Schornsteine der Bürgerhäuser gekrochen waren und sie gereinigt hatten. Die Pflaumentoffel galten als Glückssymbole, doch das konnte Caroline nicht nachvollziehen. Gut, das Schornsteinkehren verhinderte in den Bürgerhäusern wohl manchen schlimmen Brand, war jedoch für die armen Kinder lebensgefährlich gewesen. Und ebenso furchtbar musste es für die Kinder sein, die die Süßigkeit in ihren Bauchläden verkauften. Die Bauchläden waren sicher entsetzlich schwer, und bestimmt froren sie in ihren dürftigen Kleidungsstücken. Hoffentlich mussten ihre Kinder das nie tun!

Und schon war sie bei dem lieben Geld angelangt. Viel kaufen konnte sie heute nicht. Doch sie wollte Caspar um ein paar Taler fragen und noch einmal herkommen, um Weihnachtsgeschenke zu besorgen, auch wenn er sie tadeln würde. »Wir haben doch alles, was wir brauchen«, würde er sagen. Vielleicht würde er den Kindern wenigstens einen Pflaumentoffel spendieren.

Caroline und Emilie teilten sich mit den Kindern eine Schale heiß dampfender Maronen und sahen sich alles an. Anschließend machten sie sich auf den Heimweg. Die Kinder waren inzwischen müde, hatten rote Wangen und von der Kälte bläulich verfärbte Hände. Caroline nahm die leise jammernde Agnes nun auf den Arm, während sie Adolf im Wagen hinter sich herzog.

»Stell dir vor«, erzählte die Freundin, »wir bekommen bald wieder Besuch aus Norwegen. Ein entfernter Verwandter meines Mannes, ein Vetter zweiten Grades. Er heißt Knud, ist auch Maler und will unbedingt Dresden und Johans Gemälde kennenlernen.«

»Wann kommt er denn?«

»Im späten Frühjahr, ein genaues Datum gibt es noch nicht.«

»Und wie lange wird er bleiben?«

Emilie zuckte die Schultern. »Das wissen wir nicht.«

Caroline schaute sie prüfend an. »Freust du dich darüber?«

»Nun ja, teils, teils. Ich werde ihm ein Zimmer freiräumen müssen. Auch kenne ich ihn nicht, vielleicht ist er schwierig oder ganz und gar ungenießbar.« Emilie zog skeptisch die Nase kraus, und beide Frauen mussten lachen.

Caroline zwinkerte ihr zu. »Oder das Gegenteil ist der Fall, und er ist sehr attraktiv. Und interessant!«

Mai 1826. Abschied und Ankunft

Der 22. Mai 1826 war ein sonniger, warmer Tag. Und doch war es Caroline schwer ums Herz. Noch hielt sie ihre Hand erhoben und winkte der Kutsche nach, in der Caspar davonfuhr und nach der nächsten Kurve aus ihren Augen verschwand. Sie hatte die beiden jüngeren Kinder an der Hand, während ihre Älteste wild gestikulierend dem Gespann hinterherlief.

»Emma, komm zurück! Dein Vater kann dich doch gar nicht mehr sehen.«

Das kleine Mädchen in seinem schwingenden, geblümten Kleid stoppte, ließ traurig die Schultern sinken und drehte sich mit tränenverschmiertem Gesicht um. Mit der Hand wischte es über die geröteten Augen. Emma hing sehr an ihrem Vater und würde ihn vermissen.

Caroline fühlte die Trauer ihrer Tochter nach und fragte sich, ob ihr die Trennung von ihrem Mann auch so wehtat. Sie merkte erschreckend wenig Abschiedsschmerz, das war es, was sie traurig machte. Wenn sie ehrlich zu sich selbst war, fühlte sie sich sogar fast erleichtert, dass Caspar heute abgereist war. Natürlich würde er ihr fehlen, aber in erster Linie war sie froh darüber, dass der immense Druck nachließ, den seine wechselnden Stimmungen verursachten. Sein sprunghaftes Verhalten und seine Phasen der Melancholie hatten sie und die Familie in letzter Zeit sehr belastet.

Letztlich war es ein Segen, dass auch ihr Hausarzt Caspar die Reise nach Rügen angeraten hatte. Die finanzielle Zuwendung der verständnisvollen Verwandten hatte diese nun ermöglicht. Caroline glaubte fest an die heilsame Wirkung der Insel auf ihn. Er würde dort eine längere Kur machen, die hoffentlich gegen die Schwermut half und ihn wieder gesund werden ließ.

Mitten in ihre trüben Gedanken hinein vernahm sie einen höflichen Gruß. »Guten Tag, junge Frau«, sprach eine unbekannte männliche Stimme mit einem starken nordischen Akzent sie an.

Caroline sah nicht weit entfernt einen gut aussehenden jungen Mann, der sie interessiert musterte, neben einem großen Reisekoffer stehen.

»Entschuldigen Sie, wohnt hier …«, der Mann deutete auf ihr Haus, »… der Maler Johan Christian Clausen Dahl?«

Caroline schaute in das offene, sympathische Gesicht des Fremden, der wohl etwas jünger war als sie selbst, wenn auch nicht viel. Es hatte sich zu einem gewinnenden Lächeln verzogen und zeigte dabei zwei hinreißende Grübchen. Das wird der norwegische Gast sein, von dem Emilie im Winter berichtet hat, mutmaßte sie. Ein Verwandter von Johan, der einige Zeit in Dresden verbringen will, um seine Malkunst zu verfeinern. Was für ein attraktiver Mann! Erschrocken hielt Caroline inne. Was war nur in sie gefahren, so etwas überhaupt zu denken und diesen Mann so lange schweigend anzustarren? »Ja, das ist richtig, hier wohnt er«, bestätigte sie verwirrt. Was hatte dieser Mann aber auch für eine Ausstrahlung! Hellblondes Haar und Augen von kristallklarem Blau, wie sie es noch nie gesehen hatte.

Wahrscheinlich wusste er von seiner Wirkung, zumindest gab er sich sehr selbstbewusst und grinste sie breit an. Was er wohl in ihr sah? Nur eine Hausfrau im mittleren Alter mit einer Haube auf dem Kopf und ihren Kindern an der Hand?

Um die entstandene unangenehme Stille zu durchbrechen, fügte sie hinzu: »Ich bin Caroline Friedrich und wohne mit meiner Familie ebenfalls in diesem Haus, und zwar im ersten Stock. Ich habe schon von Ihrem Besuch erfahren. Herzlich willkommen!«

Jetzt strahlte er sie noch intensiver an, machte ein paar Schritte auf sie zu und zog seinen Hut. »Dann sind wir jetzt Nachbarn, höchste Zeit, mich ordentlich vorzustellen. Ich heiße Knud Andreassen Baade.« Er hielt ihr seine Hand hin.

Caroline registrierte den sanften Händedruck seiner außergewöhnlich langen Finger. Eine feingliedrige Künstlerhand, staunte sie, eher die eines Pianisten, ganz anders als die kräftige von ihrem Caspar. Ein eigenartiges Kribbeln machte sich in ihr breit. Caroline sah verwirrt in das gutmütige Gesicht des Fremden mit den funkelnden Augen, und ihr war recht eigentümlich zumute. Was war nur mit ihr los? Dumme Gans, schalt sie sich. Es musste mit Caspars ablehnender, frostiger Art in letzter Zeit zu tun haben, dass die feurige Liebenswürdigkeit des Fremden sie so angenehm berührte. Wie lange schon hatte kein Mann mehr sie so aufmerksam und warmherzig angesehen!

Knud Baade wandte sich nun ihren beiden jüngeren Kindern zu, die sich schüchtern hinter ihrem Rock versteckten und den fremden Mann misstrauisch musterten.

Die immer noch leise schluchzende Emma kehrte in diesem Moment zurück und drückte sich ebenfalls an Caroline.

»Na, wer wird denn da so weinen?«, fragte Knud das verheulte Mädchen und strich Emma tröstend über das Haar.

»Mein Mann, also ihr Vater, ist gerade für längere Zeit zur Kur gefahren. Sehr weit weg, nach Rügen. Er ist krank, und das bekümmert uns alle sehr«, erklärte Caroline und wunderte sich über sich selbst. Warum plapperte sie all diese Informationen so offen heraus? Das ging den Fremden doch gar nichts an! Sie hätte auch sagen können, dass Caspar auf Reisen gegangen war.

Knud nickte verständnisvoll und hakte nach: »Etwa der Maler Caspar David Friedrich? Das ist Ihr Ehemann?«

»Ja«, antwortete sie schlicht.

»Wie schade, dass er abgereist ist. Dann werde ich ihn wohl vorerst nicht kennenlernen. Ich habe viel von ihm gehört und mich gefreut, ihn und seine geheimnisvollen Bilder endlich einmal zu sehen.«

Knud sprach sehr schnell, und wegen seines eigentümlichen Akzents fiel es Caroline schwer, seinem Redefluss zu folgen. »Sie sprechen gut Deutsch«, stellte sie dennoch fest.

»Ja, ich komme wie mein Vetter Johan zwar aus Norwegen, habe Ihre Sprache aber fleißig gelernt, nachdem ich von ihm gehört habe, wie schön es in Dresden sei und wie viel man hier über Kunst lernen könne«, erklärte er. »Da habe ich mir gedacht, dass ich ihn mal besuchen muss.«

In diesem Augenblick kam wie aufs Stichwort Johan Dahl aus dem Haus gelaufen und rannte mit ausgestreckten Armen auf seinen Verwandten zu. »Knud«, rief er, »du bist schon da!«

Der wandte sich nun von Caroline und den Kindern ab und seinem Gastgeber zu. Mit einem unergründlichen Lächeln und einem kecken Seitenblick auf Caroline meinte er: »Ich wusste gar nicht, was für eine hübsche Nachbarin du hast!«

Caroline merkte, dass sie rot wurde wie ein junges, unbedarftes Ding und ärgerte sich über sich selbst. Schließlich war sie eine verheiratete Frau!

Johan nickte ihr zu und fragte nach, ob Caspars Abreise problemlos vonstattengegangen sei.

»Ja. Hoffen wir, dass ihm die Reise guttut«, sagte sie, verabschiedete sich und ging mit den Kindern ins Haus.

»Wer war das?«, fragte Emma neugierig.

»Ein neuer Gast der Familie Dahl, ein Verwandter«, antwortete Caroline. »Er ist auch Maler wie Onkel Johan und wie Papa, und er wird einige Zeit bei den Nachbarn wohnen.«

»Er spricht so komisch!«

Caroline unterdrückte ein Schmunzeln, denn sie musste an sich selbst denken, wie sie nach der ersten Begegnung mit Caspar fast das Gleiche gesagt hatte. »Weil er aus einem fernen Land aus dem Norden kommt«, erklärte sie der Tochter.

»Und da spricht man so?«

Sie schüttelte den Kopf. »Da spricht man eine ganz andere Sprache, Norwegisch. Herr Baade, so heißt der Mann aus Norwegen, hat aber Deutsch gelernt, damit wir ihn verstehen können. Man kann hören, dass Deutsch nicht die Sprache ist, mit der er aufgewachsen ist.«

»Ist das so wie bei Onkel Johan?«

»Genau, wie bei Onkel Johan.«

Caroline tat die kindliche Fragerei gut, denn sie lenkte sie von ihren irritierenden Gedanken und Gefühlen ab. Da war einerseits die lange Trennung von Caspar, der sie als Frau kaum mehr wahrgenommen hatte, und andererseits die Begegnung mit Baade, dessen intensiver Blick ihr schmeichelte.

Du wirst langsam wunderlich, schalt sie sich.

In den nächsten Tagen erwischte sie sich öfter dabei, dass sie nach dem neuen Gast der Familie Dahl Ausschau hielt.

Leider vergeblich. Ob ich Emilie mal wieder besuchen soll, fragte sie sich.

Der Maler aus Norwegen

Als Caroline ein paar Tage später in der Stadt unterwegs war, hörte sie zu ihrer Freude plötzlich die männliche Stimme mit nordischem Akzent, an die sie in den letzten Tagen öfter gedacht hatte.

»Guten Tag, Frau Friedrich!«

Mit klopfendem Herzen blieb sie stehen, drehte sich um und erblickte Knud, der eilig und lächelnd auf sie zukam.

»Guten Tag«, wiederholte er, als er ihr gegenüberstand. »Sind Sie auf dem Heimweg?«

Caroline nickte zögernd.

»Darf ich Sie begleiten?«

»Gern«, erwiderte sie, und sie setzten ihren Weg gemeinsam fort.

Zunächst schwiegen sie, aber es fühlte sich nicht unangenehm an.

Irgendwann fragte Caroline: »Wie gefällt es Ihnen nun bei uns in Dresden? Haben Sie sich schon eingelebt?«

Er nickte. »Es ist wunderschön hier. Und interessant. Ich habe bereits zahlreiche Bilder in den Museen bewundert.«

»Das mache ich auch gern«, meinte Caroline erfreut.

Knud musterte sie. »Wirklich?«

»Natürlich. Und das nicht nur, weil mein Mann Maler ist und viele Künstler zu unserem Freundeskreis gehören. Ich bin hier aufgewachsen und war schon als Kind gern in der Gemäldegalerie. Meine Brüder haben mich oft mitgenommen und mir die Bilder gezeigt – und erklärt.« Nach diesem Wortschwall biss sie sich auf die Lippen und senkte den Kopf. Nicht jeder Mann mochte es, wenn eine Frau sich zu gebildet gab und zu viel redete.

Aber Knud schien ihre Antwort zu gefallen. »Dann kennen Sie auch das Johanneum von innen?«, fragte er. Das älteste Ausstellungsgebäude Dresdens am Neumarkt war nach König Johann von Sachsen benannt. Es hatte ursprünglich als Stallgebäude für die kurfürstlichen Pferde und Kutschen gedient, war aber längst ein Museum geworden.

»Ja.« Diesmal zwang Caroline sich zu einer kurzen Antwort. Was hatte Knud nur an sich, dass sie ihm so viel erzählen wollte?

»Und welches Gemälde hat Ihnen dort am meisten gefallen?«

Sie musste nicht lange überlegen. »›Das Schokoladenmädchen‹!«

Knud schmunzelte. »Natürlich ...«

Das Pastellbild des Genfer Malers Jean-Étienne Liotard aus dem Rokoko war einfach entzückend. Wahrscheinlich faszinierte das Motiv alle Frauen – und nicht nur die. Es wurde seit 1747 im Johanneum öffentlich präsentiert, wo es im »Pastellkabinett« hing. Das Werk zeigte eine Wiener Kammerzofe mit einer Tasse heiße Schokolade auf ihrem Tablett, die sich vermutlich auf dem Weg zu ihrer Herrschaft befand, um die exotische Köstlichkeit mit einem Glas Wasser zu servieren. Schokolade war damals noch ein großer Luxus und lediglich dem Adel vorbehalten gewesen. Caroline hatte das zarte Bild immer bewundert, vor allem die kunstvoll gemalte Kleidung des Mädchens, den glockenförmigen Rock, die Samtjacke mit Schößchen und die Schürze. Bezaubernd fand sie auch das rosa Seidenhäubchen, das mit feiner weißer Spitze besetzt war, sowie das zarte Antlitz der jungen Zofe, deren rosige Wangen, rote Lippen und besonders die Stupsnase. Die Darstellung hatte etwas sehr Sinnliches für sie.

Knud schmunzelte noch immer. Er konnte doch nicht etwa ihre Gedanken lesen? »Und welches Bild mögen Sie am liebsten?«, fragte sie schnell, damit er nicht nachhakte, warum ihr das »Schokoladenmädchen« so gut gefiel, und um kein peinliches Gefühl zwischen ihnen aufkommen zu lassen.

»Ach, da gibt es einige …« Und er begann, mehrere Werke aufzuzählen. Caroline kannte sie zu seinem Erstaunen fast alle und konnte etwas dazu sagen.

Als sie fast zu Hause angelangt waren, meinte Knud: »Wie gut, dass Ihr Mann Maler ist. Sie könnten ihn bitten, Sie einmal so schön wie das ›Schokoladenmädchen‹ zu malen.«

Caroline erstarrte. Ohne es zu ahnen, hatte er ihren wunden Punkt getroffen. Schmallippig entgegnete sie: »Mein Mann malt keine Porträts.«

»Ach ja?« Knud furchte erstaunt die Stirn. »Nicht einmal von seiner Frau und seinen Kindern? Sie waren doch bestimmt schon sein Modell.«

»Natürlich, einmal habe ich für ein Gemälde in seinem Atelier am Fenster gestanden, und er hat mich gemalt, wie ich hinausschaue.«

»Also hat er Sie doch porträtiert?«

»Nein«, antwortete sie bitter. »Es handelt sich vielmehr um ein Interieur und eine ... äh ... Rückendarstellung.« Sie sah Knud an, wie er vergeblich versuchte, sich das Bild vorzustellen. Erklärend fügte sie daher hinzu: »Caspar hat mich als Rückenfigur gemalt.«

Knud schien nicht zu wissen, wie er reagieren sollte. Schließlich schüttelte er den Kopf und sagte freiheraus: »Er hat nur Ihren Rücken gemalt? Aber Sie haben doch so ein hübsches Gesicht. Das sollte man unbedingt malen!«

Caroline wurde es heiß und kalt. Ach, wie gern sie das hörte, seine Worte taten ihr so gut! Gleichzeitig fühlte sie sich schlecht, denn es kam ihr so vor, als würde sie Caspar und seine Kunst verraten. »Mein Mann malt meistens Landschaften«, versuchte sie ihn in Schutz zu nehmen. »Als er mich in unserer alten Wohnung gemalt hat, ging es ihm nicht um mich als Person.«

»Sondern?«

»Es ging ihm um den Blick von drinnen nach draußen.«

Knud starrte sie verständnislos an. »Das müssen Sie mir erklären.«

Caroline dachte an Caspars Worte und versuchte es. »Es geht um den Gegensatz von Innen- und Außenwelt. Ich bin dabei ein Symbol für die ewige Sehnsucht des Menschen, die Verbindung seiner Seele zur Natur. Da ich mit dem Rücken zu den Betrachtern zu sehen bin, schauen sie nur durch mich nach draußen.« Hatte sie ihm das jetzt richtig erklärt?

Der Norweger schüttelte ungläubig den Kopf. »Mag ja sein, aber wenn ich solch eine hübsche Frau hätte, würde ich nur noch Porträts von ihr anfertigen«, sagte er voller

Inbrunst. »Vielleicht dürfte ich Sie einmal malen? Es wäre mir eine Ehre!«

Knuds Vorschlag, von ihr ein Porträt zu malen, ging Caroline nicht mehr aus dem Kopf. Das hat er nur gesagt, um dir zu schmeicheln, sagte sie sich. Doch ihr wurde allein schon blümerant, wenn sie an den merkwürdigen Blick dachte, den er ihr dabei zugeworfen hatte. Nein, sie konnte sich nicht von ihm malen lassen, das käme ihr wie ein Treuebruch gegenüber Caspar vor. Außerdem müsste sie ohne Begleitung zu einem anderen Mann ins Atelier gehen, und das gehörte sich nicht. Was sollten die Dahls darüber denken? Sie konnte ja schlecht Emilie bitten, sich der Schicklichkeit halber dazuzusetzen.

Kurz darauf fuhren die Dahls für längere Zeit in die Heimat von Emilies Mann nach Norwegen, denn er litt trotz seiner Vorliebe für Dresden sehr unter Heimweh. Caroline war zum Abschied herausgekommen, und auch Knud war da und reichte gerade die letzten Gepäckstücke in die Kutsche.

Nachdem sie nebeneinander dem Wagen nachgewinkt hatten, schaute Knud sie prüfend an und fragte: »Haben Sie über meinen Vorschlag, dass ich Sie gern malen möchte, nachgedacht?«

Caroline wurde verlegen. »Für so etwas habe ich keine Zeit«, antwortete sie, merkte aber, dass ihrer Absage die Entschiedenheit fehlte.

Knud erkannte schnell, dass das letzte Wort noch nicht gesprochen war. Er lächelte sie optimistisch an, seine hellblonden Haare leuchteten in der Sonne.

Wie gut er aussah! Caroline senkte schnell den Blick.

»Vielleicht trauen Sie mir nicht zu, dass ich Sie malen kann. Daher würde ich Ihnen gern einige meiner bisherigen Bilder zeigen. Die sind nicht so gut wie die Ihres Mannes, aber es sind ein paar überzeugende Porträts dabei. Hätten Sie heute Nachmittag Zeit?«

Das höfliche Angebot abzulehnen, hätte ihn sicherlich gekränkt, redete Caroline sich ein und stimmte zu.

Am Nachmittag brachte sie Agnes und Adolf zu ihrer Mutter. Dann schnappte sie sich Emma und klopfte an der Wohnung der Dahls.

Knud riss sofort die Tür auf, als hätte er auf sie gewartet. Erfreut strahlte er sie an, sah auf das Kind an ihrer Hand, stutzte kurz, grinste dann jedoch auch Emma an.

»Schön, dass die Damen mich besuchen! Kommen Sie herein!«

Normalerweise arbeitete Knud in Johans Atelier unter dem Dach. Für die kleine Demonstration seiner Werke hatte er jedoch im Gästezimmer einige Bilder an der Wand aufgereiht.

Caroline war es peinlich, in diesem Raum zu sein, immerhin stand hier auch sein Bett. Knud hatte es mit einer kornblauen Seidendecke abgedeckt, die er nun fahrig noch ein wenig zurechtzupfte. Zudem lagen allerlei Kleidungsstücke herum, die er schnell ergriff und ungefaltet in eine offene Kommode warf.

Caroline tat so, als hätte sie das nicht gesehen, und wandte sich dem angefangenen Bild auf der Staffelei zu, welches eine pittoreske Ansicht der Elbe zeigte. Auch Knud konnte von seinem Zimmerfenster aus auf den Fluss sehen.

»In Dresden entdecke ich ganz neue Motive«, erklärte er und trat dicht hinter sie. »Ich habe die Elbe mittlerweile in unzähligen Variationen gemalt. Zu verschiedenen Tageszeiten mit unterschiedlichen Lichtverhältnissen. Schauen Sie, dort.« Er zeigte auf einige Leinwände, die an der Wand lehnten.

Caroline ging hin und sah sich die Werke genauer an. Seine Landschaftsbilder erschienen ihr im Gegensatz zu Caspars sehr hell, egal, ob der Fluss im morgendlichen oder im abendlichen Sonnenlicht schimmerte.

»Sehr schön«, meinte sie anerkennend. »Und so viele Bilder! Sie waren äußerst fleißig in der kurzen Zeit.«

»Ich zeige Ihnen gern meine neuesten Skizzen«, entgegnete er eifrig und holte einen dicken Block.

»Mama, wann gehen wir?«, meldete sich Emma, die bereits unruhig wurde.

»Hab noch einen Moment Geduld, Emma. Ich will mir noch die Bilder ansehen.« Caroline wandte sich entschuldigend an Knud. »Ich habe nicht viel Zeit, meine anderen Kinder sind bei der Großmutter, und ich muss sie bald wieder abholen.« Sie fing seinen enttäuschten Blick auf und schaute schnell auf die Zeichnungen. Er war durchaus talentiert! Seine Werke waren viel lebensechter als die ihres Mannes. Dafür weniger stimmungsvoll.

»Wollten Sie mir nicht Porträts zeigen? Ich dachte, Sie malen Porträts?«, monierte sie.

Knud strich sich verlegen durchs Haar. »Bevor ich nach Dresden kam, habe ich viele Porträts gemalt, das können Sie mir glauben.« Er ging hektisch an den Bildern vorbei, alles Stadtansichten von Dresden. »Wo habe ich es nur?«

Caroline entdeckte es als Erste. Eine gelungene Kopie vom Kopf des »Schokoladenmädchens«.

Knud grinste sie an. »Erkennen Sie es wieder?«

Caroline war perplex. Hatte er das nach ihrem Gespräch gemalt? Für sie? Oder während er an sie dachte? Sie musste schlucken.

Emma zog erneut ungeduldig an Carolines Hand. »Mama, ich will gehen.«

Normalerweise war das Kind viel zu wohlerzogen, um so zu drängeln, aber Emma spürte wohl, dass dies eine recht merkwürdige Situation war. Auch wenn Caroline wahrlich nichts Unrechtes tat, war es falsch, sich im Schlafzimmer eines anderen Mannes aufzuhalten. Zudem stand er viel zu dicht neben ihr, sie konnte sogar seinen Atem spüren, der nach Wein roch. Hatte er etwa getrunken?

»Ja, Emma, wir gehen jetzt«, entschied sie.

Führte Knud etwas im Schilde oder bildete sie sich das alles nur ein? Eine weißblonde Locke hing ihm über die Augen, und sie musste sich zwingen, sie ihm nicht zärtlich aus der Stirn zu streichen.

Da tat es Knud bereits selbst, seine schnelle Bewegung wirkte gereizt. Anschließend geleitete er sie zur Tür und verabschiedete sie höflich. »Es war schön, liebe Frau Friedrich, dass Sie sich die Zeit für meine Bilder genommen haben.«

Emma sauste schon die Treppe hinab, da fasste Knud nach Carolines Hand. »Werden Sie es sich überlegen? Darf ich ein Bild von Ihnen malen?«

Eine schwierige Entscheidung

Caroline war verwirrt. Wollte sie sich wirklich von diesem norwegischen Künstler malen lassen? Warum eigentlich nicht, dachte sie trotzig. Was war schon dabei? Ein anderer Künstler hatte sie schließlich auch schon porträtiert.

Caspar hatte vor zwei Jahren den sächsischen Hofmaler Traugott Leberecht Pochmann beauftragt, damit Caroline nicht mehr von ihm verlangte, ein Porträt von ihr anzufertigen. Professor Pochmann lehrte an der Dresdner Akademie und war ein guter Bekannter von ihm. Er galt als exzellenter Maler von Historienbildern und Porträts und war weit gereist, bis Rom und Paris. Caroline hätte sich geehrt fühlen müssen, dass solch ein renommierter Maler sie porträtierte, aber ihr hatte es nichts bedeutet. Sie hatte den wohlwollenden, liebenden Blick ihres Mannes auf sich spüren wollen, nicht denjenigen des ständig hüstelnden, wenig attraktiven Pochmanns, der dazu noch viel älter war als Caspar. Er war zwar höflich und galant zu ihr gewesen, hatte aber dennoch eher reserviert gewirkt. Außerdem war sie für Pochmann nur ein Modell gewesen, das er nicht aus persönlichem Interesse, sondern als Auftragsarbeit gemalt hatte. Immerhin hatte sie bei den Sitzungen mit Pochmann nicht die ganze Zeit still sein müssen wie bei Caspar, sondern durfte ab und zu ein paar Worte sagen. Aber worüber hätte sie mit diesem fremden Mann sprechen sollen? Pochmann war die ganze Zeit auf seine Arbeit konzentriert gewesen. Er hatte sie ungeniert angestarrt und permanent die Augen zusammengekniffen. Sie war sich wie ein naturwissenschaftliches Objekt vorgekommen, das er sezierte.

Caroline schüttelte sich, wenn sie nur daran dachte. Sie hatte sich in Pochmanns Gegenwart einfach nicht wohlgefühlt. Er hatte nach Mottenkugeln und altem Tabakrauch gerochen, was sich im Atelier ungut mit den Ausdünstungen der Ölfarbe gemischt hatte. Erbaulich waren diese Sitzungen wahrlich nicht gewesen.

Im Gegensatz zu Caspar war sie über das Ergebnis wenig erfreut. Pochmann hatte bisher so schöne Damenporträts gemalt, doch ihr Bildnis gehörte ihrer Meinung nach nicht dazu. Nein, die Frau auf diesem Werk sah ihr nicht ähnlich. So hässlich war sie nicht! Die Nase zu lang, der Mund zu klein und zusammengepresst, dazu ein viel zu ernster Blick. Sie wirkte wie eine viel zu brave Trine. Und solch ein Bildnis sollte der Nachwelt überlassen werden?

Caspar jedoch war zufrieden. Wahrscheinlich, weil er angenommen hatte, dass sie nun endlich Ruhe geben würde. Als sie vorsichtig Kritik an dem Porträt geäußert hatte, hatte er das als ungerechtfertigt abgetan und sie als undankbar beschimpft.

Und wenn Knud es schaffte, sie viel hübscher wirken zu lassen? Dieser Mann sah sie so innig an, er würde ihr wahres Aussehen und ihr Wesen bestimmt viel besser erfassen. Auch war der Gedanke aufregend, seinen warmen Blick auf sich zu spüren, während er sie malte. Caroline bekam ein heißes Gesicht. Wäre das klug? Durfte sie es zulassen, dass dieser junge Mann sie malte?

Sie versuchte, sich vor sich selbst zu rechtfertigen: Wenn sie auf Knuds Bild schöner aussähe als auf Pochmanns, könnte sie Caspar bei seiner Rückkehr damit überraschen. Obwohl ... Nein, das ging auf keinen Fall! Er wäre rasend eifersüchtig, wenn er erfahren würde, dass sie ohne sein

Wissen stundenlang für einen fremden Mann posiert hatte. Und würde sonst was denken … Nein, das ging nicht!

Caroline stand gedankenverloren im Schlafzimmer, wo sie die frisch gewaschenen weißen Laken in den Schrank sortierte. Heute war Waschtag, der wie immer sehr anstrengend gewesen war, sie aber von ihren Grübeleien abgelenkt hatte. Caroline strich über das helle Linnen, und jetzt kamen die Gedanken und ihre zwiespältigen Gefühle mit aller Macht zurück.

Caspar weilte nun seit geraumer Zeit auf Rügen, doch es war noch kein einziger Brief von ihm eingetroffen. Ob er sie gar nicht vermisste? Ob es ihm gut ging? Wie hatte es nur so weit kommen können mit ihnen? Am Anfang waren sie doch glücklich gewesen! Hatte sie nicht immer versucht, ihm eine fürsorgliche, liebevolle Frau zu sein? Trotz all dem Kummer und der Sorgen. Es war selten leicht mit ihm gewesen, denn dass Caspar so viel älter war als sie, hatte sich recht schnell bemerkbar gemacht. Er hatte schon ein langes Leben ohne sie gehabt, hatte Erfolge gefeiert, auch einigen Kummer erlebt. Sie hatte sein Dasein schließlich ganz schön durcheinandergewirbelt, dachte sie wehmütig lächelnd. Sie wusste, dass Caspar das damals auch genossen hatte. Wie hatte sich der langjährige Junggeselle nach einem Leben mit einer fröhlichen Frau gesehnt! Ein geregeltes Alltags- und erfülltes Familienleben mit Kindern, das hatte er trotz fortgeschrittenen Alters unbedingt haben wollen.

Caroline strich ein weiteres Tuch glatt und seufzte. Wann nur war ihnen die Leichtigkeit vom Anfang verloren gegangen? Nein, »Leichtigkeit« war nicht das richtige Wort, leicht war es mit ihm nie gewesen. Die Melancholie lag in seiner Natur. Das zeigten auch seine Bilder mit ihrem mal mehr, mal weniger dunklen Grundton. Und doch meinte sie, dass sich nach ihrer Hochzeit seine Motive geändert hatten. Waren es vorher vor allem Landschaften gewesen, waren nach der Hochzeit Menschen hinzugekommen. Er hatte nicht nur seine junge Frau im Haus gemalt, sondern auch andere Personen. Meistens schauten sie sehnsuchtsvoll in die Ferne.

Traurig und erschöpft vom Waschen setzte Caroline sich aufs Bett. Und wieder überkamen sie die Gedanken an Knud. Ob sie sich wirklich von ihm malen lassen sollte? Es war zu verlockend. Und warum sollte sie nicht einmal etwas alleine entscheiden? Ihr ganzes Dasein drehte sich um Caspar und seine Krankheit und um die Kinder. Da durfte sie doch ein einziges Mal etwas tun, das ihr Freude bereitete, oder? Caspar schrieb ihr ja nicht einmal, und er versuchte auch nie mehr, ihr eine Freude zu machen, dachte sie trotzig. Sicherlich hätte er nichts dagegen, redete sie sich weiter gut zu. Immerhin war Knud ein Künstlerkollege und ein Verwandter ihres Nachbarn. Außerdem kamen keine Kosten auf sie zu, denn davon hatte der norwegische Maler nichts gesagt. Knud hatte keinen offiziellen Auftrag erhalten, sondern wollte sie aus freien Stücken malen. Dagegen konnte Caspar doch nichts haben!

Eine innere Stimme aber warnte sie. Du weißt ganz genau, dass er nicht einverstanden wäre, raunte ihr die Stimme zu. Mach es nicht, sag Knud ab.

»Ich möchte aber mit ihm zusammen sein«, stieß Caroline halblaut hervor und hielt sich erschrocken die Hand vor den Mund. Ja, sie genoss Knuds Gegenwart. Er war nicht nur ein anziehender Mann, sondern auch freundlich, interessiert und liebenswürdig zu ihr. Im Gegensatz zu Caspar, der sie nur noch selten beachtete.

Kein Grund, deshalb zu einem anderen Mann zu gehen, flüsterte die Stimme ihres Gewissens weiter. Das ist Betrug!

Nein, nur weil sie bei einem Maler für ein Bild Modell saß, betrog sie Caspar nicht. Was konnte sie dafür, dass ihr Mann keine Porträts malte! Und Knud hatte ihr ein schönes Bildnis versprochen.

Sie beschloss, das Werk als Überraschungsgeschenk für Caspar zu seiner Rückkehr anfertigen zu lassen. Nach außen war das eine gute Begründung. Was in Wahrheit dahintersteckte, brauchte niemand zu wissen, auch Knud nicht.

Caroline stand von der Bettkante auf und stapelte entschlossen die restlichen Betttücher aufeinander. Ja, so würde sie es machen!

Zwei Tage später traf sie Knud auf der Treppe, als sie vom Einkaufen nach Hause kam. Er war wohl auf dem Weg in die Stadt, denn er trug einen feinen Anzug. Wie immer schien er sich überaus zu freuen, sie zu sehen. Ihr wurde ganz warm ums Herz, als er sie anlächelte.

»Guten Tag«, rief er ihr fröhlich zu.

Höflich grüßte Caroline zurück.

Knud blieb vor ihr stehen. »Haben Sie es sich überlegt?«

»Ja«, antwortete sie schlicht.

Er hatte wohl nicht mehr mit ihrer Zusage gerechnet, denn er zog überrascht die Augenbrauen hoch. »Wann?«, fragte er. »Haben Sie morgen Zeit?«

»Übermorgen«, brachte sie mühsam hervor. Ungeheuerlich, dass sie sich tatsächlich mit ihm verabredete!

»Am Nachmittag um drei?«

Das ist eine schickliche Zeit, überlegte sie und nickte zur Bestätigung.

Knud strahlte. »Also, übermorgen um drei oben im Dachatelier. Ich freue mich!«

»Was soll ich anziehen?« Caspar hatte ihr immer genau vorgegeben, was sie für ein Bild tragen sollte.

Knud lächelte charmant. »Was Sie wollen! Es wird Ihr Porträt!«

Das Porträt

Als Caroline zwei Tage später morgens aufstand, plagten sie wieder arge Zweifel an ihrer Zusage. Sie warf die Decke zurück und schaute auf die leere Hälfte ihres Ehebettes. Ach, wie vermisste sie Caspar! Auch wenn er in letzter Zeit so ein Griesgram und so garstig zu ihr gewesen war. Er war ihr geliebter Mann!

Sie machte ein paar Schritte zum Fenster, um es zu öffnen. Es war ein wunderbarer, sonniger Morgen. Die Luft war mild, es würde ein schöner Tag werden. Caroline beugte sich hinaus und schaute auf die Elbe, auf der bereits einige Kähne unterwegs waren. Verlässlich wie immer schlängelte sich der Fluss an ihrem Haus vorbei, das Morgenlicht glitzerte auf dem Wasser. Eine solche Stimmung hatte auch geherrscht, als Caspar sie am Fenster gemalt hatte. Wehmütig erinnerte sich Caroline an das herrliche Gefühl, das sie in seinem Beisein empfunden hatte, auch wenn sie sich zwischendurch geärgert hatte, dass sie nicht reden durfte und so lange still stehen musste. Aber das war lange her. Seitdem hatte es viel Kummer und Traurigkeit gegeben.

Caroline seufzte. Sie war diese traurige Stimmung in ihrem Herzen so leid! Sie wollte endlich einmal wieder froh sein! Und das war sie, wenn sie mit Knud zusammen war. Schon jetzt empfand sie Vorfreude auf den Nachmittag und darüber, endlich ein schönes Porträt von sich zu bekommen.

Je näher der Nachmittag kam, desto unruhiger wurde Caroline und desto weniger Geduld hatte sie mit den Kindern. Die schienen zu merken, dass ihre Mutter mit den Gedanken ganz woanders war, und verhielten sich besonders zappelig und lärmend.

Caroline kündigte ihnen an: »Heute Nachmittag bringe ich euch wieder zur Großmutter.«

Fröhlicher Jubel war die Antwort, denn dorthin gingen die Kinder gern, und Mutter Bommer freute sich ebenfalls über den Besuch der Enkel. Wahrscheinlich würde sie mit den Kleinen Kuchen essen und Bilderbücher anschauen oder ihnen Märchen erzählen, denn das konnte sie besonders gut.

Nachdem Caroline die Kinder ins Haus der Bommers gebracht hatte und zurückgekehrt war, öffnete sie die Tür des Kleiderschrankes und inspizierte ihre Garderobe. Das feine grüne Kleid, das sie immer noch besaß, schied heute aus, das war fest mit Caspars Bild »Frau am Fenster« verbunden. Auch das rote Seidenkleid hatte er mehrmals in seinen Gemälden verewigt.

Caroline griff schließlich nach einer weißen Bluse mit kunstvollem Spitzenbesatz und hielt prüfend einen dunkelblauen Rock dazu. Ja, das ging. Nicht zu auffällig, dennoch apart. Das würde sie anziehen. Frohgemut summte sie vor sich hin, was sie schon lange nicht mehr gemacht hatte. Sie nahm ihre Haube ab und kämmte sich das Haar, um es anschließend hochzustecken. Dabei summte sie glücklich weiter.

Um kurz nach drei Uhr am Nachmittag ging Caroline mit mulmigem Gefühl die Treppe hoch. Die Stufen knarzten hörbar, anscheinend wollten sie ihr Kommen ankündigen. Dabei ging sie ganz langsam, Schritt für Schritt, als wäre es angemessen, nach oben zu schleichen. Nein, das musste sie nicht, schalt sie sich, und ließ ihre Schritte forscher werden. Sie tat nichts Unrechtes. Dennoch klopfte ihr Herz, als sie an die Tür pochte, und zwar so laut, dass sie meinte, Knud könne es hören, als er ihr öffnete.

»Ich hatte schon Angst, dass Sie es sich anders überlegen«, gab er zu. »Aber da sind Sie nun, wie schön! Kommen Sie herein.«

Caroline nickte nur, ihre Kehle fühlte sich wie zugeschnürt an. Auch das hämmernde Herzklopfen mochte nicht verschwinden. Sie sah sich um, dabei war sie nicht zum ersten Mal hier. Sie war schon oft in diesem Atelier gewesen, wo ansonsten Johan Dahl arbeitete. Caroline kannte den Raum mit den Dachschrägen und dem großen Fenster gut, der längst nicht so karg war wie Caspars Atelier. Hier gab es viele Malutensilien und Leinwände, mehrere Stühle, ein Tischchen und einen Hocker. Von oben fiel helles Licht ins Atelier und sorgte für hervorragende Voraussetzungen zum Malen.

Doch heute war für sie trotzdem alles anders als sonst. Da stand nicht ihr lieber Nachbar Johan an der Staffelei, sondern dieser Knud Baade, der sie ziemlich nervös machte. Wie sie trug er ein blütenweißes Oberteil, was sie für einen Maler recht unpraktisch fand, denn solch ein edles Hemd war viel zu empfindlich zum Arbeiten mit Farbe. Aber fesch sah er damit aus. Sicher wollte auch Knud sich von seiner besten Seite zeigen. Seine Augen schimmerten undurchdringlich, als sie sich ansahen.

Stille.

Caroline schluckte und senkte den Blick, während er auf den mit rotem Samt bespannten Stuhl, der fast wie ein Sessel aussah, in der Zimmerecke deutete.

»Bitte setzen Sie sich dorthin«, sagte er mit rauer Stimme und räusperte sich kurz.

Caroline kam seiner Aufforderung nach. Der Stuhl war sehr bequem, und sie entspannte sich ein wenig. Neben ihr stand ein kleines Tischchen mit einer Schale, in der Gebäck lag.

»Das ist zur Stärkung.« Knud grinste sie an. »Und etwas zu trinken kann ich Ihnen auch anbieten.«

Er war gut vorbereitet. Von irgendwoher zauberte er nun zwei Gläser hervor, die er ebenfalls auf das Tischchen stellte. Dann ging er zu einer Anrichte, auf der eine Karaffe mit einer Flüssigkeit stand. War das etwa Wein?

Caroline versteifte sich, als er sich neben ihr zu den Gläsern beugte und das Getränk einschenkte. Er kam ihr dabei so nah, dass sie sein Duftwasser riechen konnte. »Keinen

Wein für mich am Nachmittag«, protestierte sie schwach und schüttelte ablehnend den Kopf.

»Es ist vor allem Wasser«, behauptete Knud. »Mit ein wenig Wein vermischt für den besseren Geschmack.« Er nahm die beiden Gläser und reichte ihr eins davon. »Lassen Sie uns auf diesen besonderen Tag anstoßen«, meinte er leichthin. »Und natürlich auf das Bild«, fügte er hinzu. »Ich hoffe sehr, dass ich es schaffe, Ihre Schönheit angemessen einzufangen.« Knud ließ seinen intensiven Blick langsam über ihr Gesicht, schließlich auch über ihren Körper wandern.

Caroline merkte, wie sie errötete. Peinlich berührt nahm sie einen Schluck und genoss die Frische des Getränks. Erst jetzt fiel ihr auf, wie heiß und stickig es in der Dachstube war. Also trank sie eilig noch einen Schluck. Und merkte, wie ihr ein wenig schwindelig wurde. Wein am Nachmittag, auch wenn er mit Wasser gemischt war, war sie nicht gewohnt.

Knud hatte sich mittlerweile von ihr entfernt und war zur Staffelei gegangen. Er griff nach einem Stift. Nach einem durchdringenden Blick in ihre Richtung fing er an, wenige Striche auf die Leinwand zu setzen.

Da er sich so zielstrebig an die Arbeit machte, atmete Caroline auf, denn der merkwürdige Moment war vorüber. Wahrscheinlich hatte sie sich seine Annäherung nur eingebildet. Knud konzentrierte sich auf seine Zeichnung, und Caroline beobachtete seine Bewegungen. Es war schön, ihm zuzusehen, wie er so emsig bei der Arbeit war. Die meiste Zeit schwiegen sie. Dabei stieg die Spannung im Raum, ebenso die flirrende Hitze. Dennoch war da nichts Anrüchiges. Caroline war ein wenig flau zumute, und sie träumte mit offenen Augen.

Viel zu schnell verging die Zeit.

»Kommen Sie übermorgen wieder?«, fragte Knud zwei Stunden später, als die erste Sitzung beendet war und er sie zur Tür brachte.

Caroline spürte wieder seinen Atem in ihrem Gesicht, als er sich zu ihr vorbeugte. Dieser Mann war ihr fremd und doch so angenehm vertraut. Sie nickte und sah ihm fest in die Augen. »Beim nächsten Mal aber keinen Wein mehr für mich«, sagte sie bestimmt.

Zwei Tage später hatte Mutter Bommer keine Zeit, die Kinder zu hüten. Was also tun?

»Anni, kannst du heute Nachmittag mit den Kindern in den Park gehen?«, fragte Caroline und hörte, wie dringlich, fast schon verzweifelt sie klang. Auf keinen Fall wollte sie die Porträtsitzung bei Knud absagen. Aber mitnehmen wollte sie die Kinder auch nicht. Wenn Anni mit ihnen zu Hause bliebe, würde sie mitbekommen, dass sie ins Dachatelier zu Knud ging. Was würde sie dann denken? Anni war längst nicht mehr das unbedarfte Mädchen von früher, sondern eine junge Frau. Sie kam nur noch am Vormittag ein paar Stunden zu ihnen, während sie die Nachmittage woanders verbrachte. Manchmal half sie ihrer Mutter im Haushalt, oder sie ging ein paar Straßen weiter zu ihrer Großmutter, die immer gebrechlicher wurde und ebenfalls Annis Unterstützung nötig hatte. Innerlich betete Caroline, dass Anni heute Zeit für sie und die Kinder hatte.

»Ja, das kann ich machen.« Anni nickte.

Caroline meinte, einen Funken Misstrauen in ihren klaren Augen zu sehen. Ihr war wohl bewusst, dass Caroline einen besonderen Grund für ihre Bitte haben musste. Sollte sie eine Ausrede erfinden? Doch Caroline widerstrebte es, Anni anzulügen. Das Mädchen war nicht dumm. Am besten also, sie sagte nichts weiter dazu. Sie war ihr keine Rechenschaft schuldig. »Von drei bis fünf?«, fragte sie nach.

»Ich kann nur bis vier Uhr.«

»Ist gut.«

Als es so weit war und Anni sich mit den Kindern auf den Weg gemacht hatte, eilte Caroline nach oben. Diesmal sprang sie die Stufen hoch. Ihnen blieb nur etwas weniger als eine Stunde Zeit. Als Knud die Tür öffnete, sprudelte sie gleich heraus: »Ich muss um kurz vor vier wieder unten sein!«

»Oh, das ist schon bald«, antwortete er bedauernd.

Schnell setzte sie sich auf ihren Platz. Diesmal hatte er ihr ein Glas mit Zitronenlimonade bereitgestellt, was Caroline dankbar zur Kenntnis nahm. Sie nippte daran und erklärte Knud: »Unser Hausmädchen ist mit den Kindern unterwegs. Meine Mutter hat heute keine Zeit.«

»Dann wollen wir die knappe Stunde gut nutzen«, sagte er und kam auf sie zu. »Darf ich Ihnen zeigen, wie Sie den Kopf am besten halten?« Er wartete ihre Antwort erst gar nicht ab, sondern beugte sich über sie und legte seine Finger behutsam an ihr Gesicht.

Caroline hielt den Atem an. In ihrem Bauch kribbelte es. Ihre Blicke trafen sich.

»So ist's gut«, sagte Knud und ließ sie wieder los. Er ging zur Leinwand zurück und arbeitete weiter.

Caroline verharrte in der Position und wagte kaum, sich zu bewegen.

Nach etwas mehr als einer halben Stunde hielt sie die starre Haltung nicht mehr aus. Sie griff nach ihrem Glas

Limonade und trank es in einem Zug leer. Das Getränk prickelte auf ihrer Zunge, es schmeckte süß-sauer und erfrischte sie. Knud hatte die Arbeit an der Staffelei unterbrochen und beobachtete sie. Ihr zufriedener Gesichtsausdruck nach dem Genuss des Getränks schien ihn zu amüsieren.

Caroline stellte das Glas zurück und sagte entschlossen: »Ich muss gehen.«

»In Ordnung.« Knud sah enttäuscht aus. »Wann sehen wir uns wieder?«

Oh, wie sie den Singsang seines norwegischen Akzents mochte! Und eigentlich wollte sie nicht gehen ... »In einer Woche?«, schlug sie vor, denn allzu oft konnte sie ihre Kinder nicht zur Mutter bringen oder bei Anni lassen.

Knud schüttelte den Kopf. »Dann wird das Bild nie fertig.«

Caroline überlegte. »Ich versuche, übermorgen wiederzukommen. Aber versprechen kann ich es nicht.« Warum nur hatte sie ständig das Gefühl, etwas Verbotenes zu tun?

Spiel mit dem Feuer

Es war nun schon das sechste Mal, dass Caroline die Stiege zum Dachatelier erklomm, und heute sollte es die letzte Sitzung sein. Dabei war ihr dieser Gang mittlerweile ganz selbstverständlich geworden. Sie würde die Treffen vermissen, auch ihre anregenden Gespräche. Während Caroline Knud von Dresden erzählt hatte, hatte er von seiner Jugend in Norwegen berichtet, von der heimischen Landschaft und von viel Schnee und Eis. Manchmal hatten sie auch über Bücher gesprochen, und natürlich über Bilder. Caroline fühlte sich wohl in seiner Gegenwart, denn bei ihm konnte sie entspannen und ihre Sorgen vergessen, auch ihren Mann Caspar, musste sie innerlich zugeben.

Knud hatte inzwischen seine Skizzen beendet und mit dem Gemälde begonnen. Daran arbeitete er auch, wenn sie ihm nicht Modell saß. War es ein Vorwand seinerseits, dass sie dennoch erneut kommen sollte? Lag auch ihm an ihren Gesprächen und ihrem Beisammensein?

Heute nun sollte es aber das letzte Mal sein, denn binnen Kurzem würden die Dahls und auch Caspar heimkehren. Durch die bevorstehende Rückkehr wurde ihr klar, dass es, anders als sie es sich die ganze Zeit eingeredet hatte, eben doch nicht schicklich gewesen war, dem norwegischen Maler so oft und vor allem allein Modell zu sitzen. Selbst ihre Freundin Emilie würde es missbilligen, wenn sie wüsste, dass Caroline so viel Zeit allein mit Knud verbracht hatte. Ob jemand bemerkt hatte, wie oft sie ins Dachatelier gegangen war? Die Nachbarn würden damit nicht hinterm Berg halten, und über kurz oder lang würde Caspar davon erfahren. Und eifersüchtig werden. Das war er damals bei Carus schon gewesen, ohne dass es einen ersichtlichen Grund gegeben hatte. Sie stockte. Gab es denn diesmal einen Grund? Natürlich nicht, dachte sie entrüstet. Aber manche mochten das anders sehen …

Knud erwartete sie bereits an der Tür zum Atelier. Wieder umspielte das Lächeln seine Mundwinkel, das sie stets irritierte.

Als Caroline sich auf den samtroten Stuhl neben dem Tischchen setzte, stutzte sie, denn heute standen darauf Weingläser, wie bei ihrem ersten Treffen. Knud hob einen großen Krug mit Weißwein empor.

Caroline hielt protestierend ihre Hand über das Glas. »Ich möchte keinen Alkohol, das wissen Sie doch.«

Knud sah sie mit bittenden Augen an. »Es ist wirklich ein guter Tropfen. Heute ist unsere letzte Sitzung, das Porträt ist bald fertig. Darauf müssen wir doch anstoßen!«

Caroline nahm ihre Hand vom Glas und ließ ihn einschenken. Wäre es unhöflich, nichts davon zu trinken, oder sollte sie einen Schwips in Kauf nehmen? Ihr war ohnehin schon leicht schwindelig.

Knud hatte sein Glas nun ebenfalls gefüllt und beugte sich damit zu ihr.

Was war schon so ein Schlückchen Wein? Caroline wollte nicht kindisch erscheinen und stieß mit ihm an.

»Es war eine schöne Zeit mit Ihnen.« Seine Stimme klang feierlich. »Mit dir!«, korrigierte er und sah sie prüfend an.

Ehe Caroline etwas erwidern konnte, küsste er sie. Erschrocken drehte sie ihren Kopf zur Seite, ihre Lippen fühlten sich an, als hätte sie sich verbrannt. Hastig sprang sie auf und prallte dabei unbeabsichtigt gegen ihn.

Knud verstand das falsch, legte seine Arme um sie und drückte die verdatterte Caroline fest an sich. Einen Moment lang ließ sie ihn gewähren, dann aber besann sie sich. Als Knud merkte, dass sie sich in seiner Umarmung versteifte, ließ er sie los, machte einen Schritt zurück und hob entschuldigend die Hände. Er wollte etwas sagen, aber Caroline ließ ihn nicht zu Wort kommen.

»Ich muss gehen«, kündigte sie abrupt an, strich ihr Haar zurück und eilte zur Tür. Dort drehte sie sich zu ihm um.

Er war ihr nicht gefolgt, sondern zur Staffelei gegangen und schaute ihr bedauernd nach. »Caroline, bleib doch!«, bat er.

Sie starrte ihn empört an, wusste aber, dass sie kein Recht hatte, wütend auf ihn zu sein. Es hatte wohl so kommen müssen.

Wie aus weiter Ferne hörte sie Knud sagen: »Der Wunsch, dich zu küssen, ist einfach über mich gekommen. Nach dieser innigen Zeit … Ich dachte, du fühlst ebenso wie ich und willst es auch.«

Was sollte sie darauf antworten? Sein Kuss war ihr nicht unangenehm gewesen, und sie mochte Knud, sehr sogar. Aber solch ein Verhalten konnte sie vor sich und anderen nicht rechtfertigen! Schließlich war sie eine verheiratete Frau. Und liebte ihren Mann. Oder nicht? Ihr Herz pochte. Was hatte sie getan? Es war, als erwachte sie plötzlich aus einem Traum. »Knud«, begann sie vorsichtig, »das ist alles ein großes Missverständnis!«

»Ein Missverständnis?«, echote er verächtlich.

Sie nickte beklommen. Mit ihrem Verhalten hatte sie ihn ermutigt, sich Hoffnungen zu machen, das war ihr bewusst. Aber worauf? Eine Affäre? Sie fröstelte, wenn sie an die Konsequenzen dachte. »Das alles muss unter uns bleiben«, sagte sie verzweifelt. »Keiner darf davon erfahren, dass ich so oft bei dir in der Dachstube war. Mein Mann nicht und auch nicht dein Vetter oder seine Frau. Keiner! Und dieses Porträt müssen wir vernichten!« Caroline lief zur Staffelei und wollte nach dem Bild greifen.

Aber Knud ließ das nicht zu und baute sich vor ihr auf. »So viele Stunden Arbeit! Und es ist so schön geworden!« Nun klang er nicht mehr zornig, sondern unglücklich. Er ließ die Schultern hängen und machte hoffnungsvoll einen Schritt auf sie zu.

»Knud, es ist unrecht.« Caroline sah ihn um Verständnis bittend an. »Ich hätte das nicht machen dürfen.«

»Wie kann Liebe unrecht sein?« Knud streckte die Arme nach ihr aus und legte sie an ihre Schultern.

Mit einem Mal empfand sie die Berührung nicht mehr als angenehm. Sie versuchte, sich von ihm zu lösen, aber Knud zog sie an sich und barg sein Gesicht in ihrem Haar.

»Caroline«, murmelte er, »ich liebe dich!«

Entsetzen machte sich in ihr breit. Knud hielt sie so fest an sich gedrückt, dass es ihr unmöglich war, sich zu befreien.

Schließlich ließ er sie doch los und trat einen Schritt zurück. »Verzeih«, murmelte er, wandte sich von ihr ab und sah auf das Bild. »Das Porträt mache ich auf jeden Fall fertig«, bestimmte er. »Dann werden wir sehen.« Er nahm den Pinsel, begann zu malen und beachtete sie nicht mehr.

Caroline spürte, dass sie nun nicht weiter in ihn dringen konnte. Sie ging zur Tür, öffnete sie und drehte sich noch einmal zu ihm um. »Danke, Knud.«

Es kam keine Antwort.

Das Paket

Caroline plagten permanent Gewissensbisse. Sie konnte kaum noch schlafen, wälzte sich des Nachts in ihren Kissen und grübelte. Mit den Kindern hatte sie wenig Geduld, gestern hatte sie sie mehrfach ungerechtfertigt angeschrien. Wie es wohl Knud ging? Sie traute sich jedoch nicht, mit ihm Kontakt aufzunehmen. Caspar würde bald von seiner Kur auf Rügen zurückkehren, sie erwartete ihn jeden Tag. Eigentlich sollte sie sich auf ihn freuen, aber das fiel ihr schwer. Zu viel war vor seiner Abreise zwischen ihnen vorgefallen, und jetzt fühlte sie sich zusätzlich schlecht, weil sie ihn mit den Porträtsitzungen letztlich hintergangen hatte. Ja, in gewisser Weise hatte sie ihren Mann betrogen, da brauchte sie sich nichts vorzumachen, auch wenn es nicht zum Äußersten gekommen war. Keiner durfte das erfahren!

Es klopfte an der Wohnungstür. Anni öffnete und rief ihr zu: »Da steht ein großes Paket!«

Caroline kam hinzu und ahnte, was in der Kiste war. Vermutlich hatte Knud ihr das Bild vor die Tür gestellt.

Anni fingerte an der Kordel, womit das Paket verschnürt war. »Das ist wohl diesmal nicht aus Greifswald«, sagte sie.

Caroline zog sie beiseite. Nicht dass Anni noch einen Blick auf ihr Porträt erhaschte. Dann würde sie eins und eins zusammenzählen. »Lass nur, ich mach das schon.«

Anni schaute sie erstaunt an.

»Wir tragen es zuerst hinein. Hilf mir bitte«, beschied Caroline.

Anni nickte und griff beherzt zu. »Ins Atelier?« fragte sie.

Caroline überlegte kurz. Ja, alles andere würde Anni merkwürdig vorkommen. Doch es fühlte sich nicht richtig an, das Gemälde ausgerechnet in Caspars persönlichsten Raum zu bringen. Aber wohin sonst? Es war gut, wenn Anni dachte, dass es ein Bild von einem Kollegen war. »Ja, so machen wir das.«

Gesagt, getan. Das Paket war nicht schwer, dennoch hatte Caroline das Gefühl einer besonderen Last. Sie stellten es im Atelier neben der Tür ab und lehnten es an die Wand.

Nun kamen die Kinder angesprungen. »Mama, was ist das?«

»Bleibt vor der Tür, ihr wisst, dass Papa es nicht mag, wenn ihr ohne ihn in sein Atelier geht.«

Dann nickte sie Anni dankbar zu. »Das lassen wir hier so stehen.«

Beide Frauen verließen den Raum, und Caroline zog die Tür zu. Jetzt musste sie unbedingt die Kinder ablenken, damit sie das Paket möglichst schnell vergaßen und ihrem Vater nichts davon erzählten. »Was haltet ihr davon, wenn wir heute Plinsen backen?«

Am Nachmittag war Anni nicht mehr da, und Caroline brachte die Kinder zu ihrer Mutter.

»Ich möchte noch einiges in Ruhe erledigen, bevor Caspar nach Hause kommt«, erklärte sie.

»Natürlich, ich freue mich immer, wenn die Kinder da sind!« Die Mutter drückte ihre Enkel an sich. »Was meinst du, hat der Aufenthalt auf Rügen Caspar geholfen?«, erkundigte sie sich.

»Ich hoffe es sehr. Anfangs hat er mir nicht geschrieben, aber in letzter Zeit sind einige Briefe eingetroffen, in denen er zuversichtlich klang. Er hat sich angeblich gut erholt und viele neue Ideen für seine Bilder.«

Die Mutter umarmte sie. »Na, siehst du, das wird schon wieder«, raunte sie ihr zu.

Nachdenklich ging Caroline nach Hause. Trotz der Briefe, die sie recht hoffnungsvoll stimmten, hatte sie Angst davor, ihrem Mann erstmals wieder zu begegnen. Sie hatte sich in den letzten Wochen viel zu weit von Caspar entfernt. Aber war das nach seinem Verhalten denn verwunderlich? Es wäre schön, wenn sie einander wieder näherkämen! Und das nicht nur wegen der Kinder.

Zu Hause angekommen, zog Caroline ihren Mantel aus und hängte ihn an die Garderobe. Ohne die Kinder war es ungewöhnlich still in der Wohnung. Sie atmete tief durch und ging in Caspars Atelier. Vor dem Paket verharrte sie einen Moment. Dann begann sie vorsichtig, es zu öffnen. Zum Vorschein kam ihr Porträt.

Caroline fühlte sich wie befreit, dass Knud ihr das Bild gebracht hatte. Das war ihm sicher nicht leichtgefallen. Was für eine Erleichterung, dass das Werk nun in ihren Händen war! Die ganze Zeit hatte sie sich voller Entsetzen vorgestellt, wie Caspar das Gemälde in der Nachbarwohnung zufällig zu Gesicht bekäme. Und was hätten die Dahls gedacht, wenn ihr Bildnis im Dachstübchen auf der Staffelei gestanden hätte?

»Danke, Knud«, flüsterte sie gerührt. Eigentlich sollte er jetzt bei ihr sein, da sie das vollendete Porträt zum ersten Mal sah. Caroline nahm das Gemälde behutsam heraus. Ja, das war ihr Gesicht auf dem Bild – und irgendwie auch nicht. Denn so wunderschön, gestand sie sich ein, war sie nicht. Oder doch? Caroline lehnte das Werk an die Wand und trat einen Schritt zurück. Sie sah eine junge Frau mit zarten Gesichtszügen. Die braunen Locken fielen ihr weich ins Gesicht und sie lächelte sanft. So sah Knud sie? Ihr wurde warm ums Herz, und plötzlich kamen ihr die Tränen.

»Ach, Knud! Ach, Caspar«, murmelte sie überwältigt. Da gab es also zwei Männer in ihrem Leben, die nicht unterschiedlicher hätten sein können, und beide schenkten ihr Zuneigung. Doch die von Knud konnte sie nicht annehmen. Sosehr der Norweger sie fasziniert hatte, das war nur eine Schwärmerei gewesen. Längst schämte sie sich, dass sie auf seine Avancen reagiert hatte. Er hatte ihr etwas gegeben, was sie bei Caspar vermisste. Dieser leidenschaftliche Mann hatte ihr gezeigt, dass sie noch liebens- und begehrenswert war. Dieses Gefühl war in der Ehe mit Caspar durch seine Krankheit und die Alltagssorgen immer mehr verloren gegangen. Doch tief im Herzen hatte sie immer gewusst, dass Caspar ihre große Liebe war.

Deshalb musste dieses Bild weg, so schön es auch war! Es würde ihr Schuldopfer sein, auch wenn ihr das sehr leidtat.

Am liebsten würde sie Caspar alles beichten, wenn er zurückkehre, aber sie fürchtete seine Reaktion. Vielleicht würde sie damit sogar den Kuraufenthalt zunichtemachen. Lieber wollte sie mit ihm wieder so eine Daseinsfreude erreichen, wie sie sie mit Knud erlebt hatte.

Wiedersehen mit Caspar

»Line, ich bin wieder da!«

Caspars vertraute, tiefe Stimme klang durchs Treppenhaus. Er hörte sich fröhlich an, nicht mehr so schwach und tonlos wie bei seiner Abfahrt.

Caroline verspürte plötzlich eine unbändige Freude, gleichzeitig wurde ihr heiß und kalt. Sie eilte zur Tür, riss sie auf – und da stand er, ihr Caspar, und lächelte sie liebevoll an. Er ließ seine Tasche fallen, umarmte sie stürmisch und hob sie hoch. Sein langer Bart drückte ihr wollig ins Gesicht.

»Meine geliebte Line, wie schön, dass ich wieder bei dir zu Hause bin!« Er gab ihr einen dicken Kuss auf die Stirn und setzte sie ab. »Das restliche Gepäck ist noch unten. Bevor ich es hole, muss ich zuerst meine Kinder sehen.« Sein Blick huschte durch die Wohnung. »Wo sind sie denn?«

»Drüben bei meiner Mutter.« Caroline war sehr aufgeregt, ihre Hände zitterten und ihr Herz klopfte laut, und das nicht nur vor Wiedersehensfreude. Sie hatte ein schlechtes Gewissen und befürchtete, dass Caspar ihr das ansehen würde. Aber das tat er nicht.

»Bin ich froh, dass ich wieder zu Hause bin!«, wiederholte er. »Ich habe euch so vermisst!«

Caroline betrachtete ihren Mann zärtlich und seufzte erleichtert auf. Caspar sah wieder viel besser aus. Offenbar hatte er auch gut gegessen, denn er wirkte wohlgenährt, war längst nicht mehr so hager wie bei seiner Abfahrt. Er musste viel draußen gewesen sein, denn er war braun gebrannt. In seinem Gesicht zeigten sich ein paar neue Falten, doch die standen ihm gut, besonders wenn er sie wie jetzt so innig anlächelte.

»Wie war die Reise? Komm in die Küche, ich mach dir einen Tee«, schlug sie vor, auch um damit ihre Nervosität zu überspielen.

»Erst einmal will ich kurz in mein Atelier. Ich komme gleich.«

Ehe sie etwas erwidern konnte, eilte er durch den Flur in sein Arbeitszimmer. Sie hörte, dass er schnurstracks an der Staffelei vorbei zum Fenster lief.

Caroline ging in die Küche und füllte die Teekanne. Wie gut, dass sie Knuds Gemälde rechtzeitig weggebracht hatte. Sie würde es nie wiedersehen, was schade war, aber auch beruhigend. Dieses Bild hatte nichts mit Caspar und ihrem Familienleben zu tun. Sie lächelte wehmütig, denn es tat ihr leid um das schöne Porträt. Doch nun brauchte sie Caspars Eifersucht nicht zu fürchten. Er hatte nie verstanden, warum ihr ein Porträt so wichtig war. Wusste sie es denn noch? Als es fertig vor ihr stand, hatte sie erkannt, dass es zwar schön, jedoch vom falschen Mann gemalt worden war. Caspar hätte es anfertigen sollen, nicht Knud. Aber dass er kein Porträt von ihr malte, musste sie akzeptieren. Es gab Schlimmeres. Nein, sie würde ihn diesbezüglich nie mehr drängen. Sie wollte zufrieden sein. Und hoffte, dass Caspar bald wieder richtig gesund sein würde und sie als glückliche Familie lebten. Doch wer wusste schon, was die Zukunft brachte?

»Line, komm bitte zu mir«, rief Caspar aus dem Atelier. »Ich möchte dir meine Skizzen zeigen. Ich habe so viele neue Einfälle!«

Sie stellte die Kanne ab und ging zu ihm. Ihr Mann stand am geöffneten Fenster. Er hatte ihr den Rücken zugewandt und blickte auf die Elbe. Was für ein friedliches, vertrautes Bild!

Nun drehte er sich zu ihr um und lächelte. »Na, komm schon!« Er winkte ihr aufmunternd zu und breitete einladend seine Arme aus.

Caroline eilte zu ihm und ließ sich erneut von ihm umarmen. Sie drückte ihr Gesicht an die Brust des großen Mannes und genoss seinen vertrauten Geruch. »Ach, Caspar«, schluchzte sie auf, und vor ihren Augen verschwamm alles.

Unbeholfen tätschelte er ihre Schulter. »Ich weiß, Line, ihr hattet es nicht leicht mit mir, besonders du nicht. Und du musstest so lange ohne mich zurechtkommen. Aber nun bin ich ja wieder da. Und lasse euch so schnell nicht mehr allein. Mir geht es viel besser. Jetzt wird alles wieder gut!«

Caroline glaubte in diesem Moment fest daran. Sie löste sich aus seiner Umarmung und stellte sich neben ihn ans Fenster. Gemeinsam schauten sie auf die Elbe, als Paar am Fenster – und wollten einfach glücklich sein.

Epilog: »Sonnenuntergang«

Caroline stand im dunklen Flur vor Caspars Atelier. Als sie behutsam die Tür öffnete, atmete sie tief ein. Es war noch immer ungewohnt für sie, ohne Caspars ausdrückliche Erlaubnis seinen Arbeitsraum zu betreten. Ganz selten nur hatte sie das in seiner Abwesenheit getan. Nicht einmal, als er zu krank gewesen war, um darin zu malen. Auch die Kinder hatten das Atelier des Vaters gemieden, als existierte dieses Zimmer in ihrer Wohnung gar nicht.

Nun aber brauchte keiner von ihnen mehr Rücksicht auf seine Wünsche zu nehmen, denn Caspar war nicht mehr da. Vor ein paar Tagen, am 7. Mai 1840, war er nebenan im Schlafzimmer gestorben. Kurz vorher war die Malerin Caroline Bardua noch einmal zu ihnen gekommen und hatte ihn ein letztes Mal porträtiert. Dafür war er sogar aufgestanden und hatte sich mit einem Stock, der Malerpalette und einem Pinsel in den Sessel gesetzt. Die Anstrengung war ihm sichtlich schwergefallen. Während sie gezeichnet hatte, hatte er nachdenklich in die Ferne geblickt und schon sehr weit weg von ihnen allen gewirkt.

Für Caroline war es noch immer unbegreiflich, dass ihr Mann nicht mehr lebte, obgleich sein schlechter gesundheitlicher Zustand sie schon lange darauf hätte vorbereiten müssen. Aber sie hatte nicht wahrhaben wollen, dass die gemeinsame Zeit bald vorbei sein würde. Außerdem hatte sie in den letzten Jahren genug mit seiner Pflege zu tun gehabt und war gar nicht zum Nachdenken gekommen. Sie hatte in den vergangenen Wochen und Monaten versucht, ihrem Caspar die schwere Zeit zu erleichtern, und nicht an eine Zukunft ohne ihn denken wollen. Caroline seufzte. Caspar war wahrlich kein einfacher Patient gewesen. Wie oft hatte er bei Tag und bei Nacht laut rufend nach ihr verlangt! Sofern es nicht um seine Kunst gegangen war, hatte er nie viel Geduld gehabt. Er hatte sehr mit seinem elenden Zustand gehadert, der ihm am Ende nicht einmal mehr das Zeichnen ermöglicht hatte. Es war ein Segen gewesen, dass die Bardua und auch der frühere Freund Carus noch mal nach Caspar gesehen hatten.

Neben seiner körperlichen Beeinträchtigung hatte er vor allem darunter gelitten, dass seine Bilder nicht mehr geschätzt wurden. Schließlich hatte er sein Leben lang vor allem für die Kunst gelebt. Die fehlende Anerkennung der letzten Jahre hatte ihn sehr verbittert. Schon vor den Schlaganfällen war es schwer für Caroline gewesen, ihn aufzumuntern, überhaupt an ihn heranzukommen. Dabei waren sie einmal so glücklich und sich so nah gewesen.

»Caspar, ich vermisse dich so«, flüsterte Caroline in den stillen Raum hinein. Sie blinzelte die aufsteigenden Tränen fort und wünschte, sie könnte damit auch die quälenden Eindrücke der letzten Tage wegwischen. Ach, was hatte ihr Liebster zum Schluss leiden müssen! Nach seinem ersten Schlaganfall vor fünf Jahren hatten sie all ihre Hoffnungen auf zwei Kuraufenthalte im nordböhmischen Teplitz gesetzt, die ihm jedoch kaum Heilung gebracht hatten. Nach dem zweiten Schlaganfall war Caspar endgültig zum Pflegefall geworden. Solch ein schweres Los hatte niemand verdient! War das göttliche Bestimmung? Zumindest konnte niemand etwas daran ändern, dachte sie ergeben.

Letztlich war der Tod eine Erlösung für ihn gewesen. Trotzdem vermisste sie ihren Mann schmerzlich. Sie war zwar nicht allein, denn es gab ja noch die Kinder, aber dennoch fühlte sie sich einsam und leer ohne Caspar. Über 20 Jahre waren sie verheiratet gewesen. In guten wie in schlechten Tagen … Wer hätte geahnt, dass diese Worte in ihrem Falle eine so große Rolle spielen würden? Es war nicht leicht mit ihrem Ehegatten gewesen, der sich immer mehr zu einem unzufriedenen Eigenbrötler entwickelt hatte, aber Caroline hatte ihn dennoch von Herzen geliebt.

Nun war Caspar tot, und sie kam nicht länger umhin, über die Zukunft nachzudenken. Wovon sollte die Familie leben? Ob sie in der schönen Wohnung an der Elbe bleiben könnten? Ihre finanzielle Lage war fatal, auch wenn Caspar wenige Monate vor seinem Tod noch versucht hatte, einige Werke nach Russland zu verkaufen. Die Antwort stand noch aus. Und selbst wenn es gelingen würde, könnte der Erlös ihre Notlage nur kurzfristig verbessern. Ansonsten interessierte sich kaum noch jemand für seine Bilder, doch sie musste es versuchen. Vielleicht gab es alte Bewunderer, die jetzt nach seinem Tod eine Erinnerung an ihn kaufen würden.

Caspar hatte es zum Schluss besonders gequält, dass er seine Familie mit solchen Existenzsorgen zurücklassen musste. Dabei war er immer so produktiv gewesen. Er hatte etwa 300 Gemälde und unzählige Zeichnungen, Aquarelle, Sepien, Holzschnitte und Radierungen angefertigt, darunter variantenreich Naturstudien, Entwürfe und Zeichenübungen. Seine Werke waren einzigartig, ob sie einem nun gefielen oder nicht. Viele hatten versucht, ihn nachzuahmen, aber keiner war so gut gewesen wie er, befand Caroline stolz.

Sie straffte die Schultern. Seine Beerdigung war vorbei, und nun hieß es, wichtige Entscheidungen zu treffen. Auf keinen Fall wollte sie auf die Almosen anderer angewiesen sein! Sie musste also hier nachsehen, welche Bilder sie verkaufen könnte.

Immer noch stand Caroline zögernd im Eingang des Ateliers und schaute in den Raum hinein, der so ungewöhnlich karg aussah. Nichts hatte Caspar in seinem Atelier von der Kunst ablenken sollen. Stunden-, ach was, tagelang hatte er hier hinter der verschlossenen Tür gearbeitet, fleißig, ehrgeizig und oft wie besessen. Manchmal war er strahlend und vergnügt aus seinem Atelier herausgekommen, häufig aber auch unzufrieden und brummelig, wenn ihn das Ergebnis seiner Malerei oder Zeichenkunst nicht überzeugt hatte. Fast meinte Caroline, in diesem Zimmer noch Caspars Geist zu spüren, seine tiefe, volltönende Stimme zu vernehmen. Dabei war er seit dem ersten Schlaganfall nur mehr selten hier gewesen und hatte zum Schluss nur noch hilflos nebenan im Bett gelegen. Ach, ihr armer Ehemann! Jetzt flossen die Tränen wieder.

Halt, ich habe keine Zeit zum Weinen, ermahnte Caroline sich und wischte energisch über ihr Gesicht. Sie musste sich darum kümmern, dass es weiterging. Bedrückt dachte sie an die traurigen Gesichter ihrer Kinder. Emma war zwar schon erwachsen und aus dem Haus – sie war seit über einem Jahr mit dem Elbfischer Robert Krüger verheiratet –, doch als Älteste war sie Caspars Augenstern gewesen. Wie haltlos hatte sie am Grab des Vaters geschluchzt! Sein Tod hatte aber auch die beiden Jüngeren hart getroffen. Kummervoll hatten sich Agnes Adelheid und Gustav Adolf bei der Beerdigung an ihre Mutter gedrängt. Zwar waren sie mit ihren 16 und 17 Jahren ebenfalls keine Kinder mehr, aber der Verlust und die Trauer hatten sie dennoch sehr verstört. In den letzten Tagen waren sie Caroline kaum von der Seite gewichen.

Nein, sie durfte sich jetzt nicht in ihrem eigenen Herzweh verlieren, sondern musste stark sein. Für die Kinder. Wie sie es ein Leben lang für Caspar gewesen war.

Caroline sah sich um. Inmitten des Raums stand seine Staffelei, als wartete sie auf den Meister. Es roch intensiv nach Farbe, obwohl Caspar lange nicht mehr gemalt hatte. Caroline öffnete das Fenster und ließ frische Luft herein. Wie immer schaute sie kurz hinaus auf die Elbe und atmete tief ein. Draußen war ein milder, sonniger Maientag. Ach, wie hatte sie diesen Ausblick von Anfang an geliebt, auch in der alten Wohnung! Nun erinnerte sie sich mit Freude daran, wie Caspar sie damals, in ihrem ersten gemeinsamen Heim, am Fenster gemalt hatte. Ihre Zukunft hatte verheißungsvoll vor ihnen gelegen. Sie hatten in dieser Zeit noch Pläne gehabt und viel gelacht. Wann hatte sie Caspar das letzte Mal herzlich lachen gehört? Er war nämlich nicht immer so bärbeißig gewesen, wie viele dachten, sondern hatte einen ganz besonderen Humor gehabt.

Caroline löste sich vom Fenster und ging die Bilder durch, die an der Wand lehnten. Bei dem Gemälde »Sonnenuntergang« hielt sie inne. Ihr Blick wurde angezogen von dem Licht in Orangetönen in der Mitte des Bildes. Alles andere war dunkel gehalten, auch die zwei Männer, die traulich im Vordergrund mit dem Rücken zum Betrachter standen und nur als Silhouette im Dunkeln erkennbar waren. Wie Caroline schauten auch sie sehnsüchtig zu dem Licht in weiter Ferne, das die bereits untergegangene Sonne hinterließ. Ob Caspar dabei an seinen Tod gedacht hatte? Und vielleicht sich selbst mit einem seiner Brüder gemalt hatte?

Caroline erinnerte sich nicht mehr, ob es zu den Bildern gehörte, die er über den Dichter Schukowski dem Zaren angeboten hatte. Sie würde es vorerst nicht verkaufen, bis sie Meldung aus Russland hatte. Sie lehnte das Bild wieder an die Wand und ging die Reihe weiter ab. Plötzlich hielt sie inne. Da war es, das Gemälde »Frau am Fenster«. Caspar hatte es zu ihrem Bedauern nicht »Caroline am Fenster« genannt. Es lehnte allein an der Seite mit dem Motiv nach vorne, nicht zur Wand hin. Ob Caspar es gelegentlich betrachtet hatte? Er hatte es nie verkaufen wollen. Vielleicht, weil für ihn die schönen Erinnerungen an ihre ersten Jahre damit verbunden waren.

Heute fand Caroline es nicht mehr schlimm, dass man ihr Gesicht nicht sah, aber damals hatte sie sich sehnlichst gewünscht, dass er ein Porträt von ihr anfertigte statt dieser Rückenansicht. Zeitweise war dieser Wunsch zu einer fixen Idee geworden, die ihr fast großes Unglück gebracht hätte. Caroline fühlte sich noch immer beklommen, wenn sie an besagtes Bildnis dachte, das nur sie und dessen Schöpfer Knud kannten. Gut, dass Caspar nie etwas von diesem Porträt erfahren hatte. Und auch nicht von ihrer Nähe zu dem norwegischen Maler, der sie in einen solchen Gewissenskonflikt gestürzt hatte. Ob ihr Mann dennoch etwas geahnt hatte? Denn danach hatte er immer wieder Eifersuchtsanfälle gehabt, unter denen sie sehr gelitten hatte.

Caroline betrachtete das Bild, in dem sie als »Frau am Fenster« in seinem Atelier am Fenster stand. Und erst jetzt erkannte sie, dass dieses Werk etwas ganz Besonderes in Caspars großem Œvre war.

Nachwort

Als Kunsthistorikerin, die sich mit der Epoche der Romantik beschäftigt, faszinierten mich die mysteriösen Gemälde des wohl berühmtesten deutschen Künstlers Caspar David Friedrich schon immer. Der Maler, der aus Greifswald in Vorpommern stammte, lebte die meiste Zeit in Dresden, wo sich sein Atelier direkt an der Elbe befand. Er ist vor allem als Landschaftsmaler bekannt, weshalb mich sein ungewöhnliches Motiv »Frau am Fenster« (1818–1822) überraschte. Es handelt sich dabei um ein stimmungsvolles Interieurbild, das Friedrichs frischgebackene Ehefrau in seinem Atelier am offenen Fenster zeigt. Doch ist ihr Gesicht nicht zu sehen, denn wir blicken lediglich auf ihren Rücken, dabei aber gemeinsam mit ihr aus dem dunklen Raum hinaus, ohne jedoch das zu sehen, was sie sieht. Unser Blick wird vor allem vom Himmel angezogen – was darunter liegt, erahnen wir nur durch die Bäume und den Mast eines Bootes.

Die »Frau am Fenster« ist die Dresdnerin Caroline Bommer (1793–1847), die Gattin des Malers. Während C. D. Friedrich heute sehr bekannt ist, wissen wir nur wenig über sein Privatleben mit seiner viel jüngeren Ehefrau, die ihn tatkräftig im Alltag unterstützte und ihm drei Kinder gebar.

Wer war diese Frau, die Anfang des 19. Jahrhunderts in Dresden lebte? Wie dachte und fühlte sie, und wie erging es ihr mit ihrem schwierigen Ehemann? Denn Friedrich wird in der Literatur meist als sehr zurückhaltend, wortkarg und eigenbrötlerisch geschildert, sogar als unzugänglich, grob und jähzornig. Letztere negativen Eigenschaften hat vor allem sein Freund Dr. Carl Gustav Carus überliefert. Doch die Briefe des Paares sprechen auch eine ganz andere Sprache. Da zeigt sich Friedrich, zumindest in den Anfangsjahren, als gutmütig, zärtlich, sogar schalkhaft zu seiner geliebten »Line«.

Mein Anliegen ist es daher, die nahezu unbekannte Ehefrau des Malers und ihre Beziehung zu ihm vorzustellen, vielleicht auch die allgemein vorherrschenden einseitigen Aussagen über Friedrichs Charakter geradezurücken. Zahlreiche Briefe an seine Frau und seine Geschwister sowie einige hervorragende wissenschaftliche Beiträge belegen, dass er längst nicht immer so unzugänglich, ungesellig und melancholisch war, wie allgemeinhin aufgrund seiner dunklen Bilder angenommen wird. Diese Typisierung ist zu einseitig, denn Friedrich war als sensible Natur eine vielschichtige Persönlichkeit. In seinem Leben gab es unterschiedliche Phasen von Glück und Leid, die ihn und damit auch seine Ehe prägten. Dass er mit seiner Kunst später wenig Anerkennung fand und die gewünschte Professorenstelle an der Akademie in Dresden nicht erhielt, verbitterte ihn von Jahr zu Jahr mehr, und in seinen letzten Lebensjahren war er wohl schwer depressiv. Wie stark Caroline darunter litt, ist nicht eindeutig belegt.

Meine Recherchen basieren auf den zahlreichen Publikationen über den Künstler Caspar David Friedrich, darunter mehrere Biografien und die Briefe von ihm an Caroline,

Verwandte und Freunde. Aus der Zeit zwischen 1800 und 1836 sind allein von Friedrich 105 Briefe überliefert. Authentisch schildern diese Schriften besondere Ereignisse in der Ehe und spiegeln Caspars und Carolines Charaktere wider.

Manche Namen werden in den Publikationen uneinheitlich geschrieben, darunter »Line« oder »Liene« sowie »Johan« oder »Johann«. Ich habe mich letztlich für eine Version davon entschieden.

Seine Briefe an Caroline unterzeichnete Friedrich mit »Dein F.«. Ob sie ihn auch, wie viele seiner Freunde, beim Nachnamen genannt hat? Im Roman habe ich mich für den Vornamen entschieden.

Neben der Darstellung der »Frau am Fenster« taucht Caroline nur auf wenigen seiner Werke auf, zu den bekanntesten zählt das sogenannte Hochzeitsbild »Kreidefelsen auf Rügen«, wobei auch hier das Gesicht der Frau nicht zu sehen ist. Auf seinen Bildern ist sie meist nur in Rückenansicht dargestellt, dem typischen Stilmittel des Künstlers, das seine Werke und die Zeit der Romantik prägt.

Das Gemälde »Auf dem Segler« zeigt eine Frau und einen Mann, die einander zugewandt und in die Ferne blickend am Bug eines Segelschiffs sitzen. Da der Maler es kurz nach ihrer Hochzeitsreise schuf, könnte auch diese Frau Caroline sein. In Dresden entstanden zudem die beiden Interieurbilder »Frau auf der Treppe« (1818) im ersten Haus »An der Elbe 26« und »Die Frau mit dem Leuchter« (1825) im zweiten, »An der Elbe 33«, wo er wie so oft besonders mit den Eindrücken von Licht und Dunkelheit spielte. Ob sie auch sein Modell für das Gemälde »Frau vor der untergehenden Sonne« (vor 1818) war, ist strittig.

Ein klassisches Porträt seiner Frau, das Friedrich malte, existiert meines Wissens nach nicht, auch wenn er in seiner Frühzeit Bildnisse seiner Angehörigen anfertigte. Friedrich wird heute gern nachgesagt, dass er keine Gesichter malen konnte. Doch die frühen Zeichnungen seiner Angehörigen beweisen, dass er sehr wohl dazu in der Lage war, treffend das Aussehen und die Charakterzüge von Personen einzufangen.

So mag Caroline ihn tatsächlich gebeten haben, ein Porträt von ihr zu malen, wie ich es ihr in den Mund gelegt habe. Diese Vorstellung eines unerfüllten Wunsches habe ich zum Anlass genommen, die Ehegeschichte des ungleichen Paares zu erzählen. Mittels der belegten Ereignisse und der Briefzeugnisse habe ich versucht, Caroline als Mensch näherzukommen. So weit wie möglich habe ich dazu aus vorhandenen Quellen geschöpft, aber wie üblich in einem Roman mischen sich bei meiner Geschichte Realität und Fiktion.

Zu den belegbaren Fakten gehören:
die kleine Hochzeit der Friedrichs am sehr frühen Morgen in der Dresdner Kreuzkirche;
Carolines Engagement, die Wohnung des Junggesellen für beide gemütlich auszustatten;
Carolines Passion für Kaffee und süßes Gebäck;
Friedrichs Sparsamkeit und seine Vorliebe für die pommersche Sprache;
die Hochzeitsreise nach Rügen mit Besuchen der Verwandtschaft in Neubrandenburg und Greifswald (wo sich sein Elternhaus direkt neben dem Dom befand);
die Geburten der drei Kinder Emma Johanna (1819–1845), Agnes Adelheid (1823–1898) und Gustav Adolf

(1824–1889), dazu hatte Caroline 1821 eine Totgeburt, die erst vor ein paar Jahren entdeckt und bestätigt wurde;

die Freundschaft mit der Familie von Kügelgen, die in der Dresdner Neustadt lebte, und der gewaltsame Tod des Malers Gerhard von Kügelgen im März 1820;

der spätere Umzug in eine größere Wohnung mit Garten sowie die Aufzählung ihres Hausrates und ihrer Habseligkeiten;

das Porträt, das Friedrichs Malerkollege Traugott Leberecht Pochmann um 1824 als Auftragsarbeit von Caroline anfertigte;

der Kontakt zu der Malerin Caroline Bardua, die die Friedrichs nachweislich besucht hat;

der Einzug der Familie Dahl im Jahre 1823 in das Haus »An der Elbe 33«, in dem die Friedrichs lebten, und die gute Hausgemeinschaft;

Carolines Besuch in Meißen bei der Freundin Agnes Kersting, der Ehefrau des Malerkollegen Georg Friedrich Kersting, von dem ein berühmtes Porträt stammt, das Friedrich in seinem Atelier zeigt;

bei diesem Aufenthalt auch die Freude Carolines an der Badewanne und Friedrichs Ermahnung an Caroline, möglichst viel zu baden;

Friedrichs charakterliche Veränderungen: er wurde verbittert und depressiv, konnte eifersüchtig und aufbrausend reagieren;

Friedrichs politische nationale Gesinnung, alles Französische war ihm seit der napoleonischen Besetzung seiner Heimat verhasst; bewusst malte er Figuren in der verbotenen Altdeutschen Tracht, erkennbar an der Kopfbedeckung und dem eng anliegenden langen Gehrock;

die Freundschaft zu Dr. Carl Gustav Carus und das Zerwürfnis;
Friedrichs Reise 1826 zur Genesung nach Rügen, die seine letzte dorthin war.

Von mir frei erfunden sind hingegen:
Personen wie Carolines Freundin Elsa und das Hausmädchen Anni;
der Flirt mit dem norwegischen Maler Knud Baade; Baade ist zwar eine reale Figur, allerdings war er kein Verwandter Dahls, sondern begegnete diesem erst 1836 in Norwegen und begleitete ihn daraufhin nach Dresden; eine Bleistiftzeichnung von Friedrich, die um 1836/38 entstand, zeigt Baade als Rückenfigur an der Staffelei;
das Porträt, das Baade von Caroline angefertigt hat;
Carolines dringender Wunsch nach einem Porträt.

Der Kontakt C. D. Friedrichs zu Carolines Vater und der Familie Bommer sowie das Wiedertreffen Carolines beim Bilderstellen in der Akademie wird allgemein vermutet, auch wenn es nicht gesichert ist.

Carolines Mutter habe ich zur Unterstützung ihrer Tochter ein längeres Leben angedichtet, als ihr vergönnt war. Aus einem Brief Friedrichs ist bekannt, dass sie bereits am 19. Juni 1822 zu Grabe getragen wurde.

Nicht belegt ist der Besuch des jungen Künstlers Carl Blechen, von dem man aber weiß, dass er 1822 nach Dresden reiste und dort Kontakt zu Johan Christian Clausen Dahl hatte. Daher wird angenommen, dass er auch Friedrich kennenlernte.

Personen

Christiane Caroline Bommer kam am 14. Juli 1793 als fünftes von zehn Kindern in Dresden zur Welt. Ihre Mutter war Friederika Christiana Bommer, geb. Schell, und ihr Vater Christoph Bommer, der als Faktor der Trierschen Blaufärber-Niederlage tätig war. Mit der Familie gut bekannt war Caspar David Friedrich mutmaßlich ab 1804, aber der Kontakt verlor sich nach dem Tode Christoph Bommers im Jahr 1807, als Caroline fast noch ein Kind war. Es gibt mehrere Versionen, wie es dazu kam, dass Caroline und Friedrich ein Paar wurden. Ich bin der Überlieferung des Freundes Carus gefolgt, dass die beiden sich 1816 an der Dresdner Akademie beim Bilderstellen wiedersahen und sich daraufhin bald verlobten. Am 21. Januar 1818 heirateten sie im kleinen Kreis in der Dresdner Kreuzkirche. Ihre Hochzeitsreise führte sie nach Neubrandenburg, Greifswald, Stralsund und Rügen, ebenso ist Carolines Aufenthalt bei der Familie Kersting in Meißen brieflich belegt. Ihre Kinder waren Emma Johanna (1819–1845), Agnes Adelheid (1823–1898) und Gustav Adolf (1824–1889), Letzterer war später als erfolgreicher Tiermaler bekannt. Zudem brachte Caroline 1821 ein totes Kind zur Welt, was erst 2014 von der Kunsthistorikerin Susanne Papenfuß im Taufregister der Dresdner Kreuzkirche entdeckt und danach veröffentlicht wurde. Zeitzeugnisse beschreiben Caroline als fröhlich, tatkräftig und gesellig, doch litt sie mehr und mehr unter Friedrichs schwierigem Charakter, seiner Schwermut und den geringen Einkünften. Nach Friedrichs Tod war sie ohne Einkommen und auf Almosen angewiesen. Caroline Friedrich starb 1847 in Dresden.

Caspar David Friedrich wurde am 5. September 1774 in Greifswald, das damals zu Schweden gehörte, als eines von zehn Kindern geboren und streng protestantisch erzogen. Er studierte zuerst in Greifswald die Zeichenkunst und ging anschließend von 1794 bis 1798 an die Kunstakademie in Kopenhagen, ehe er sich 1798 in Dresden niederließ. Zur Inspiration unternahm er viele Reisen und Wanderungen, u. a. in die Sächsische Schweiz, in den Harz und immer wieder in seine Heimat an die Ostsee. In seinem Frühwerk schuf er Bleistift-, Feder- und Tuschezeichnungen, Aquarelle und ab 1800 Sepien (Tusche aus dem Sekret von Tintenfischen). Ab 1807 kam er zur Ölmalerei und sorgte mit einigen Bildern für Aufmerksamkeit. Er heiratete 1818 und wurde Vater von drei Kindern, geriet aber mit seinem Werk bald in Vergessenheit. Er erkrankte und starb am 7. Mai 1840 nach zwei Schlaganfällen.

Friedrich verband seine Landschaftsbilder mit religiösen, spirituellen und politischen Aussagen, er widmete sich in mysteriösen Werken den Themen Sehnsucht, Einsamkeit, Tod und Hoffnung auf Erlösung. Vermutlich schuf er über 1.000 Zeichnungen und etwa 300 Ölbilder, von denen einige bei Bränden zerstört wurden oder verloren gingen. Heute finden sich Werke von ihm u. a. in Museen in Hamburg, Dresden, Greifswald, Berlin und Winterthur sowie in Russland, denn Zar Nikolaus I. gehörte zu seinen Bewunderern. Damals meist unverstanden, heute hochgeschätzt, brach Friedrich mit den Traditionen der Landschaftsmalerei im Barock und Klassizismus und schuf einen neuen Malstil. Damit gilt er heute als wichtigster Vertreter der deutschen Romantik.

Caspar David Friedrich erlebte ein gewisses Interesse für sein Schaffen um 1809, als auch die Dichter Goethe und Kleist auf ihn aufmerksam wurden. Er verkaufte Bilder an Preußens König und an den russischen Zarenhof, geriet aber dennoch zu Lebzeiten mit seiner Kunst in Vergessenheit. 1906 wurden auf der »Jahrhundertausstellung deutscher Kunst« in Berlin endlich wieder Bilder von ihm gezeigt, und Caspar David Friedrich wurde als Künstler wiederentdeckt. Im Zusammenhang mit den Impressionisten wurde er als Vorläufer der Moderne angesehen. So beeinflussten seine innovativen Bildkonzepte viele Künstler des 20. Jahrhunderts, u. a. die Symbolisten Edvard Munch, Arnold Böcklin oder die Surrealisten René Magritte und Max Ernst. Im Nationalsozialismus dagegen wurden Friedrichs mystische Naturdarstellungen propagandistisch vereinnahmt. Doch auch nach dem Zweiten Weltkrieg erfuhr seine Kunst große Aufmerksamkeit und neue Deutungen. Bis heute gehören seine romantischen Werke, die den Menschen in der Natur zeigen, zu den berühmtesten der Kunstgeschichte.

Knud Andreassen Baade (1808–1879) war ein norwegischer Porträt- und Landschaftsmaler. Er studierte an der Akademie in Kopenhagen und begegnete seinem Landsmann Johan Christian Clausen Dahl im Jahre 1836 bei dessen Malstudien an der Küste Norwegens. Schließlich begleitete er den Kollegen nach Dresden, um dort drei Jahre lang bei ihm zu arbeiten. Damals muss ihm auch Caroline begegnet sein.

Caroline Bardua (1781–1864) war eine der ersten Frauen, die als freie bildende Künstlerin lebte und sich mit ihren Porträts einen Namen machte. Sie wurde in Ballenstedt im Harz geboren, wo sie auch starb. Nach ihrer Ausbildung in Weimar wurde sie Schülerin bei dem Maler Gerhard von Kügelgen in Dresden, in dessen Haushalt sie von 1808 bis 1811 lebte. Dort lernte sie auch Friedrich kennen, der sie sehr schätzte. Nach ihrer Rückkehr in die Heimat besuchte er sie zusammen mit Kersting auf einer Wanderung durch den Harz und verewigte sie in dem Bild »Gartenterrasse«. Caroline Bardua ging mit ihrer Schwester später auf Reisen und führte mit ihr von 1819 bis 1827 in Berlin erfolgreich einen Salon. Das letzte Mal besuchte sie Friedrich im August 1839 und hielt ihn noch einmal in einem Porträt fest, das sehr bekannt wurde.

Carl Blechen (1798–1840) wurde in Cottbus geboren und starb in Berlin. Er studierte an der Berliner Akademie der bildenden Künste und reiste 1823 nach Dresden und in die Sächsische Schweiz. Es ist sehr wahrscheinlich, dass er dort auch C. D. Friedrich kennenlernte. Blechen wurde Dekorationsmaler in Berlin. Einige seiner Reisen, besonders die nach Italien, hinterließen in seinem Werk einen prägenden Eindruck. Aufgrund seiner Faszination für das Licht im Süden entwickelte er eine neue Landschaftsmalerei, die von der Romantik zum Realismus führte. Ab 1831 war Blechen Professor an der Berliner Akademie. Bald schon zeigte sich bei ihm eine psychische Erkrankung, er starb in geistiger Umnachtung.

Carl Gustav Carus (1789–1869) war Arzt, Naturphilosoph und autodidaktischer Maler. Er kam 1814 von Leipzig nach Dresden, wo er sich 1816 oder 1817 mit Friedrich anfreundete und ihm künstlerisch nacheiferte. Mit seiner Frau Karoline (1784–1859) hatte er sechs Söhne und fünf Töchter. Aufgrund von Friedrichs Einfluss reiste er 1819 auf dessen Spuren nach Rügen und bevorzugte wie sein Vorbild als Motiv Mondnächte, Wälder und Ruinen. Nach verschiedenen Differenzen mit Friedrich kam es um 1828 zum Bruch der Freundschaft. Erst kurz vor Friedrichs Tod nahm er noch mal Kontakt zu seinem früheren Mentor auf. Carus schrieb unter Friedrichs Einfluss u. a. »Neun Briefe über Landschaftsmalerei (1819–1824) und veröffentlichte ein Jahr nach dessen Tod das Werk »Friedrich der Landschaftsmaler. Zu seinem Gedächtnis« (1841) – die erste aller Friedrich-Biografien.

Johan Christian Clausen Dahl, ein norwegischer Künstler, kam 1818 nach Dresden. Er hatte wie Friedrich die Kopenhagener Akademie besucht, beide verband eine lebenslange Freundschaft. Ab 1823 lebten sie mit ihren Familien im selben Haus »An der Elbe 33«, wo Dahl zusätzlich zur Wohnung im Dachgeschoss ein großes Atelier besaß. In den Jahren 1824, 1826, 1829 und 1833 stellte er zusammen mit Friedrich aus und sie erhielten gemeinsame Aufträge. Caroline war mit seiner Frau Emilie befreundet, die 1827 im Kindbett starb.

Georg Friedrich Kersting (1785–1847) stammte aus Güstrow und studierte an der Akademie Kopenhagen. Er ließ sich früh von Friedrichs Kunst beeinflussen und unternahm mit dem Freund Wanderungen, u. a. durch den Harz und durchs

Riesengebirge. Kersting entwickelte sich zu einem Interieurmaler des Biedermeier. Seine Szenen zeigen oft eine einzelne, in ihre Tätigkeit versunkene Person in einem geschlossenen Raum, wobei er besonders den Lichteinfall kunstvoll betonte wie in dem berühmten Gemälde »Die Stickerin am Fenster« (1812/1817), das die Künstlerin Louise Seidler zeigt. Kersting beteiligte sich 1813 an den Freiheitskriegen und kehrte danach nach Dresden zurück. 1818 übernahm er das Amt des Malervorstehers an der Königlich-Sächsischen Porzellanmanufaktur in Meißen und lebte dort mit seiner Frau Agnes und seinen Kindern bis zu seinem Tod.

Johann Christian Klengel (1751–1824) war Maler und Radierer. Er studierte in Dresden und Italien, wurde 1802 Professor an der Kunstakademie Dresden. Sein Metier waren ideale Landschaften. Friedrich hoffte, dessen Nachfolge antreten zu können, was vermutlich an seiner politischen Einstellung, aber auch an seinem Malstil scheiterte.

Gerhard von Kügelgen (1772–1820) war Rheinländer und ein Porträt- und Historienmaler, der religiöse Themen bevorzugte. Er kam 1805 nach Dresden und wurde Professor an der Kunstakademie. Seine Wohnung war ein bedeutender Treffpunkt von Künstlern und Persönlichkeiten der Frühromantik, das »Kügelgenhaus« ist heute ein Museum der Romantik. Der Künstler wurde ein enger Freund Friedrichs und unterrichtete u. a. Caroline Bardua und Louise Seidler. Kügelgen wurde am 27. März 1820 von einem Raubmörder erschlagen. Friedrich schuf ihm zu Ehren das Gemälde »Kügelgens Grab« (1821/1822).

Traugott Leberecht Pochmann (1762–1830) war ein sächsischer Hofmaler. Von ihm stammen Porträts und Historienbilder. Der Dresdner studierte an der Kunstakademie, ebenso in Rom und Paris, ehe er 1815 an der Dresdner Kunstakademie zum Professor berufen wurde. Er schuf das einzige Porträt, das wir heute von Caroline Friedrich, geborene Bommer, kennen.

Bildnachweise

(Reihenfolge der Erwähnung)

Caspar David Friedrich: *Frau am Fenster*, 1822, Öl auf Leinwand, 44x37 cm, Alte Nationalgalerie Berlin.
Caspar David Friedrich: *Der Mönch am Meer*, 1809/1810, Öl auf Leinwand, 110x171,5 cm, Alte Nationalgalerie Berlin.
Caspar David Friedrich: *Abtei im Eichwald*, 1809/1810, Öl auf Leinwand, 110x171,5 cm, Alte Nationalgalerie Berlin.
Georg Friedrich Kersting: *Caspar David Friedrich in seinem Atelier*, um 1812, Öl auf Leinwand, 51x40 cm, Alte Nationalgalerie Berlin.
Caspar David Friedrich: *Mutter Heiden*, um 1798, Schwarze Kreide auf Papier, 22,5x18,3 cm, Pommersches Landesmuseum Greifswald.
Caspar David Friedrich: *Selbstbildnis*, um 1800, Schwarze Kreide auf Papier, 42x27,6 cm, Staatliches Museum für Kunst Kopenhagen.
Caspar David Friedrich: *Neubrandenburg*, 1816/1817, Öl auf Leinwand, 91x72 cm, Pommersches Landesmuseum Greifswald.
Caspar David Friedrich: *Schiffsstudien bei Vierow*. 1818, Bleistift auf Papier, 35,8x25,3 cm, Nationalmuseum Oslo.
Caspar David Friedrich: *Frau am Meer*, um 1818, Öl auf Leinwand, 21x29,5 cm, Kunst Museum Winterthur / Reinhart am Stadtgarten.

Caspar David Friedrich: *Der Marktplatz von Greifswald mit der Familie Friedrich*, um 1818, Feder, Aquarell und Kreide, 54x67 cm, Pommersches Landesmuseum Greifswald.
Caspar David Friedrich: *Kreidefelsen auf Rügen*, um 1818, Öl auf Leinwand, 90,5x71 cm, Kunst Museum Winterthur / Reinhart am Stadtgarten.
Caspar David Friedrich: *Auf dem Segler*, 1818/1819, Öl auf Leinwand, 71x56 cm, Eremitage St. Petersburg.
Jean-Étienne Liotard: *Das Schokoladenmädchen*, 1743/1745, Pastellmalerei auf Pergament, 82,5x52,5 cm, Galerie Neue Meister Dresden.
Caspar David Friedrich: *Frau auf der Treppe (Zum Licht hinaufsteigende Frau)*, um 1825, Öl auf Leinwand, 73,6x 52 cm, Pommersches Landesmuseum Greifswald.
Caspar David Friedrich: *Gartenterrasse*, 1811, Öl auf Leinwand, 53,5x70 cm, Neuer Pavillon Berlin, Stiftung Preußische Schlösser und Gärten Berlin Brandenburg.
Caspar David Friedrich: *Kügelgens Grab*, 1821/1822, Öl auf Leinwand, 41,5x55 cm, Privatbesitz.
Caspar David Friedrich: *Tageszeitenzyklus: Der Morgen, Der Mittag, Der Nachmittag, Der Abend*, 1821/1822, Öl auf Leinwand, je ca. 22x31 cm, Landesmuseum Hannover.
Caspar David Friedrich: *Friedhofseingang* (unvollendet), 1825, Öl auf Leinwand, 143x110 cm, Galerie Neue Meister Dresden.
Georg Friedrich Kersting: *Caspar David Friedrich auf der Wanderung ins Riesengebirge*, 1810, Aquarell über Graphitstift auf blaugrauem Velinpapier, 31x24,2 cm, Kupferstichkabinett Berlin.

Caspar David Friedrich: *Abend mit Wolken*, 1824, Öl auf Karton, 14x22,5 cm, Kunsthalle Mannheim.

Caspar David Friedrich: *Klosterruine Eldena bei Greifswald*, 1825, Öl auf Leinwand, 35x49 cm, Alte Nationalgalerie Berlin.

Caspar David Friedrich: *Hügel mit Bruchacker bei Dresden*, 1825, Öl auf Leinwand, 22,2x35 cm, Kunsthalle Hamburg.

Traugott Leberecht Pochmann: *Porträt von Caroline Friedrich, geborene Bommer, Ehefrau des Malers Caspar David Friedrich*, um 1824, Privatbesitz.

Caroline Bardua: *Porträt Caspar David Friedrichs*, 1840, Öl auf Leinwand, 77x63 cm, Anhaltische Gemäldegalerie Dessau.

Caspar David Friedrich: *Sonnenuntergang*, 1830–35, Öl auf Leinwand, 25x31 cm, Eremitage St. Petersburg.

Literatur

Aschenbeck, Nils / Dehnel, Regine / Stock, Wolf-Dietmar: *Rügen – Greifswald – Stralsund – Neubrandenburg: Auf den Spuren von Caspar David Friedrich*, Fischerhude 1993.
Fiege, Gertrud: *Caspar David Friedrich in Selbstzeugnissen und Bilddokumenten*, Reinbek bei Hamburg 1977.
Friedrich, Herbert: *Caspar David Friedrich*, Berlin 1990.
Günzel, Klaus: *Romantik in Dresden – Gestalten und Begegnungen*, Leipzig 1997.
Jensen, Jens Christian: *Caspar David Friedrich – Leben und Werk*, Köln 1974.
Meffert, Ekkehard: *Carl Gustav Carus, Arzt – Künstler – Goetheanist. Eine Biografische Skizze*, Basel 1999.
Meichner, Fritz: *Caspar David Friedrich – Roman seines Lebens*, Berlin 1971.
Schmied, Wieland: *Caspar David Friedrich – Zyklus, Zeit und Ewigkeit*, München 1999.
Scholl, Christian: *Caspar David Friedrich und seine Zeit*, Leipzig 2015.
Stapf, Detlef: *Caspar David Friedrich – Die Biografie*, Berlin 2019.
Zschoche, Herrmann (Hrsg.): *Caspar David Friedrich – Die Briefe*, Hamburg 2006.
Zschoche, Herrmann: *Caspar David Friedrich – Frauenbilder*, Frankfurt/Main 2015.

*Weitere Titel finden Sie auf den
folgenden Seiten und im Internet:*
WWW.GMEINER-VERLAG.DE

Anett Diell
Das Zimmermädchen vom Adlon
Roman
416 Seiten, 12,5 x 20,5 cm,
Broschur
ISBN 978-3-8392-8018-8

Berlin 1921: Das Hotel Adlon ist ein Ort der Träume und des Glamours. Für die junge Irabella Keller bedeutet die Stelle als Zimmermädchen die Chance auf ein besseres Leben. Klug und unerschrocken bringt sie frischen Wind ins Haus, überzeugt den Hotelbesitzer Louis Adlon mit ihren Ideen und erobert die Herzen von Gästen und Kollegen. Doch als Maxim, ein charmanter Restaurant-Erbe, und Charles, ein sensibler Dichter, ihren Weg kreuzen und die Ungewissheit der Zeit ihren Tribut fordert, muss Irabella entschlossen dafür kämpfen, ihr Leben weiterhin selbst zu bestimmen.

GMEINER SPANNUNG

WWW.GMEINER-VERLAG.DE
Wir machen's spannend